MEJOR
VIDA
AHORA

Siete pasos para vivir a su máximo potencial

JOEL OSTEEN

CASA
CREACIÓN

La mayoría de los productos de Casa Creación están disponibles a un precio con descuento en cantidades de mayoreo para promociones de ventas, ofertas especiales, levantar fondos y atender necesidades educativas. Para más información, escriba a Casa Creación, 600 Rinehart Road, Lake Mary, Florida, 32746; o llame al teléfono (407) 333-7117 en Estados Unidos.

Su mejor vida ahora por Joel Osteen
Publicado por Casa Creación
Una compañía de Charisma Media
600 Rinehart Road
Lake Mary, Florida 32746
www.casacreacion.com

A menos que se indique lo contrario, el texto bíblico ha sido tomado de la versión Reina-Valera © 1960 Sociedades Bíblicas en América Latina; © renovado 1988 Sociedades Bíblicas Unidas. Utilizado con permiso.

Traducido por: Nola J. Theo
Revisión por: Jorge R. Basave
Diseño interior por: Hilda M. Robles

Copyright © 2005, 2013 por Casa Creación
Todos los derechos reservados

Este libro fue publicado originalmente en inglés con el título: *Your Best Life Now*, Copyright © 2004 por Joel Osteen. This edition published by arrangement with Faith Words, New York, New York, USA. All rights permitted.

Visite la página web del autor: www.joelosteen.com

Previamente publicado en tamaño regular, ISBN 978-1-59185-480-7, copyright © 2005. Todos los derechos reservados.

Library of Congress Control Number: 2013951615
ISBN: 978-1-62136-823-6 (tamaño bolsillo)

Impreso en los Estados Unidos de América
13 14 15 16 17 * 5 4 3 2 1

Contenido

Prólogo

Lo que está sucediendo con Joel Osteen sólo puede describirse como algo sobrenaturalmente fenomenal. Surgiendo literalmente del anonimato, tomó el liderazgo de una iglesia de varios miles de feligreses y la hizo crecer a decenas de miles en un espacio de menos de cinco años. A la fecha de esta publicación son más de 30,000 personas las que pasan por las puertas de *Lakewood Church* cada fin de semana.

Sin embargo, el crecimiento es tan rápido, para cuando usted lea este prólogo, que no hay manera de saber cuántos miles más se habrán sumado desde que escribí esta nota hasta que salió a la venta el libro que tiene en sus manos.

Adicionalmente, su programa de televisión se ha convertido en el más visto, dentro de su categoría, de toda la historia de televisión en Estados Unidos, atrayendo a millones de televidentes cada semana. Sus recientes cruzadas llenan los auditorios más grandes del país, quedando afuera miles de personas que desean entrar.

Es una revolución espiritual y cultural en una nación que se ha definido en los últimos años como apática y aburrida con Dios. He ahí: Es algo sobrenaturalmente fenomenal.

¿Cuales serán los secretos de este acontecimiento tan extraordinario? Existen varios factores.

El más obvio de ellos es el absoluto y total favor de Dios sobre la vida y el ministerio de Joel. Igualmente, no me cabe duda que su mensaje está en el centro del éxito que Dios le ha regalado. Es edificante, instructivo, relevante, informativo, motivador, y por si fuera poco, bíblico. Sus predicaciones son construidas con elegante sencillez, contestando preguntas que la gente realmente se está haciendo, comunicadas con total transparencia personal y empapadas con un profundo amor de Dios. Cuando Joel habla, el oyente siente que Dios mismo le está aconsejando con mucho respeto, ternura y cariño. Es un pastor que trasmite el afecto divino de una manera que he visto en muy pocas personas.

Tengo cerca de tres años de trabajar al lado de este extraordinario hombre. Tuve el honor de ser invitado a formar parte de su equipo pastoral, tomando el cargo del ministerio hispano en la congregación. Habiendo tenido la oportunidad de verlo de cerca y convivir en muchas ocasiones con él, lo que más me impresiona de su vida es que su mensaje es un reflejo absoluto de quien es él personalmente. No tan solamente cree cada cosa que enseña, sino que lo vive.

De hecho, parte del magnetismo de su mensaje se deriva de las experiencias personales que relata con un candor refrescante, condimentado con un gran sentido del humor. La gente discierne su genuinidad y esto le trae una credibilidad monumental en sus mentes y corazones.

Usted tiene en sus manos la esencia del mensaje de Joel Osteen. *Su mejor vida ahora*, puede comenzar a experimentarlo en su propia vida... ahora. Los conceptos que aprenderá en estas páginas son fáciles de entender y basados sólidamente en la Palabra de Dios. Me emociona recomendar este libro porque estoy seguro que su vida será expuesta a verdades sencillas que funcionarán para que usted pueda vivir una vida mejor.

Además, lo recomiendo con alegría porque son consejos que no tan solamente han funcionado en mi vida personal, sino en las vidas de múltiples millones que han encontrado una nueva alegría en servir a Dios. Lo que más he aprendido al estar sentado bajo el pastorado de Joel Osteen es que mi vida en Dios la puedo disfrutar ahora mismo.

No hace falta complicar la Biblia ni hacer sus enseñanzas tan difíciles que nadie las pueda abrazar. A través de estas enseñanzas, me ha entrado un nuevo gozo del Señor al volverme a encontrar con un Dios de amor, sencillo y lleno de un gozo que me quiere regalar a mí... cada día.

Es mi deseo que Dios use a Joel Osteen para ayudarlo a usted a encontrar ese mismo gozo en el Señor a través de los consejos bíblicos que él ahora le compartirá a través de estas páginas.

Con mucho afecto,

Marcos Witt
Houston, Texas

Introducción

"¡El futuro es tuyo!"; ésa es una frase que comúnmente se les cita a los que se están graduando de alguna carrera, a empleados nuevos y a parejas en el día de su boda. Sin embargo nosotros sabemos que, mientras algunas personas sí viven con entusiasmo su vida y toman el control de su futuro, esta grandiosa promesa no siempre funciona para todos. ¿Por qué será? ¿Cuál es la diferencia?

Los individuos contentos, exitosos y plenamente satisfechos son aquellos que han aprendido a vivir su mejor vida *ahora*. Viven al máximo el momento y de esta manera mejoran su futuro, y usted puede hacer lo mismo. ¡Usted puede gozar de su mejor vida ahora, sin importar dónde se encuentre o cuáles sean los retos que esté enfrentando!

Muchas personas viven con una baja imagen de ellas mismas, viendo siempre lo negativo y sintiéndose inferiores o inadecuados, siempre viendo alguna razón por la que no pueden estar contentos. Otras posponen su felicidad con pensamientos como estas:

- *Algún día, las cosas mejorarán en mi vida.*
- *Algún día, me pondré al día en mi trabajo para comenzar a hacer memorias con mi familia.*
- *Algún día, ganaré más dinero y no tendré que preocuparme por cómo podré pagar mis cuentas.*
- *Algún día, mejoraré mi condición física.*
- *Algún día, tendré una mejor relación con Dios y gozaré más de su bondad.*

Lamentablemente, "algún día" nunca llega. Hoy es el único día que tenemos ya que no podemos hacer nada respecto al pasado y no sabemos lo que tiene para nosotros el futuro, ¡pero podemos vivir y desarrollar todo nuestro potencial en el presente!

¡Usted descubrirá cómo hacer eso en este libro! Dentro de sus páginas, usted encontrará siete pasos sencillos, y profundos, para mejorar su vida, sin importar su nivel actual de éxito o la falta del mismo. Sé que estos pasos funcionan porque han dado un tremendo resultado en las vidas de mis familiares, amigos y compañeros, así como en mi propia vida. Estoy seguro que si usted toma estos pasos a mi lado, terminará estando más feliz que jamás ha sido, viviendo con gozo, paz y entusiasmo, no sólo por un día, o una semana, ¡pero por el resto de su vida!

En *Su mejor vida ahora*, usted descubrirá cómo:

- Expandir su visión;
- Desarrollar una imagen propia sana;
- Descubrir el poder de sus pensamientos y palabras;
- Dejar atrás el pasado;
- Encontrar fuerza en la adversidad;
- Vivir para dar; y
- Decidir ser feliz.

En cada una de estas áreas, usted encontrará sugerencias prácticas y decisiones sencillas que le ayudarán a ser positivo en su manera de vivir y a creer que viene un mejor futuro. Posiblemente usted ha experimentado adversidad y prueba en su pasado, o quizá ha tenido más contratiempos y dolor que lo normal, ¡pero hoy es un nuevo día! Si sigue los principios que compartiré con usted en *Su mejor vida ahora*, podrá vivir feliz y realizado desde hoy.

El reto que le dejaré en este libro es que deje atrás la mentalidad de derrota de "apenas puedo", que llegue a ser lo mejor que pueda, no solamente lo normal, lo ordinario. Para hacer eso, tiene que dejar a un lado algunas de sus maneras negativas de pensar que le están deteniendo, y tiene que expandir su visión, viéndose haciendo más, disfrutando de más, siendo más. Mi amigo, eso es lo que quiere decir vivir *su mejor vida ahora*.

¿Está preparado para ser desarrollado a su máxima potencial? ¡Comencemos! ¡Es hora de comenzar a vivir *su mejor vida ahora*!

PARTE 1

EXPANDA SU VISIÓN

CAPÍTULO 1

Expanda su visión

Escuché la historia de un hombre que tomó vacaciones con su esposa en Hawaii. Era una persona buena que había logrado algo de éxito, pero ya no se sentía motivado a esforzarse ya que pensaba que había llegado hasta sus límites. Un día, un amigo paseaba a la pareja por lo largo de la isla, mostrándoles los puntos de interés. Se detuvieron frente a una hermosa casa construida en la cima de una colina y la veían con admiración. La propiedad estaba repleta de frondosas palmeras y preciosos jardines colocados en un local pintoresco y pacífico con una vista panorámica del océano.

Al contemplar esta magnífica casa, el hombre les comentó a su esposa y a su amigo: "No me puedo imaginar lo que sería vivir en un lugar así".

En ese instante, escuchó una voz en su interior que decía: *No te preocupes. Nunca lo lograrás. Nunca vivirás en un lugar como aquel.*

Sorprendido por sus propios pensamientos, se preguntó: *¿Qué quieres decir con eso?*

Mientras no te lo puedas imaginar, mientras no lo puedas visualizar, no te sucederá a ti. El hombre reconoció, con acierto, que sus propios pensamientos y actitudes lo estaban condenando a la mediocridad. Determinó en su corazón en ese mismo momento creer más en sí mismo, y creerle más a Dios.

Es igual para nosotros. Si pensamos recibir algo en el exterior, tenemos que concebirlo antes en nuestro interior. Si no piensa poder poseer algo bueno, entonces nunca lo hará. El obstáculo está en su mente. A Dios no le faltan los recursos, ni a usted le faltan los talentos, para lograr que usted prospere. Su manera errónea de pensar es lo que puede detenerle de recibir lo mejor de Dios.

**Su manera errónea de pensar puede detenerle
de recibir lo mejor de Dios.**

Quizá también usted ha asumido que ya ha llegado a la cima, que ha llegado a los límites de su vida, que nunca tendrá más éxito. *Nunca lograré ser importante, ni haré algo significativo o disfrutaré las cosas buenas de la vida como he visto que otras personas las disfrutan.*

Tristemente, tiene toda la razón... *al menos que* esté dispuesto a cambiar su forma de pensar. Por eso, el primer paso hacia vivir a su máximo potencial es *expandir su visión*. Para vivir su mejor vida ahora, tiene que ver la vida a través de los ojos de la fe, verse siendo elevado a niveles más altos. Visualizar que su negocio crece. Visualizar que su matrimonio es restaurado. Visualizar que su familia es prosperada. Visualizar que sus sueños se cumplen. Para experimentar algo en el futuro, primero tiene que concebirlo y después creer que es posible.

Para concebirlo, es necesario que usted tenga una idea bien clara en su interior de la clase de vida que desea gozar en el exterior. Esta imagen tiene que llegar a ser parte de usted, parte integral de sus pensamientos, de su conversación, tiene que estar muy adentro en su mente subconsciente, en sus acciones, en cada parte de su ser.

Visualice su éxito

Tara Holland había soñado con ser Miss Estados Unidos desde muy pequeña. En 1994, compitió para ser Miss Florida y ganó el segundo lugar. Ella decidió intentarlo de nuevo el año siguiente. Concursó para el mismo título, y de nuevo ganó el segundo lugar. Tara estuvo tentada a desanimarse, pero no hizo eso. Mantuvo la mirada sobre su meta.

Decidió que lo que necesitaba era un cambio de ambiente, así que se mudó a Kansas, y en 1997, entró a la competencia de Miss Kansas y ganó. Ese mismo año recibió la corona y el título de "Miss Estados Unidos". Tara Holland logró ver que su sueño se cumpliera.

En una entrevista después de la competencia, alguien le preguntó cuál era el secreto de su éxito. Ella confesó que después de haber perdido en dos ocasiones la competencia en el ámbito estatal, había pensado en darse por vencida, pero en lugar de eso salió y alquiló todas las vídeocintas que pudo sobre las competencias de belleza locales, estatales, nacionales y mundiales. Alquiló cientos de vídeos de varias competencias de belleza y las vio una y otra vez.

Conforme Tara veía la coronación de cada señorita, ella se visualizaba en la misma circunstancia. Se imaginaba recibiendo la corona. Se imaginaba caminando en victoria por la pasarela. Vez tras vez se visualizó ganando. Tara dijo que haberse visualizado como una ganadora era el secreto de su éxito.

Otro reportero le preguntó si se había sentido nerviosa al caminar por la pasarela por primera ocasión ante millones de televidentes con la famosa canción lema de la competencia de Miss Estados Unidos tocando en el fondo.

La respuesta de Tara fue interesante: "No, no sentí nada de nervios. Verá, yo había caminado a lo largo de esa pasarela miles de veces antes".

¿Nunca ha caminado por esa pasarela? ¿Nunca se ha visto cumpliendo sus sueños? ¿Mantiene esa visión de victoria ante sus ojos siempre? Tara Holland sabía que ella nunca sería una ganadora si antes no se veía a sí misma como una. Tuvo que reprogramar su mente, dejar atrás lo más posible las memorias dolorosas de lo que era perder. Tuvo que remover de su mente la visión de ella misma como la Miss Segundo Lugar. Tuvo que desarrollar una actitud que le dijera que sí lo podía lograr. Ella se imaginó subiendo a la plataforma de ganadoras. Se imaginó caminando victoriosa por la pasarela. Creó un ambiente de fe y éxito.

Lo que mantiene ante sus ojos le afectará. Usted producirá lo que ve de continuo en su mente. Si usted fomenta una imagen de derrota y fracaso, entonces usted vivirá esa clase de vida. En cambio, si usted desarrolla una imagen de victoria, éxito, salud, abundancia, gozo, paz y alegría, nada en el mundo podrá detenerle de experimentar lo mismo.

Demasiadas veces nos encontramos en una rutina, pensando que hemos alcanzado todo lo posible. En realidad no extendemos nuestra fe; no creemos por algo más grande. Sin embargo, Dios desea que constantemente estemos creciendo, alcanzando nuevas alturas. Él desea aumentar en usted su sabiduría y ayudarle a tomar mejores decisiones. Dios desea incrementar sus finanzas por medio de ascensos, nuevas ideas y creatividad.

La Palabra dice que Dios quiere derramar su favor y bondad sobre nosotros.[1] Dios quiere que éste sea el mejor momento de su vida, pero para recibir este favor tiene que expandir su visión. No puede vivir siempre con pensamientos negativos, derrotados, limitados. *Bueno, pues ya llegué hasta donde permite mi educación.* O, *Tengo años con esta enfermedad. Quizá es mi suerte en la vida.*

Para experimentar este favor sin medida, tiene que dejar atrás esa manera apocada de pensar y debe comenzar a esperar las bendiciones de Dios. Comience a esperar los ascensos y los incrementos sobrenaturales. Tiene que concebir en su corazón y mente antes de poder recibirlo. En otras palabras, tiene que crear un lugar o un espacio para el incremento en su mente, después Dios hará que llegue a pasar. Hasta que no aprenda a expandir su visión, viendo el futuro con sus ojos de la fe, su propia manera errónea de pensar detendrá que vengan cosas buenas a su vida. Dios no impartirá ideas frescas y creativas, y bendiciones en viejas actitudes.

**Tiene que concebirlo en su corazón y mente
antes de poder recibirlo.**

Deshágase de esos odres viejos

Siglos atrás, el vino se guardaba en odres en lugar de botellas. Los cueros de animales se secaban y curaban, o curtían, para lograr formar de ellos recipientes que recibían el vino. Cuando eran nuevos los odres, eran suaves y flexibles, pero conforme pasaba el tiempo, comúnmente perdían su elasticidad; ya no podían estirarse. Se hacían duros e inflexibles, y no podían expandirse más. Si se llegara a vaciar vino nuevo en un odre viejo, el recipiente se reventaría y el vino se perdería.

Es interesante que cuando Jesús quiso animar a sus seguidores a expandir su visión, les recordó que no "se echa vino nuevo en odres viejos".[2] Jesús estaba diciendo que no puedes tener una vida abundante con actitudes restringidas. Esa lección sigue teniendo relevancia hoy en día. Tenemos ciertas maneras de hacer las cosas, nuestras perspectivas nos atan y estamos atascados en nuestra manera de pensar. Dios quiere hacer algo nuevo, pero a menos que estemos dispuestos a cambiar, a menos que estemos dispuestos a expandir y acrecentar nuestra visión, nos perderemos de las oportunidades que Él tiene para nosotros.

El hecho de que usted está leyendo este libro, quiere decir, sin embargo, que está preparado para ir a un nivel más alto; usted quiere alcanzar su máximo potencial. Las buenas nuevas son que Dios desea mostrarle su increíble favor. Él quiere llenar su vida con "vino nuevo", pero ¿estará usted dispuesto a deshacerse de sus odres viejos? ¿Comenzará a pensar más en grande? ¿Expandirá su visión y se deshará de aquellas maneras negativas de pensar que no le permiten avanzar?

Un hombre que se encontraba a punto de divorciarse me dijo: "Joel, tengo mucho tiempo así. Nunca me sucede nada bueno. No veo cómo podría ser restaurado mi matrimonio. Siempre hemos tenido estos problemas".

"Esa manera de pensar te detendrá de recibir todo lo bueno que Dios desea derramar en tu vida", le dije. "Esas malas actitudes o maneras de pensar estorbarán el fluir. Debes dejar de meditar en aquellos pensamientos negativos y destructivos que te mantienen estancado. Tu vida no cambiará si antes no cambia tu manera de pensar."

De recién casados, un día Victoria y yo caminábamos por nuestra vecindad y vimos una casa hermosa que estaba por ser terminada. Se encontraban abiertas las puertas, así que entramos para verla. Era una casa fabulosa, mucho más bonita que cualquiera de las otras casas de esa comunidad. La mayoría de las otras casas por allí eran de una sola planta, de un estilo casual construidas de cuarenta a cincuenta años antes, pero esta casa era una casa grande de dos pisos, con los techos muy altos y ventanas grandes con una agradable vista del jardín. Era un lugar que inspiraba por su belleza.

Al salir de la casa, Victoria estaba muy emocionada. Se dio la vuelta, miró hacia la casa y dijo: "Joel, ¡un día viviremos en una casa tan hermosa como esta!" Para esto, vivíamos en una casa muy antigua con problemas en el cimiento, cosa que impedía que las puertas interiores de la casa cerraran bien. Habíamos ejercido nuestra fe y gastado todo lo que teníamos en comprar aquel hogar y así poder vivir es esa vecindad. Pensando en nuestra cuenta de banco, y mis ingresos en aquel tiempo, me parecía imposible poder llegar a tener una casa semejante a la que acabábamos de ver.

Siendo "el gran hombre de fe" que soy, dije: "Victoria, esa casa está tan fuera de nuestro alcance que no veo cómo jamás podríamos comprar algo semejante".

Pero Victoria tenía mucha más fe que yo, y no se dio por vencida. Por treinta minutos debatimos el asunto parados afuera de aquella casa. Ella me presentó todas las razones por las que sí se podría hacer. Yo le dije todas las razones por las que dudaba que jamás se lograra.

Ella dijo: "No, Joel; lo siento muy dentro de mí. Sí sucederá".

Se encontraba tan llena de gozo, que yo no la quise desanimar, así que no hablé más al respecto. ¡Pero no Victoria! Durante los meses siguientes, ella seguía hablando palabras de fe y victoria, y finalmente me convenció. Ella me convenció que sí podríamos vivir en una casa tan elegante como la que habíamos visto. Me deshice de mi manera limitada de pensar y me puse de acuerdo con ella. Comencé a creer que de alguna manera, Dios podía hacerlo. Seguíamos creyéndolo, viéndolo y hablándolo.

Algunos años más tarde, vendimos nuestra casa, y por medio de la venta de otra propiedad, pudimos construir una casa exactamente como la que habíamos visto. Vimos el cumplimiento del sueño. Pero estoy convencido que nunca habría sucedido si primeramente no lo hubiéramos concebido en nuestro interior. No creo que lo habríamos alcanzado si Victoria no me hubiera convencido de expandir mi visión.

Dios también tiene mucho más para usted. Comience a preparar su pensamiento para recibirlo. Concíbalo en su interior. Comience a verse alcanzando un nuevo nivel, haciendo algo significativo, viviendo en aquella casa de sus sueños. Si desea ver el favor incomparable de Dios, entonces tiene que reemplazar aquellos odres viejos.

"Ya llegué tan lejos como llegaron mis padres", me dijo Steve. "He llegado hasta donde han llegado todos los de mi familia. Eso es suficiente, ¿verdad?"

"No", le repliqué. "No tienes que estar confinado por las barreras del pasado. Dios quiere que llegues más lejos que tus padres. Estoy seguro que tus padres eran personas buenas y trabajadoras, pero no caigas en la trampa de simplemente sentarte y aceptar tu situación actual. Debes tomar la decisión de no vivir una vida mediocre. Al levantarte por la mañana debes tener la actitud de: *Haré algo grande. Saldré adelante en mi carrera. Serviré a los demás con entusiasmo. Saldré de este molde y subiré a nuevos niveles.*"

Muy seguido les digo a mis hijos: "Irán mucho más lejos que su papi. Tienen tanto potencial. ¡Harán grandes cosas!"

No es para sembrar orgullo en nuestros hijos sino para que ellos cuenten con una visión grande. Mi deseo es que ellos puedan concebir grandes posibilidades a una temprana edad. Quiero que crezcan con la expectativa de recibir el favor de Dios, con la expectativa de ser líderes, con la expectativa de salir adelante en cualquier actividad que emprendan. Y yo sé que tienen que concebirlo en su interior antes de que Dios pueda llevarlo a cabo en el exterior.

Un día iba conduciendo en mi coche por la ciudad de Houston, Texas, con mi hijito de ocho años, Jonathan. Al ir conduciendo, llegamos al estadio llamado "Compaq Center", con cupo para dieciséis mil personas y en donde antes jugaban los Houston Rockets, equipo de básquetbol profesional, y próximamente el nuevo hogar de Lakewood Church. Bajé la velocidad del automóvil y señalé con el dedo diciendo: "Jonathan, mira hacia allá. Un día, allí es donde tú estarás predicando".

Él dijo: "Ay no, Papi. Cuando tenga edad suficiente, ¡yo estaré predicando en el Reliant Stadium!" (El Reliant Stadium es el estadio donde acomoda más de setenta mil fanáticos del equipo de fútbol americano, los Houston Texans.)

Pensé: *Me gusta el hecho de que tiene un sueño grande.* Cuando relaté esa historia hace algunos años en la iglesia, después de la reunión una hermana se acercó y le dio a Jonathan un cheque por cien dólares para ayudar a pagar el nuevo estadio. Él estaba tan emocionado. Dijo: "Papi, ¡me gustaría que hablaras de mí más seguido en tus sermones!"

Aún y si proviene usted de una familia sumamente exitosa, Dios desea que usted avance más allá. Mi propio padre tuvo grandes logros en su vida. Fue una inspiración para miles de personas alrededor de todo el mundo. Sin embargo, no estaré satisfecho con hacer solamente lo que mi padre hizo. No quiero simplemente mantenerme estático. No, yo quiero avanzar y escalar nuevas alturas.

Si usted se fija con cuidado, verá que Dios ha estado tratando de animarle. Él ha permitido que se crucen por su camino personas que tienen mucho más éxito que usted, que tienen matrimonios más fuertes, que están gozando de su favor de muchas maneras extraordinarias. Así que, cuando usted ve o sabe de otras personas que están triunfando en sus vidas o haciendo lo que a usted le gustaría hacer, sienta ánimo en lugar de sentir envidia. No diga: "Eso nunca me podría pasar a mí. No cuento con suficiente talento". Nunca recibiré esa clase de oportunidad. Nunca poseeré tanto dinero".

Deshágase de aquellos odres viejos. Cambie su manera de pensar. Pase por alto las barreras del pasado y comience a esperar que Dios haga grandes cosas en su vida.

"¿No la conoceréis?"

Usted necesita entender que Dios constantemente está intentando sembrar nuevas semillas en su corazón. Constantemente quiere que usted conciba, que deje las ideas anticuadas y que nuevos impulsos de creatividad sean engendrados en su interior. La clave es creer, permitir que la semilla se arraigue para que pueda crecer.

¿Qué hubiera pasado si Victoria hubiera accedido en cuanto a la casa nueva y hubiera dicho: "Sí, Joel; tienes la razón. Sólo somos un par de jóvenes, nunca podremos pagar esto. Esa casa está muy fuera de nuestro alcance."?

Probablemente todavía estaríamos viviendo en nuestra casa original, con todo y su cimiento torcido. Que bueno que ella engrandeció su visión y concibió lo que Dios le estaba diciendo. Quizá Dios ha intentado hablarle algo a usted también, con el deseo que suba a un nuevo nivel. Él ha colocado personas en su vida para inspirarle. Cuando usted ve lo que ellos han hecho, sus deleites, sus victorias, algo en su interior deberá decir: "¡Sí, Dios! Yo sé que Tú me puedes bendecir de la misma manera. Yo sé que puedo disfrutar de un matrimonio fenomenal. Yo sé que puedo ser feliz. Yo sé que puedo alcanzar aquellos nuevos niveles".

Existe una semilla dentro de usted que quiere arraigarse. Es el esfuerzo de Dios para hacerle concebir. Él intenta llenar su corazón con tanta esperanza que la semilla crecerá y producirá una abundante cosecha. Es su tiempo. Quizá tiene mucho tiempo enfermo, pero este es su tiempo para recibir sanidad. Puede ser que esté atado por toda clase de adicciones, toda clase de malos hábitos, pero este es el tiempo para ser liberado. Puede ser que esté batallando en sus finanzas, con toda clase de deudas, pero este es el tiempo para ascensos. Este es su tiempo para incrementos. Amigo, si usted se pone de acuerdo con Dios, esta podría ser la mejor época de su vida. Este podría ser el tiempo cuando Dios derrame su favor de manera incalculable, su favor más allá de lo que puede imaginar.

Dios dice: "He aquí que yo hago cosa nueva; pronto saldrá a luz; ¿no la conoceréis?"[3] Fíjese como Dios siempre tiene el deseo de hacer algo nuevo en nuestra vida. Su deseo es promovernos, hacernos incrementar, darnos más. Sin embargo, es interesante que Dios haya preguntado: "¿no la conoceréis?" En otras palabras, ¿está creándole lugar en su forma de pensar? ¿Está creyendo que llegará el incremento? ¿Está creyendo que usted sobresaldrá en su trabajo? ¿Está creyendo que usted será un líder más efectivo, o un mejor padre?

Es tiempo de expandir su visión.

Quizá Dios quiere mejorar su matrimonio, restaurar su familia o ascenderle en el trabajo. Pero esa semilla de oportunidad no se arraigará en medio de sus dudas.

"¿Cómo lograré que mi negocio sea un éxito? Tengo tantos obstáculos. Simplemente, es imposible."

Dios le está diciendo a usted algo similar a lo que le dijo a María y a otros a través de todas las Escrituras. No será por medio de sus propias fuerzas. No será por su poder. Dios dijo que sería por su Espíritu. El poder de Dios Todopoderoso vendrá sobre usted y causará que suceda. Con Dios de su lado, es imposible que usted pierda. Él puede abrir camino donde parece ser imposible hacerlo. Él puede abrir puertas que ningún hombre puede cerrar. Él puede causar que usted se encuentre en el lugar indicado, en el tiempo indicado. Él puede cambiar de manera sobrenatural su vida. Jesús dijo: "Si puedes creer, al que cree todo le es posible".[4]

Mi pregunta para usted es: ¿Puede creer? ¿Permitirá que esa semilla eche raíz? El ángel le dijo a María que ella concebiría sin haber conocido a un hombre. En otras palabras, Dios estaba diciendo que sucedería por medios sobrenaturales. Puede suceder sin que el banco le dé un préstamo. Puede suceder sin haber cursado los estudios correctos. Puede suceder a pesar de su trasfondo. Puede suceder no obstante lo que los críticos le estén diciendo. Con Dios, todas las cosas son posibles.

Unos años atrás, nuestra congregación había crecido al grado que ya no cabía en el auditorio de Lakewood Church y habíamos comenzado a buscar alguna propiedad para construir uno nuevo. Para entonces, recibimos la noticia de que el Compaq Center, auditorio para más de dieciséis mil personas, estaría disponible. Pero algunos de mis primeros pensamientos fueron similares a los de María: *¿Cómo puede ser esto? ¿Cómo podríamos jamás conseguir ese edificio? Será demasiado caro. Las autoridades municipales nunca permitirán que una iglesia utilice aquello. Es mucho muy prominente.* Pero, en esta ocasión, ensanché mi visión. Comencé a "ver" a nuestra congregación alabando a Dios en el Compaq Center, en el centro de Houston.

Durante los siguientes meses, muchas personas hicieron comentarios a miembros de nuestra congregación, al personal y a mí como: "Nunca sucederá. No hay posibilidad de que suceda. Están perdiendo el tiempo".

Eso no importó. La semilla seguía creciendo en nuestro interior. Cuando parecía ser imposible, y encaramos toda clase de retos, simplemente dije: "Padre, te doy gracias que tú peleas nuestras batallas por nosotros. Te doy gracias que nos mostrarás algo de ese favor incalculable y mayor que nuestra imaginación". La semilla seguía creciendo, haciéndose más y más fuerte. Así que, tres años y medio más tarde, y a pesar de la gran adversidad enfrentada, Dios cambió la situación y Él nos sacó con la victoria.

Dios desea hacer grandes cosas en su vida también. No se conforme con un cuadro pequeño de Dios. Servimos al Dios que creó el universo. Tenemos que eliminar esa mentalidad apocada. "Dios, si tan sólo me dieras un aumento de algunos pocos centavos, creo que podré salir solvente este año." "Dios, si tan sólo me ayudaras a soportar este matrimonio..." "Dios, lo único que quiero es un poco de felicidad."

Deshágase de esos odres viejos. Deshágase de esa mentalidad apocada y comience a pensar como Dios piensa. Piense en grande. Piense en incremento. Piense en abundancia. Piense en más que suficiente.

Años atrás, un jugador muy famoso de golf fue invitado por el rey de Arabia Saudita para jugar en un torneo de golf. El jugador aceptó la invitación, y el rey mandó su avión privado hasta los Estados Unidos para recoger al invitado. Jugaron golf un par de días y se la pasaron muy bien. Al subir el jugador de golf al avión para regresar a su país, el rey le preguntó: "Quiero darte algún obsequio para agradecerte el que hayas venido hasta acá y hubieras hecho tan especial este tiempo. Te regalo lo que tú quieras. ¿Qué te puedo dar?"

Siendo todo un caballero, el jugador de golf replicó: "Ay, por favor; no me regale nada. Ha sido un anfitrión muy afable. Me la he pasado muy bien. No podría pedir ninguna otra cosa."

El rey insistió. Dijo: "No, yo insisto en darte algo para que siempre recuerdes tu viaje a nuestro país."

Al ver el jugador que el rey estaba decidido, dijo: "Bueno, está bien. Yo colecciono palos de golf. ¿Por qué no me regala uno?"

Abordó el avión, y de regreso, no dejaba de preguntarse qué clase de palo la regalaría el rey. Se imaginó uno de puro oro con su nombre grabado, quizá uno con diamantes y joyas. Ya que sería un regalo de parte de un rey tan rico como lo era el de Arabia Saudita.

Al llegar a su casa, el jugador de golf revisaba cada día el correo y los servicios de paquetes para ver si ya le había llegado su palo de golf. Al fin de varias semanas, recibió una carta certificada de parte del rey de Arabia Saudita. Pensó que eso era un poco extraño mientras se preguntaba dónde estaba su palo de golf. Abrió el sobre, y cuál era su sorpresa al descubrir que contenía las escrituras para un campo de golf* de quinientas hectáreas en los Estados Unidos.

Los reyes tienden a pensar diferente a como pensamos usted y yo. Y amigo, nosotros servimos al Rey de reyes. Servimos al Dios Todopoderoso, y su sueño para su vida es mucho más grande y mejor de lo que usted aún se pudiera imaginar. ¡Es tiempo de expandir su visión!

*Nota: En inglés la frase "golf club" se usa tanto para "palo de golf" como para "campo de golf", por ello la confusión del jugador.

Eleve su nivel de expectativa

Un antiguo dicho propone que si desea tener éxito, tiene que seguir sus sueños. Y aunque yo nunca le diría a nadie que debería de abandonar sus sueños, la verdad es que su vida sí seguirá sus *expectativas*. Recibirá lo que espera. Si usted fomenta pensamientos positivos, su vida caminará es esa dirección; si de continuo tiene pensamientos negativos, vivirá una vida negativa. Si usted espera derrota, fracaso o mediocridad, su mente subconsciente se asegurará de que usted viva en la derrota y fracaso, y saboteará todo intento de salir de la mediocridad. Por eso es que uno de los elementos claves para expandir su visión es *incrementar su nivel de expectativa*. Antes de lograr un cambio en su manera de vivir, tiene que cambiar su manera de pensar.

Programe su mente para el éxito

Es importante que programe su mente para el éxito. No sucederá por sí solo. Cada día tiene que decidir que vivirá a la expectativa de que cosas buenas le sucederán a usted. La Biblia dice: "Poned su mira en las cosas de arriba".[1] Cuando despierta en la mañana, lo primero que debe hacer es fijar su mente en la dirección correcta. Diga algo como: "Este será un día muy bueno. Dios me está guiando y dirigiendo mis pasos. Su favor me envuelve. El bien y la misericordia me están siguiendo. ¡Estoy emocionado por el día de hoy!" Comience su día con fe y expectación, y luego salga esperando cosas buenas. Espere que las circunstancias cambien a su favor. Espere que las personas hagan todo por ayudarlo. Espere estar en el lugar indicado en el momento indicado.

Espere que las cosas cambien a su favor.

Es posible que usted trabaje en ventas, y que tenga programada una presentación muy importante. Realmente está esperando conseguir aquel contrato. No se sorprenda si usted escucha una vocecita en su mente que le dice: *No tienes ninguna oportunidad. Este será un día muy malo para ti. Nunca nada bueno te sucede. Más vale que no tengas esperanzas. De esa manera, cuando no te dan aquel contrato, no saldrás tan desilusionado.*

¡No escuche tales mentiras! Dios *quiere* que sus expectativas crezcan. Ni siquiera podemos tener fe sin esperanza. La Biblia dice: "La fe es la sustancia de lo que se espera"[2], y una definición de esa clase de esperanza es "expectativa confiada". Deberíamos salir de la cama por la mañana esperando confiadamente el favor de Dios. Comience a esperar que las puertas de la oportunidad se le abran. Espere triunfar en su carrera. Espere superar los retos de la vida.

Por lo general, Dios nos encuentra en nuestro nivel de expectativa.

Por lo general, Dios nos encuentra en nuestro nivel de expectativa. Si usted no desarrolla el hábito de esperar que vengan a usted cosas buenas, entonces es probable que no reciba ninguna de ellas. Si no espera que la situación mejore, probablemente no sucederá. Si lo único que espera es más de lo mismo, eso es lo único que recibirá. Nuestras expectativas trazan las fronteras para nuestra vida. Jesús dijo: "...hágase contigo como quieres".[3]

Algunas personas siempre esperan lo peor. Siempre viven con una mentalidad de "pobrecito de mí", siempre negativas, siempre deprimidas. "Dios, ¿por qué no haces algo respecto de mi situación?", se quejan. "¡Esto no es justo!" Ellos tienen lo que su fe espera.

Otras personas se sienten realmente abrumadas por sus problemas, se les dificulta creer que algo bueno les puede suceder. Las escucharán diciendo algo como: "Ay, tengo tantos problemas. Tengo problemas en mi matrimonio. Mis hijos no se comportan bien. Mi negocio no sale adelante. Mi salud va declinando. ¿Cómo puedo vivir con entusiasmo? ¿Cómo puede esperar que me levante de mañana diciendo que será un buen día cuando tengo este gran problema en mis la manos?"

Amigo, de eso es que trata la fe. Tiene que creer que vienen a usted cosas buenas, y ¡así será!

¡Salga de esa prisión en la que usted mismo se ha confinado!
Uno de los dichos comunes entre prisioneros norteamericanos con muchos años por delante en la prisión es: "No hay nada en el futuro para ti". Es una frase triste y sin esperanza, que les roba de cualquier esperanza que pudieran tener. "No tienes ninguna entrada monetaria; a tus hijos les da pena decir que son parientes

tuyos; tu esposa ya no te visita y probablemente se divorciará de ti antes de que pase mucho tiempo; nada cambiará en tu vida. No esperes nada mejor. Estás recibiendo lo que merecías. No hay nada en el futuro para ti."

Lo triste es que muchas personas que viven en libertad viven detrás de las barras que ellas mismas han colocado en su vida, y se han sumido en las mismas maneras de pensar. *Esto es lo mejor que puedes esperar. Nunca mejorará, así que mejor cállate, siéntate y sopórtalo.*

¡No! ¡Puede salir de esa prisión! La puerta no tiene seguro. Lo único que tiene que hacer es comenzar a esperar que lleguen cosas buenas a su vida y comience a creer que Dios tiene un futuro grandioso esperándole. ¡Sí tiene cosas buenas por delante!

¿Qué está esperando en la vida? ¿Está esperando cosas buenas o cosas malas, será una persona trascendental o mediocre? ¿Está esperando que las cosas cambien a su favor? ¿Está esperando experimentar la bondad de Dios? ¿O permitirá que sus circunstancias o sentimientos apaguen su entusiasmo por la vida y le aprisionen en una manera negativa de pensar?

Ojos de la fe

Tiene que mirar con sus "ojos de la fe" y verse como alguien contento, sano y completo. Eso significa que cuando su situación se ve mal, cuando tiene la tentación de sentirse desanimado o deprimido, debe animarse orando de esta manera: "Señor, yo sé que Tú estás en control, y aún y cuando esto parece ser imposible, sé que hoy puede ser el día cuando todo cambia. Este puede ser el día cuando tú restauras mi matrimonio. Este puede ser el día cuando regresan a casa mis hijos. Hoy puede ser el día cuando mi negocio comienza a prosperar de manera exponencial. Este puede ser el día que veo mi milagro".

Y después siga creyendo y buscando que aquellas cosas buenas se cumplan en su vida. Tiene que tomar una decisión consciente, es un acto de su voluntad, de mantener una actitud de expectativa y de llenar su mente con pensamientos de esperanza.

Este podría ser el día que veo mi milagro.

Se podría estar preguntando: "¿Qué sucederá si hago todo eso y no funciona?" ¿Qué tal si hace eso, y *sí* funciona? ¿Qué puede perder con mantener avivada su esperanza?

Le puedo garantizar que nunca mejorará su situación difícil mientras usted se mantiene en una mentalidad negativa. Pero si usted desarrolla una actitud de fe y espera que las cosas cambiarán para el bien, entonces en el tiempo indicado, esa situación cambiará. Por cierto, en ocasiones las cosas buenas no suceden tan pronto como nos gustaría, pero en lugar de decaer en una expectativa negativa, tenemos que mantener nuestros pensamientos en Dios. Su actitud deberá ser: "Dios, yo sé que tú estás obrando en mi vida. Aunque el milagro que estoy buscando no sucedió hoy, ¡yo sé que estoy un día más cerca de ver su realización! Me encuentro un día más cerca de la respuesta a mi oración, y no me molestaré. No me permitiré desanimarme. Yo sé que tu horario es perfecto, así que me mantendré en una actitud de fe y seguiré confiando en que tú harás lo mejor."

Brian era un hombre de casi cincuenta años y sentía que su mundo entero se desmoronaba y derrumbaba encima de él. Su negocio cayó en bancarrota. Perdió a su familia a causa de un divorcio. Su salud iba declinando. En un tiempo pasado había sido un hombre muy exitoso, pero ahora, tenía muchos años que sólo existía, viviendo sin gozo, sin paz, sin chispa.

Un día, un amigo de Brian que lo apreciaba lo suficiente como para decirle la verdad le dijo: "Te aprecio, amigo, pero necesitas dejar de fijarte en todo lo negativo; deja de mirar todo lo que has perdido y comienza a mirar todo lo que te queda." El amigo de Brian le dejó este reto: "Comienza a creer que las cosas cambiarán para el bien, no porque lo mereces, sino simplemente, ¡porque Dios te ama tanto!"

Las palabras de su amigo encontraron lugar en el espíritu de Brian, y lento pero seguro, tomó el consejo. Estableció nuevos hábitos para su vida. Él tomó la decisión de que cada día al despertar, antes de levantarse de su cama, escribiría diez cosas por las que podía estar agradecido. A lo largo del día, seguía meditando en esa lista. Siguió con esta costumbre día tras día, semana tras semana, mes tras mes.

¿Qué estaba haciendo Brian? Estaba metiendo un programa nuevo a su mente. Se estaba deshaciendo de aquellos antiguos hábitos negativos, y estaba desarrollando una actitud de fe.

Pasados unos pocos meses, su situación comenzó a cambiar. Primero, su alegría regresó. Después regresaron su salud y su vitalidad. Al poco tiempo consiguió trabajo y, eventualmente, muchas de sus relaciones fueron restauradas. ¡Lo más importante fue que su vida le fue restaurada! Debido a que alzó el nivel de sus expectativas, pudo escapar de aquella mentalidad negativa. Dejó de fijarse solamente en lo que no tenía, en lo que había perdido, en los errores y fracasos del pasado. A cambio, comenzó a meditar en la bondad de Dios. Llenó su mente con pensamientos de esperanza, fe y victoria. Creó una nueva visión, esperando que las cosas mejoraran, y su vida sí cambió.

Muchas personas perjudican sus expectativas con sus comentarios negativos. Usted sabe como cuáles serían:

"Bueno, nunca me sucede algo bueno a mí."

"Creo que nunca me casaré. ¡No he salido con nadie en diez años!"

"Más vale ya declararme en bancarrota; estoy tan abrumado por las deudas y cuentas a pagar, no veo ninguna otra alternativa."

"No sé cómo podría estar nunca feliz otra vez. Simplemente he experimentado demasiado dolor en la vida."

Evite esta clase de comentarios a todo costo porque sus actos seguirán sus expectativas. Una baja expectativa lo atrapará en la mediocridad. Tiene que tener pensamientos de victoria, pensamientos de abundancia, pensamientos de favor, pensamientos de esperanza; pensamientos buenos, puros y excelentes.

El ministerio del profeta del Antiguo Testamento, Elías, nos ofrece algunas perspectivas muy interesantes. Elías experimentó muchos milagros, y su estudiante, Eliseo, fue testigo de muchos de ellos. Estando cerca del fin de su vida, Elías le preguntó a Eliseo qué le gustaría recibir de parte de su mentor.

"Yo quiero una doble porción de tu espíritu", replicó audazmente Eliseo. "Quiero tener el doble de tu poder, ser doblemente fuerte y doblemente bendecido. Quiero ver dos veces más milagros."

Lo interesante es que Elías no reprendió a su discípulo. Su respuesta simplemente fue: "Eliseo, has pedido algo muy difícil. Sin embargo, si me ves cuando soy tomado de ti, te será hecho conforme a tu petición. Pero si no, no te será hecho". Claro que en el sentido literal, Elías le estaba diciendo a Eliseo: "Si Dios te permite verlo, entonces puedes asegurarte de que tu petición te será dada"; pero nos hacemos la pregunta que si Elías también estaría diciendo: "Si lo puedes ver, entonces lo serás. Si lo puedes visualizar con tu corazón y mente, viéndolo a través de la pantalla de la Palabra de Dios con tus 'ojos espirituales', puede llegar a ser una realidad en tu vida".

A Dios le interesa demasiado lo que usted ve con sus "ojos espirituales". En la Escritura hace siete veces la pregunta: "¿Qué ves?". Hoy en día, Dios nos está diciendo algo parecido. Si tiene una visión de victoria para su vida, puede subir a un nuevo nivel. Pero mientras su cabeza está agachada, y su mirada está sobre el suelo en lugar de estar sobre sus posibilidades, corre el riesgo de ir en la dirección equivocada y de perderse de las grandes cosas que Dios quiere hacer en, y a través de usted. Lo siguiente es tanto un principio espiritual como una verdad psicológica: Caminamos hacia lo que visualizamos en nuestra mente. Si no lo puede ver, lo más probable es que no sucederá en su vida.

¿Y qué de usted? Cuando usted mira hacia su futuro, ¿qué ve? ¿Se ve cobrando más fuerza, salud, felicidad, una vida llena de las bendiciones, favor y victoria de Dios? Si usted lo puede ver, puede cumplirse en su vida.

Unos amigos míos, Bill y Cindy, se mudaron a otra ciudad unos años atrás. Para esto, Bill tenía dos trabajos para suplir las necesidades de su hogar mientras Cindy se quedaba en casa para cuidar a sus pequeños hijos. Era un tiempo muy difícil en sus vidas, y muy apenas tenían para la renta y comida cada mes. Sintiéndose unos fracasados, la tentación de darse por vencidos y regresar a casa era fuerte. Hubiera sido muy fácil permitir que las actitudes de derrota les agobiaran, pero no permitieron eso. A cambio, durante esos momentos difíciles hicieron algo muy poco usual.

Muchas noches después de que Bill llegaba del trabajo, en lugar de sentarse en su pequeño departamento sintiendo autocompasión, se arreglaban, se subían al carro y conducían a algún hotel lujoso de la ciudad. No contaban con el dinero para pagar el estacionamiento del coche, así que dejaban el automóvil a una distancia del hotel y caminaban hasta el mismo.

Ellos entraban en aquel magnífico edificio y simplemente se sentaban en el vestíbulo y soñaban. Después, Bill me contó esto: "Yo quería exponerme a un medio ambiente de éxito. Quería estar en un lugar donde pudiera mantener elevada mi esperanza. Quería estar en un ambiente donde pudiera soñar con victorias".

¿Qué estaban haciendo? Estaban ampliando su visión, enfocándose en lo que ellos podrían ser. Estaban mirando más allá de lo que eran, a lo que deseaban ser, y al hacerlo, permitieron que la fe creciera en su corazón. Cindy dijo: "En muchas ocasiones, nos sentábamos por horas enteras en aquel vestíbulo, platicando y soñando, y al salir de allí, nuestra fe y visión habían sido renovadas".

Quizá usted también necesita cambiar su medio ambiente. Deje de quedarse ahí sentado sintiendo autocompasión. Deje de preocuparse que nunca verá una mejoría en las circunstancias de su vida. A cambio, vaya a un lugar en donde puede soñar. Puede ser que sea en una iglesia; quizá será a la orilla de algún riachuelo o en algún parque. Encuentre un lugar en donde puede atreverse a soñar en grande; un lugar donde su fe será aumentada. Salga de ese medio ambiente negativo y métase en un medio ambiente de victoria, donde las personas lo edifiquen y no lo derriben. Encuentre un lugar donde las personas lo animen y reten a ser lo mejor que usted puede ser. Encuentre un lugar donde las personas lo inspiren a alcanzar nuevas alturas. Amigo, usted tiene que ver que le suceden cosas buenas antes de experimentarlas.

Encuentre un lugar en donde puede soñar.

La Biblia dice que "el que anda con sabios, sabio será...".[4] Si usted se asocia con personas de éxito, antes de que pase mucho tiempo usted será una persona de éxito. Su entusiasmo será contagioso y usted se contagiará con esa visión. Si usted se mantiene en un ambiente de victoria, no pasará mucho tiempo y usted también tendrá una imagen de victoria. Si se relaciona con personas de fe, en poco tiempo usted se llenará de fe. Pero mientras está picoteando la tierra como las gallinas, nunca podrá volar con las águilas.

Le quiero animar a elevar su nivel de expectativa; comience a visualizarse recibiendo cosas buenas. Espere el favor de Dios. Espere sus bendiciones. Espere incremento. Espere ascenso. Levántese y enfrente cada día con entusiasmo, sabiendo que Dios tiene grandes cosas planeadas para usted. Y aun cuando las circunstancias no parezcan estar a su favor, no se desanime, pero mantenga su mente fijamente apuntando en la dirección correcta.

Si usted hace su parte contemplando de continuo la bondad de Dios, viviendo con fe y expectativa, Dios lo llevará a lugares en los que nunca soñaría estar, y vivirá en un nivel que ni siquiera se hubiera atrevido a imaginar. ¡Dios tiene cosas buenas planeadas para usted! Permítame mostrarle cómo puede descubrirlas.

¡Dios tiene más para usted!

Todd Jacobs soñaba con abrir su propio negocio de venta de programas para computadoras. Pero cuando contrajo matrimonio con Amy, tomó un trabajo cualquiera para pagar las cuentas. Después llegó el bebé, y su presupuesto, junto con los sueños de Todd, se echaron a perder.

Al principio, no le molestó el tener que olvidar sus sueños, pero antes de mucho tiempo, Amy y él reconocieron la realidad del resentimiento que existía debajo de la superficie de cada conversación tocante a dinero y cada decisión tocante a su futuro. Lo irónico fue que Todd no tomó la oportunidad que se le presentó de escribir un programa para una compañía bien conocida al lado de uno de sus mejores amigos. Se negó a hacerlo, diciendo: "No tengo suficiente talento. Tengo demasiado tiempo fuera del mundo de los negocios".

Su mejor amigo le preguntó: "¿Estás seguro, Todd? Esta es una tremenda oportunidad. Puedes comenzar tu propio negocio, ayudar a escribir programas para la compañía principal, y además ganar dinero de las regalías. ¿Estás seguro de que quieres pasar por alto este trabajo?"

"Sí, estoy seguro", replicó Todd. "No me conviene arriesgarme. Mi trabajo no me paga mucho, pero es seguro. Mejor me quedo en donde estoy."

Muchas personas, al igual que Todd, se pierden de oportunidades claves cada día porque se han acostumbrado a la manera que siempre han sido las cosas. No esperan nada mejor. Dios les está abriendo una puerta de oportunidad; y lo único que necesitan hacer es pasar por ella, pero tristemente se alejan de las bendiciones de Dios. ¿Por qué? Rehúsan crear lugar en su manera de pensar para las cosas nuevas que Dios quiere hacer en su vida. Cuando llega una oportunidad grande, en lugar de asirse de ella, lanzándose con fe, y creyendo que vendrá lo mejor, dicen: "Bueno, eso nunca me podría suceder a mí. Es demasiado bueno como para creer que pueda ser cierto".

Lamentablemente, lo que recibirá está directamente relacionado a cómo cree y lo que espera. Si usted desea que Dios haga lo extraordinario, entonces usted tiene que comenzar a creerle por cosas mayores.

Lo que recibirá está directamente relacionado con cómo cree.

Quizá usted está pensando, así como lo hizo Todd: Me quedaré aquí con este trabajo, en esta misma posición, por el resto de mi vida. Después de todo, esto es lo único que sé hacer.

No, deje de limitar a Dios. Es posible que Él quiera abrirle otra oportunidad o una mejor posición para usted. Dios puede intervenir en su situación, removiendo su supervisor para que usted pueda ser ascendido. Un día, ¡usted puede quedar al frente de toda la empresa! Una vez que usted empieza a esperar más, otro elemento esencial para aumentar su visión es, ¡creer que Dios tiene más para usted!

Se relata la antigua historia de la ranita que nació en el fondo de un pequeño pozo circular, semejante al que se encontraría en una parcela típica rural. Ella vivía con su familia, y se conformaba con jugar en el agua, nadando todo alrededor del pozo. La ranita pensaba: La vida no puede ser mejor. Tengo todo cuanto necesito.

Pero un día, volteó hacia arriba y percibió la luz que entraba por la abertura del pozo. Le entró curiosidad a la ranita, pensando qué podría haber allá arriba. Con mucho cuidado se subió por una pared del pozo. Al llegar a la cima, cautelosamente miró por la orilla. Lo primero que vio fue un estanque. No lo podía creer. Era mil veces más grande que el pozo. Caminó un poco más y descubrió un lago enorme. Se quedó viendo con mucho asombro. A final de cuentas, la ranita saltó una gran distancia y llegó al océano, donde todo lo que veía a su alrededor era sólo agua. Se sobresaltó en gran manera. Se comenzaba a dar cuenta qué limitada había sido su manera de pensar. En el pozo, había creído tenerlo todo, pero lo que tenía era sólo una gota en el océano en comparación a lo que Dios quería que disfrutara.

El sueño que Dios tiene para su vida es mucho más grande y mayor de lo que usted se pueda imaginar. Si Dios le mostrara todo lo que tiene preparado para usted, su mente no lo podría asimilar. En demasiadas ocasiones nosotros somos como aquella ranita. Hemos estado encerrados en nuestro pequeño pozo. Ha sido nuestro medio ambiente, y estamos muy a gusto. Es cómo y dónde fuimos criados. Es lo único que hemos conocido, un cierto nivel de vida, una cierta manera de pensar. Mientras tanto, Dios tiene mucho más planeado para nosotros.

Avance un poco más de lo que ha avanzado en el pasado. Atrévase a soñar con algo más grande. Asómase a la orilla como lo hizo la ranita. Dios tiene océanos que Él quiere que usted disfrute.

¿Está limitando a Dios?

Cuando Dios pone un sueño en su corazón, cuando Él le presenta con oportunidades, ¿sale usted confiadamente en fe, esperando lo mejor, avanzando con confianza, sabiendo que usted muy bien puede hacer lo que Dios quiere que haga? O es arrinconado por el temor, y dice: "Eso es demasiado grande para mí. No soy capaz. No puedo. Nunca podría hacer eso".

Dios desea hacer algo nuevo en su vida, pero usted tiene que hacer su parte y salirse de esa cajita. ¡Comience a pensar en grande!

Muchas personas se conforman con lo muy poco. "He llegado hasta donde me permite mi educación."

"He llegado hasta donde puedo llegar en mi carrera. He llegado a la cúspide. Nunca ganaré más dinero de lo que estoy ganando en este momento."

¿Por qué? Su proveedor no es su trabajo. Dios es su proveedor y ¡su creatividad y recursos no tienen límite! Dios le podrá dar la idea para un invento, un libro, un canto o una película. Dios le puede dar un sueño. Un sueño de parte de Dios puede cambiar para siempre el curso de su vida. Dios no se ve limitado por su educación o por su falta de ella. No se ve limitado por lo que sí o no tiene usted. Dios puede hacer cualquier cosa, si usted cree. Él puede hacer lo que sea, si usted simplemente puede dejar de limitarlo en su mente.

Hace poco, una mujer nos mandó una carta a Victoria y a mí, relatando la historia de cómo ella recibió un cheque por $90,000 dólares como una herencia de parte de un pariente suyo. Ella nunca había conocido a este hombre y ni sabía que eran parientes.

Al leer su historia, pensé, sonriendo: *Señor, ¡dame unos parientes como ese señor!*

Sinceramente, me alegré mucho con la mujer. Ella había creído para más, y este dinero había sido parte de la respuesta de parte de Dios.

Igualmente, usted puede comenzar a creer que Dios le dará incrementos también. No sólo aumentos financieros, sino además usted puede comenzar a esperar promoción sobrenatural en cada área de su vida.

Rompa la maldición

En demasiadas ocasiones, nos sentimos a gusto con el lugar donde nos encontramos, y eso lo usamos como una excusa para permanecer en la mediocridad. "Mis padres fueron pobres", decimos atufados. "Y antes de ellos, mis abuelos fueron pobres. En mi familia, nadie ha sido alguien con valor, así que yo tampoco valdré mucho."

No se crea esa mentira. Dios es un Dios de progreso. Él quiere que usted llegue más allá de lo que sus padres jamás lograron llegar. Él quiere que usted sea la persona que rompe aquel molde. Puede ser que usted fue criado en un medio ambiente negativo. Todos a su alrededor eran negativos, criticones, deprimidos y desanimados. Y sin duda, usted tiene la tentación de usar su crianza negativa como una excusa para vivir de la misma manera. ¡Pero, usted puede ser la persona que cambia su genealogía! No herede esa basura a sus hijos para así mantener activo el ciclo negativo. Usted puede ser la persona que rompe la maldición sobre su familia. Usted puede afectar las generaciones futuras por medio de las decisiones que toma hoy.

Mi padre nació en una familia mucho muy pobre. Sus padres trabajaban en el cultivo del algodón, y perdieron todas sus posesiones durante la "gran depresión" económica. Mi abuela trabajaba catorce y quince horas al día lavando la ropa de otras personas, ganando unos cuantos centavos por hora. Muchas noches, llegaban a casa y no tenían suficiente comida para todos. Era común que mi papá se fuera a la escuela con hambre, con roturas en los pantalones y en la suela de sus zapatos.

Eran buenas personas, pero ningún miembro de nuestra familia había sido persona de éxito antes. Vivían bajo una maldición de pobreza y derrota, pero un día, mi papá dedicó su vida a Cristo a la edad de diecisiete años, y Dios puso un sueño en su corazón de predicar.

Todas las estadísticas, ciertamente, estaban en su contra. Él provenía de la familia equivocada de la parte equivocada de la ciudad. No tenía dinero y muy poca educación. En lo natural, él no tenía un futuro, ninguna esperanza. Pero Dios no se limita por los alrededores, el trasfondo familiar o las circunstancias presentes. Sólo nuestra falta de fe limita a Dios.

Mi papá no soltó su sueño. Tenía la esperanza de que algún día iba a sobreponerse a la mentalidad de derrota y mediocridad. Como se esperaba, todos a su alrededor trataron de desanimarle. Decían: "John, nunca lograrás sobrevivir por ti solo. Mejor quédate aquí con nosotros y recoge algodón. Es lo único que sabes hacer. Quédate aquí donde estás seguro".

Afectamos a las generaciones venideras con las decisiones que tomamos hoy.

Pero estoy tan contento de que mi papá no hizo caso de aquellas personas negativas. No estaba contento con el lugar en el que se encontraba. No se atoró en ese patrón de derrota y mediocridad. Rehusó ponerle límites a Dios. Creyó que Dios tenía más para él. Y debido a que él mantenía su mirada en ese sueño y estaba dispuesto a andar por fe, debido a que él estaba dispuesto a pasar más allá de las barreras del pasado, él rompió esa maldición de pobreza en nuestra familia. Ahora, mis hermanos y yo, y nuestros hijos, nietos, y aun nuestros bisnietos, todos experimentaremos más de la bondad de Dios por lo que un hombre hizo.

Afectamos las generaciones venideras con las decisiones que tomamos hoy. Si usted no está experimentando la vida abundante de Dios, permítame retarle a creer que Él quiere darle más. No se quede sentado, aceptando que siempre ha sido esto o aquello. No recorra el camino por los siguientes cincuenta años sólo para terminar en el mismo lugar que se encuentra hoy. Tome la decisión de terminar con aquella rutina. No se conforme con lo que sus padres tuvieron. Usted puede llegar más allá. Usted puede hacer más, tener más, ser más.

Yo tuve la bendición de ser criado en una buena familia. Tuve padres excelentes que nos dejaron un buen ejemplo. Mi madre y mi padre tocaron las vidas de muchas personas alrededor de todo el mundo. Sin embargo, aunque les tengo mucho respeto por lo que lograron, yo no estaré satisfecho con sólo heredar lo que ellos tienen, con hacer lo que ellos hicieron. Dios quiere que cada generación avance más que la generación anterior. Él quiere que cada nueva generación reciba más bendición, experimente más de su amor, bondad y su influencia en el mundo. Él no quiere que usted se quede en el lugar en que se encuentra ahora.

Cuando mi papá falleció en 1999, y yo tomé el pastorado de Lakewood Church en Houston, Texas, las personas frecuentemente me preguntaban: "Joel, ¿realmente crees que podrás hacer que salga adelante? ¿Crees que podrás mantener la iglesia? Tienes unos zapatos muy grandes para llenar".

Yo entendía lo que me querían decir, y apreciaba sus comentarios porque ellos amaban a mi papá y él fue un gran líder. Además, pocas iglesias del tamaño de Lakewood sobreviven después de perder al pastor fundador, y la prensa local hizo notar muy pronto las probabilidades muy bajas de lograr sobrevivir. Pero ninguno de esos asuntos me preocuparon, porque yo sabía que Dios no quiere que una generación destaque, y la siguiente luego se pierda en la oscuridad. Dios desea que cada generación crezca y aumente.

Además, yo sabía que no tenía que seguir los pasos de mi papá. Sólo tenía que andar por el camino que Dios me había trazado a mí. Sólo tenía que ser la persona que Dios me había hecho. Cuando me convertí en el líder, al principio las personas me preguntaban en ocasiones: "Joel, ¿crees que podrás lograr todo lo que logró tu padre?"

Y, aunque mi respuesta nunca fue arrogante, siempre les contestaba: "Yo creo que haré más que mi papá". Así es nuestro Dios. Él es un Dios progresivo, y yo sé que mi padre no estaría complacido, y recibiría deshonra, si yo me limitara a lo que él hubo hecho, o si me quedara justo donde él estuvo. Mi padre trajo a mi familia de la nada a donde se encuentra hoy día. Cuando él comenzó a predicar, sabía muy poco de la Biblia. Ningún miembro de su familia había asistido a la iglesia, mucho menos había sido un maestro de la Biblia. Al principio de su carrera como maestro de la Biblia, predicó en una ocasión un mensaje sobre Sansón, y al terminar su sermón, ¡se dio cuenta de que el nombre que le había dado al héroe de la historia era "Tarzán"!

Pero mi papá mejoró, y como resultado, yo he heredado una multitud de ventajas. La vida de mi papá me ha inspirado, y he sido enseñado por su experiencia y sabiduría. Sin embargo, y lo digo con humildad, yo estoy convencido de que haré mucho más de lo que pudo lograr mi padre. Y yo creo que mi hijo hará mucho más que yo, y su hijo hará, algún día, mucho más que mi hijo y yo juntos.

Amigo, nunca se conforme con donde está. Quizá usted proviene de una familia como la de mi papá, donde no tuvieron mucho en cuanto a cosas materiales. O puede ser que usted proviene de una familia con muchísima riqueza, prestigio y posición. Aun con todo eso, usted puede experimentar más que la generación que vino antes de usted.

Quizá usted salió de una familia llena de divorcio, fracaso, depresión, mediocridad o problemas personales o familiares. Necesita decir: "Ya basta. No pasaré estas actitudes negativas a mis hijos. Romperé el círculo vicioso y cambiaré mi expectativa. Comenzaré a creer que Dios me dará cosas mayores y mejores".

Esta era la actitud que tenía Phyllis, un miembro aquí en Lakewood. Cuando Phyllis tenía dieciséis años se embarazó y tuvo que salir de la escuela. Sus sueños cayeron en el suelo, y estaba angustiada. Rentó un departamento muy pequeñito para vivir y criar a su hijo, pero muy pronto reconoció que no era posible. No ganaba suficiente dinero y estaba viviendo del dinero que las personas le daban. Después de un tiempo, se metió a un programa de asistencia pública. Muy apenas estaba sobreviviendo en la pobreza, la derrota y la desesperación.

Pero Phyllis rehusó vivir en la mediocridad. Ella dijo: "Ya basta. No voy a heredar este estilo de vida a mis hijos. Aportaré algo de valor con mi vida. Cumpliré con el destino que Dios tiene para mí. Seré la persona que Dios quiere que sea". Y ella se levantó y comenzó a creer que Dios le daría algo mayor y mejor. Comenzó a esperar el favor sobrenatural de Dios. Se deshizo de sus pensamientos antiguos de derrota y fracaso. Ella desarrolló una mentalidad de "lo puedo hacer". Cuando pasó por dificultades, no se dio por vencida. Siguió adelante. Ella hizo su parte, y Dios hizo la suya.

Phyllis consiguió un trabajo en la cafetería de una escuela recogiendo los boletos para la comida. Le pagaban el sueldo mínimo, y Phyllis estaba agradecida por él, pero no se quedó allí. Sabía que Dios tenía cosas mejores planeadas para ella. Ella tenía un sueño más grande para su vida. No se quedó con las manos cruzadas, aceptando la situación tal y como estaba. Decidió que quería regresar a la escuela, y obtuvo su diploma de bachillerato, pero seguía insatisfecha.

Quería cursar estudios en la universidad. Trabajaba todo el día y en las noches asistía a las clases. En sólo cuatro años, se recibió de la universidad con altas notas, pero Phyllis seguía insatisfecha. Regresó a la universidad para cursar la maestría.

Hoy, está segando los beneficios de su esfuerzo. Ya no depende de la asistencia pública; es la directora en la zona escolar donde antes trabajó en la cafetería. Ella, también, rompió la maldición de la pobreza y la escasez en su familia.

Usted puede hacer algo similar. Ya no se conforme con la mediocridad.

Deje de estar contento con cómo están las cosas. Dios tiene más para usted. ¡Mucho más! Tenga sueños más grandes. Ensanche su visión. Viva una vida llena de expectativa. Haga lugar en su manera de pensar para las grandes cosas que Dios quiere hacer. Sus mejores días están por delante. Dios desea hacer más de lo que usted puede pedir o imaginar, pero recuerde, es según el poder que mora dentro de usted. Avívese; salga de la complacencia; no se satisfaga con la gloria pasada.

¡Dios tiene más para usted! Pero si va a creer que recibirá cosas mayores y mejores, tendrá que romper algunas de las barreras de su pasado. Venga; le mostraré lo que quiero decir. ¡Esto será emocionante!

CAPÍTULO 4

Rompa las barreras del pasado

Cada cuatro años, la atención del mundo es cautivada por los juegos olímpicos del verano. Por unos cuantos días, hombres y mujeres de todo el mundo se reúnen para competir contra los mejores atletas. Al ver las olimpiadas hoy en día, es un poco difícil recordar que hace sólo unas décadas, los expertos en el deporte de carreras y saltos declararon que nadie podría pasar la barrera de correr la milla en menos de cuatro minutos. Según lo que se decía, un humano no podía correr esa distancia, a esa velocidad, por tanto tiempo. Los "expertos" realizaron toda clase de estudios para demostrar que era imposible correr más rápido y así romper aquella barrera. Y por años, ellos tuvieron la razón. Nadie terminó una carrera de una milla en menos de cuatro minutos.

Pero un día, llegó un joven que no creía en las opiniones de los expertos. No se fijó demasiado en las imposibilidades. Se negó a permitir que todas las palabras negativas formaran una fortaleza en su mente. Comenzó a entrenar, creyendo que él rompería aquel récord. Y así fue. Un día salió y rompió la barrera de la milla de cuatro minutos. Él hizo lo que los peritos dijeron que no se podía lograr. Su nombre era Roger Bannister, e hizo historia en el mundo de los deportes.

Ahora, esto es lo que se me hace tan interesante de la historia de Roger Bannister: Menos de diez años después de que él rompió aquel récord, ¡336 corredores habían roto el récord también! Imagínese eso. Por cientos de años, desde que habían registrado los resultados de las carreras y saltos, nadie había corrido una milla en menos de cuatro minutos; luego, en menos de una década, más de trescientas personas provenientes de distintas regiones geográficas pudieron lograrlo. ¿Qué sucedió?

Es sencillo. La barrera que detenía a los atletas de correr una milla en menos de cuatro minutos se encontraba en la mente de ellos. Por todos aquellos años, los atletas se habían creído lo que les decían los expertos. Se habían convencido de que era imposible correr una milla en menos de cuatro minutos.

La batalla de su mente

Este es el pensamiento clave: Usted nunca llegará más allá de las barreras que tiene en su mente. Si usted piensa que no puede lograr algo, entonces nunca podrá. La batalla está en su mente. Si usted está derrotado en su mente, ya ha perdido la batalla. Si usted piensa que sus sueños nunca se realizarán, nunca se cumplirán. Si usted no cree que cuenta con lo necesario para levantarse y poner un nuevo estándar, no sucederá. El obstáculo está en su mente.

Eso es lo que la Escritura llama una "fortaleza".1 Es una forma errónea de pensar que nos mantiene aprisionados por la derrota, y por eso es tan importante que nosotros tengamos pensamientos positivos llenos de esperanza, fe y victoria.

Posiblemente alguien habló palabras negativas a su vida. Quizá algunos de los supuestos expertos le han dicho que nunca será exitoso; que nunca estará en la cima; simplemente no cuenta con las cualidades necesarias para salir adelante. No escuche semejantes mentiras. Si Dios es por usted, ¿quién se atreverá a estar en su contra? Atraviese las limitaciones del pasado y permita que su mente medite actitudes nuevas y positivas de fe. Al traspasar esos obstáculos cambiará su vida y la vida de sus hijos.

Hoy en día, es común que los corredores profesionales atraviesen esa barrera de la milla de cuatro minutos. Roger Bannister estableció un nuevo estándar. Él abrió camino. De igual manera, si usted logra atravesar aquellas barreras en su mente y comienza a andar por la fe, usted irá más allá de esos antiguos obstáculos, y lo mismo sucederá en su familia. Sus hijos, nietos y generaciones futuras seguirán pasando por alto aquellos obstáculos. Continuarán progresando más allá de lo que se pensaba ser posible. Y será porque usted tuvo la disposición de tomar un paso de fe, estableciendo un nuevo estándar, aplanando el camino para las generaciones venideras.

Si no logra romper las barreras del pasado, corre el riesgo de estancarse y no avanzar. Por ejemplo, cuando Dios sacó a los hebreos de Egipto, donde habían vivido en esclavitud por cuatrocientos años, ellos se dirigieron directamente a la Tierra Prometida. Era una jornada de once días, pero ellos tardaron cuarenta años en llegar. ¿Por qué? ¿Por qué vagarían por el desierto, dándole vueltas al mismo monte, sin ninguna clase de progreso?

Después de todo, Dios había preparado la tierra que fluía leche y miel. Era un lugar de gran abundancia, un lugar de gran libertad. Pero el pueblo de Dios había sido oprimido por sus amos por tanto tiempo con maltratos y abusos que ahora, aunque Dios quería hacer algo nuevo, ellos no lo podían imaginar. No lograban hacer lugar para la obra de Dios en su mente. En lugar de avanzar con una actitud de fe, anticipando cosas buenas, insistían en continuar con una mentalidad pobre y derrotada. Dieron vuelta tras vuelta, fijándose en sus problemas, siempre quejándose, murmurando a causa de los obstáculos localizados entre ellos y su destino.

Finalmente, Dios los sacudió de su pasividad. Él les dijo: "Ustedes han morado sobre este monte por suficiente tiempo".[2] Yo creo que Dios nos dice algo parecido a nosotros. Ya tiene mucho tiempo revolcándose en donde está. Es tiempo de seguir adelante, de soltar el dolor, las heridas o los fracasos del pasado. Es tiempo de creer que vienen cosas mayores. Es tiempo para incrementar, tiempo para ascender, tiempo para ver el favor sobrenatural. Pero, para que esto suceda, usted no puede seguir caminado en círculos, haciendo la misma cosa año tras año. La tercera clave para el desarrollo de una nueva visión en su vida es *romper las barreras del pasado*.

Hoy es un nuevo día

Sin importar lo que usted haya pasado, sin importar la cantidad de veces que haya sufrido retrasos o quién o qué haya querido impedir su progreso, hoy es un nuevo día, y Dios quiere hacer algo nuevo en su vida. Él tiene grandes cosas planeadas para usted. No permita que su pasado decida su futuro.

Posiblemente usted ha vivido en una situación de abuso en la que alguien lo trató mal, alguien no lo tomó en cuenta, alguien le hizo un gran daño. Por favor, no inhiba el gran futuro que Dios tiene para usted al reflexionar demasiado sobre el dolor de su pasado.

La Biblia promete que Dios nos dará "en lugar... de vuestra deshonra... poseerán doble honra".[3] Eso quiere decir, que si usted se mantiene con la actitud correcta, Dios le pagará doble por su desdicha. Él sumará toda la injusticia, todo el dolor y sufrimiento causado por otras personas, el abuso y vergüenza, y le pagará con el doble de gozo, paz y alegría. Ese es el deseo de Dios para usted. Pero tiene que hacer su parte y comenzar a esperar las cosas buenas. Mantenga su mente en el curso correcto. No puede tener una mentalidad de víctima y luego esperar vivir en victoria. No puede vivir continuamente en la autocompasión y después preguntarse porque no mejoran las circunstancias de su vida.

Si usted cambia su manera de pensar, Dios puede cambiar su vida.

Dios es justo. Él sabe cuando las personas no nos están tratando justamente. Él sabe cuando estamos haciendo lo correcto, y aun así lo malo nos sucede. Él sabe cuando estamos caminando en integridad, y alguien llega y nos roba de lo que debía haber sido nuestro. Dios ve cada ocasión en la que se han aprovechado de usted. Él ve cada ocasión cuando usted pone la otra mejilla y pasa por alto una ofensa. Él conoce cada una de las veces que ha perdonado, o ha hecho la lucha de restaurar una relación, aun cuando la situación no fue provocada por usted. Dios ve todo eso; Él mantiene muy bien las cuentas. Y Él ha prometido tomar todo lo malo que haya llegado a su vida, cambiarlo y usarlo para su bien.

Pero aquí está la pregunta clave: ¿Está dispuesto a cambiar su manera de pensar? ¿Removerá las limitaciones que le ha puesto a Dios sobre lo que Él puede hacer en su vida? ¿Comenzará a creer que Dios puede hacer cosas mayores y mejores?

El cambio comienza justo aquí. Si usted cambia su manera de pensar, Dios puede cambiar su vida. No puede vivir con pensamientos de derrota y fracaso y esperar que Dios lo llene de gozo, poder y victoria. No puede seguir con pensamientos de pobreza y escasez y esperar que Dios lo llene de abundancia. Estos dos conceptos son incompatibles. Lo sorprendente es que muchas personas tienen una mentalidad angosta y limitada. Piensan en pequeño, creen un poco y esperan aun menos. Y después se preguntan por qué nunca les sucede algo grande. Su propia manera de pensar los conserva en la derrota.

En demasiadas ocasiones colocamos nuestro estándar muy abajo:

- "No soy realmente feliz en mi matrimonio, aunque no discutimos mucho; quizá esto es lo mejor que podemos esperar."
- "No me siento muy saludable, pero al menos puedo salir de la cama por las mañanas."
- "En realidad no tengo suficiente dinero, pero con un poco de buena suerte, podré liquidar algunas de mis cuentas."

Ese no es el estilo de vida que Dios ha planeado para usted. Dios quiere que usted tenga una vida de vencedor, una vida de victoria. Él no quiere que apenas sobreviva. Su nombre es *El Shaddai*, "el Dios de más que suficiente". ¡Él no es *El Mezquino*, el Dios de "apenas lo suficiente"!

No permita que nadie lo convenza que Dios quiere que usted muy apenas sobreviva. La Biblia dice: "Ensancha el sitio de tu tienda, y las cortinas de tus habitaciones sean extendidas; no seas escasa; alarga tus cuerdas, y refuerza tus estacas. Porque te extenderás a la mano derecha y a la mano izquierda..."[5]. ¡El cuadro del deseo de Dios para usted es impactante! Dios está diciendo que se prepare para más. Haga lugar para el crecimiento. Ensanche sus tiendas. Él está diciendo que esperemos más favor, más bendiciones sobrenaturales. No se conforme con donde se encuentra.

Una persona me dijo: "Joel, si Dios me quiere bendecir, entonces Él me bendecirá. Después de todo, Él es Dios. Yo no me pondré a exigirle. Yo no esperaré demasiado".

Lamentablemente, Dios funciona exactamente al revés porque Dios obra por la fe. Primero tiene que creer, y después recibirá. Quizá usted ha estado esperando que Dios tome ese primer paso, pero Dios está esperando que usted ensanche su fe. Haga lugar en su propia manera de pensar, y entonces usted comenzará a experimentar la añadidura sobrenatural de Dios.

¿Se fija en las palabras que usa Dios? Él dice que debemos "ensanchar, alargar, extender". Siempre debemos estar confiando que Dios nos dará más. Puede ser que usted ya tiene todo lo que necesita, pero no sea egoísta. ¿Por qué no ensanchar su fe para creer en más de parte de Dios y poder así ayudar a alguien con necesidad? Dios está diciendo: "Si haces lugar para recibir más de mis bendiciones, no te defraudaré. En poco tiempo ya no te cabrán las bendiciones".

Si usted ha estado caminando en círculos desde tiempo atrás, viviendo demasiado tiempo sobre aquel monte, es hora de moverse. No sea pasivo, sentándose y conformándose con una vida de mediocridad. Dios quiere que usted sea la persona que se levanta y termina con esa mentalidad de derrota en su familia. Él quiere que usted establezca un nuevo estándar. No herede una actitud de derrota y fracaso a la siguiente generación.

El fracaso engendra fracaso

Hace diez años, en el estado de Texas, el estado donde resido, contábamos con sólo una docena de penitenciarias. Hoy, tenemos arriba de 140 prisiones, con planes de construir más. Cada prisión está llena de individuos que han heredado toda clase de derrota y fracaso. Un 85% de los prisioneros han tenido un padre o algún pariente cercano encarcelado en algún momento. Es cierto que cada persona debe asumir la responsabilidad por sus actos, pero nos conviene saber que los prisioneros engendran prisioneros. Niños que han sido víctimas del abuso, muy seguido se convierten en padres que abusan de sus hijos. Los hijos de padres divorciados tienen más probabilidades de tener un matrimonio fracasado. El fracaso engendra fracaso.

Hace poco, un señor llegó a mi oficina para pedir un consejo. Estaba a punto de divorciarse por tercera ocasión. Después de hablar un poco, le pregunté: "¿Ha habido otras personas divorciadas en su familia?"

"Ay, sí", fue su respuesta. "Mi madre se ha divorciado cuatro veces, y mi padre acaba de terminar con su sexto matrimonio." Ese espíritu de divorcio, fracaso y derrota ha sido fomentado en su familia, y se sigue heredando a cada generación. Oramos juntos, y el hombre decidió: "Aquí es donde termina esto. No permitiré que mi matrimonio se desmorone". Volvió a su casa y a su esposa, decidido a trabajar en su relación, y esa pareja detuvo la corriente de divorcio en su familia.

Es posible que usted esté viviendo con las cosas que han existido en su familia por dos o tres o más generaciones. El alcoholismo, la drogadicción, la pobreza, la depresión, el enojo, la baja autoestima; cualquiera que sea el problema, las buenas nuevas son que usted tiene la oportunidad de romper ese ciclo negativo. Usted puede decidir ponerse de pie y decir: "Con la ayuda de Dios, yo detendré la corriente. Estoy confiando en Dios y tomando responsabilidad por mis propias acciones. Estoy estableciendo un nuevo estándar".

Dios le ayudará a romper esa maldición en su familia, pero se requerirá de perseverancia y la disposición de su parte a cambiar. Aún más, no es suficiente recitar una pequeña oración una vez. Usted tiene que cambiar su forma de pensar y tiene que comenzar a creer que Dios le dará algo mejor. Su actitud deberá ser: *No me importa qué tan derrotada estaba esta familia en el pasado. Este es un nuevo día, y yo declaro confiadamente que somos más que vencedores. No me importa qué tan pobres hayamos sido, yo declaro que prestaremos y no pediremos prestado. No me importan qué tan grandes sean nuestros obstáculos, yo declaro que ninguna arma forjada en nuestra contra prosperará. No me importan qué tan poderosos sean nuestros enemigos, mayor es el que está en mí que el que está en el mundo. Ya no somos víctimas. Somos los que tienen la victoria. Somos bendecidos y no podemos ser maldecidos.*

Tenga algo de resolución; pídale a Dios que derrame fuego en su espíritu. Comience a hablar con frases de victoria en lugar de palabras de derrota. Sus palabras tienen un poder asombroso, así que deje de decir lo que no puede hacer, y comience a decir lo que Dios sí puede hacer. Guarde su mente en la bondad de Dios. Manténgase en una actitud de fe y victoria, y no vivirá más bajo las ataduras que le han sido heredadas de generaciones pasadas. Tome la decisión de ser la persona que hace la diferencia. Atraviese las antiguas barreras del pasado. No acepte sin cuestionamiento cualquier cosa que llegue a su vida. Nació para ganar; nació para la grandeza; fue creado para ser un campeón en la vida.

Pídale a Dios que derrame fuego en su espíritu.

Usted puede decir: "Pero es que nadie de mi familia ha sido alguien con muchos logros. No creo que yo pueda serlo".

Quizá ningún miembro de su familia ha tomado realmente la Palabra de Dios en serio. Atraviese aquellos obstáculos del pasado. Este es un nuevo día, y Dios quiere hacer algo nuevo. Expanda su visión. Ensanche su fe. Usted puede ser el primero. Usted puede ser el que establece un estándar más alto. Si cree, todas las cosas son posibles.

Muchas veces oramos como si pensáramos causarle una inconveniencia a Dios. Decimos: "Dios, ¿no me darías, por favor, un apartamento un poco más amplio? No quiero molestarte con una petición demasiada gravosa".

No, Dios quiere darle una casa propia. Dios tiene un sueño más grande para su vida.

"¿Cómo es posible que eso me suceda a mí?", se pregunta. "No tengo suficientes ingresos."

Quizá no, pero nuestro Dios muy bien puede hacerlo. Él no tiene dificultades económicas. Él es dueño de todo. ¿Por qué no creer que Él le dará algo mayor?

En ocasiones, oramos: "Dios, ¿le mostrarías a mi pobre pariente solitario cuánto lo amas? No te estoy pidiendo mucho, sólo esta persona".

No, Dios desea tener una relación con cada miembro de la casa. Es hora de ensanchar su visión.

Oramos: "Señor, ¿me harías el favor de darme un solo cliente nuevo para lograr que me paguen mi comisión este mes, para poder pagar mis cuentas?"

No, Dios quiere hacer más de lo que puede pedir o imaginar. Quizá Dios quiere que usted sea el primero en ventas de su compañía.

Amigo, Dios está diciendo que usted ya tiene demasiado tiempo morando sobre aquel monte. Es tiempo de subir a otro nivel. Es tiempo de tener una visión fresca. Vaya más allá de las barreras del pasado. Derribe aquellas fortalezas en su mente. Recuerde, tiene que cambiar su manera de pensar. No importa lo que su familia haya logrado o no, no permita que eso le imponga limitaciones. Decida que usted será el que establece un nuevo estándar. Sea la persona que afecta las generaciones venideras.

Crezca en favor

Una pareja quería registrar a su hijo en una escuela particular, pero su cumpleaños caía cuatro días después de la fecha límite, lo cual haría necesario que se esperara todo un año. Estaban convencidos que sería mejor para su hijo si comenzara sus estudios con otros niños de su edad, así que hablaron con la dirección de la escuela para ver la posibilidad de que hicieran una excepción.

"De ninguna manera", dijo la persona encargada. "Lo lamento; eso es contra el reglamento y nunca hacemos excepciones. Su hijo tendrá que esperar otro año."

La pareja siguió siendo amable; en ningún momento se comportaron descortésmente. No regañaron al personal de la escuela ni trataron de manipular el asunto. Ellos sabían que tenían el favor de Dios, así que, con mucha amabilidad dijeron: "Está bien, pero nos gustaría hablar con su jefe".

El registrador los dirigió con el subdirector de la escuela. Mis amigos le hablaron y le explicaron cuál era su situación. Él les dio la misma respuesta: "Nos gustaría poder ayudarles, pero no podemos romper el reglamento. Tendrá que esperarse hasta el próximo año".

"Muy bien", dijo el padre, "pero nos gustaría hablar con su jefe".

Finalmente, se reunieron con el director de la escuela, pero él les dio la misma respuesta. "El reglamento se tiene que respetar," dijo él. "Lo siento mucho. No lo podemos cambiar. Se tendrán que esperar."

Ellos replicaron: "Bueno, pero nos gustaría hablar con su jefe".

El director dijo: "Yo me reporto directamente con el superintendente. Pediré una cita para ustedes con él".

La pareja se reunió con el superintendente de la escuela privada y le explicaron la situación. El hombre nos les ofreció ningún comentario. No les dijo que sí; no les dijo que no. Sólo los escuchaba. Cuando terminaron de presentar su caso, él dijo: "Después les hablaré con mi respuesta". Aquella pareja salió de la reunión declarando el favor de

Dios. Estaban esperando un buen reporte, esperaban que la situación cambiara.

Como un mes después de haber tenido esa conversación, recibieron una llamada del registrador de la escuela, la primera persona con la que ellos habían hablado. Dijo con algo de confusión lo siguiente: "En los quince años que tengo trabajando aquí, nunca hemos hecho esto. Ni sabemos porqué lo estamos haciendo ahora, pero haremos una excepción y permitiremos que su hijo asista a la escuela este semestre".

Amigo, ese es el favor de Dios. Los administradores de la escuela quizá no sabían porque lo estaban haciendo, pero nosotros sí. Es porque el favor de Dios nos rodea como un escudo. No importa cómo sean las circunstancias en su vida. No importa cuántas personas le digan que no puede hacer lo que está intentando, si persevera, declarando el favor de Dios y manteniéndose en una actitud de fe, Dios abrirá puertas para usted y cambiará las circunstancias a su favor.

Si persevera. . . Dios abrirá puertas para usted.

El cuarto aspecto, y uno de los más importantes para desarrollar una visión fresca para su vida, es descubrir *cómo experimentar más del favor de Dios*. La Biblia dice claramente que "lo coronaste de gloria y de honra".[1] La palabra honra también se puede traducir como "favor" y significa "dar ayuda, proveer de ventajas especiales y recibir trato preferente". En otras palabras, Dios quiere hacerle más fácil la vida. Él quiere asistirle, promoverle, darle ventajas. Él quiere que usted tenga un trato preferente, pero si queremos experimentar más del favor de Dios, tenemos que vivir con una "mentalidad de favorecido". Esto es decir, sencillamente, que esperamos la ayuda especial de Dios, y estamos activando nuestra fe, sabiendo que Dios desea asistirnos.

Yo he estado consciente toda mi vida del favor de Dios. Desde que mis hermanos y yo éramos muy pequeños, cada día antes de salir rumbo a la escuela, nuestra mamá oraba: "Padre, te doy gracias que tus ángeles tienen cuidado de mis hijos, y que tu mano de favor siempre estará sobre ellos".

Como resultado, y esto lo digo con humildad, he llegado a esperar un trato especial. He llegado a esperar que las personas quieran ayudarme. Esta es mi actitud: Soy hijo del Dios Altísimo. Mi Padre creó el universo entero. Él me ha coronado de favor, así que, puedo esperar un trato preferente. Puedo esperar que las personas se esfuercen por prestarme alguna ayuda.

Por favor no me entienda mal. En ningún momento debemos ser arrogantes, pensando que somos mejores que otra persona, que todos nos deben algo o que se deben inclinar a nosotros. Pero como hijos de Dios, podemos vivir con confianza y denuedo, esperando cosas buenas. Podemos esperar un trato preferente, no por *quiénes* somos, sino *de quién* somos. Podemos esperar que la gente nos quiera ayudar por quién es nuestro Padre.

Estoy muy consciente que he recibido mucho favor simplemente por quién era mi padre terrenal. John Osteen, mi papá, era muy respetado y muy influyente en nuestra comunidad. En muchas ocasiones, las personas hicieron cosas buenas por mí porque amaban a mi papá. En una ocasión, cuando era adolescente, un policía me detuvo por exceso de velocidad. Tenía muy poco con mi licencia para conducir, estaba sumamente nervioso cuando vi las luces de la patrulla que se arrimaba, y después vi el hombre imponente asomándose a la puerta del coche. Pero cuando el oficial vio mi licencia, reconoció que era el hijo de John Osteen. Me sonrió como si fuera mi amigo de toda la vida, y me dejó ir con sólo una advertencia.

En otra ocasión, me detuvieron también porque iba conduciendo con mucho exceso de velocidad, y en esta ocasión el policía no se veía tan amable. Se veía gruñón y hablaba muy ásperamente. Dio un gruñido cuando le di mi licencia para conducir. Se quedó mirándola por lo que parecía ser una eternidad. (Sólo fue como un minuto, ¡pero se me hizo una eternidad!) Nunca olvidaré lo que me dijo, y la manera como lo dijo. Me dijo con hosquedad: "¿Eres algo de aquel... este... de aquel... este... predicador?"

Por la manera que escupió las palabras, no sabía si era algo bueno o malo tener alguna relación con mi papá. Y no sé porque le contesté de esta manera, pero creo que fue porque me sentía tan aprehensivo. Sonriendo le dije: "Bueno, señor, eso depende".

Me miró molesto y dijo: "Muchacho, ¿de qué me hablas?"

Repliqué: "Todo depende de si le gusta él o no".

Miró al espacio por largos momentos, bueno, suficiente tiempo como para pensar esto: *No puede ser una buena señal si es que lo tiene que pensar tanto.*

Regresó su mirada hacia mí, y con una pequeña sonrisa, dijo: "Sí, me gusta. Me gusta mucho".

"¡Qué bueno!", respondí. "Porque es mi papá, y estoy seguro que no querría que me diera una multa." Aunque usted no lo crea, el policía me dejó ir sin ninguna multa. ¡Yo sabía que Dios todavía hacía milagros! Claro que el punto que quiero recalcar es que recibí un trato preferente, no por mí, sino por quién era mi padre.

Existe una correlación en el mundo espiritual. Nosotros no recibimos favor a causa de quién y qué somos. No es porque, por nuestros propios méritos, somos algo especial, o porque merecemos esa clase de trato. Ni tampoco es porque somos mejores que cualquier otra persona. No, usted recibirá trato preferente en muchas ocasiones simple y sencillamente porque su Padre es el Rey de reyes, y su gloria y honor lo han contagiado a usted.

Sin embargo, aunque puede sonar un poco raro, cuando usted vive con una "mentalidad de favorecido", declarando la bondad de Dios, se sorprenderá de cómo las personas se esforzarán para ayudarle. Puede ser que ellos no sepan por qué lo hacen, pero usted sabrá que es a causa del favor de Dios.

Un hombre de negocios joven y exitoso pidió que yo orara con él sobre una entrevista para un trabajo que significaría un avance significativo en su carrera. Un señor mayor se había jubilado, y quedaba vacante una posición en una compañía grande. Varios ejecutivos de renombre y bien conocidos estaban llegando de todas partes del mundo para entrevistarse para la misma posición. Mi amigo admitió que la mayoría de ellos tenían mucho más experiencia que él y eran más calificados que él. Sus currículos se veían mucho mejor. Aun así, él ya se había entrevistado en varias ocasiones con esta compañía, y regresaría para la evaluación final más adelante en la semana.

Después de haber orado juntos, yo le animé con estas palabras: "Tienes que levantarte cada día declarando que tú tienes el favor de Dios. No importa como se pueda ver la situación, sé audaz y declara con confianza que tú tienes el favor de Dios. Durante el curso del día, declara: 'El favor de Dios está causando que esta compañía quiera contratarme a mí. El favor de Dios está causando que yo destaque entre la multitud. Está causando que ellos se fijen en mí'." Le dije: "Declara eso todo el día, cada día. Mantente en una actitud de fe, y espera recibir ese trabajo".

Unos meses después, lo miré en la iglesia, y estaba muy contento. Yo pude discernir por su cara que había conseguido el trabajo. Más tarde, al describir su entrevista con los ejecutivos de la compañía, dijo algo extremadamente interesante. Él dijo: "Cuando me presenté ante esa mesa directiva, ellos estaban literalmente rascándose la cabeza. Y me dijeron: 'En realidad no sabemos por qué te estamos contratando. No eres el más calificado. No tienes la mayor experiencia. No cuentas con el mejor currículo'. Continuaron: 'Simplemente hay algo de ti que nos gusta.' La mesa directiva dijo: 'No lo podemos identificar. No sabemos qué es, pero hay algo que te hace destacar por sobre de todos los demás'."

Esto es el favor de Dios.

Declare el favor de Dios

Permítame animarle a comenzar a experimentar y declarar el favor de Dios en su vida. Antes de salir de su casa por la mañana, diga algo como esto: "Padre, te doy gracias que cuento con tu favor. Tu favor abre puertas de oportunidad. Tu favor trae el éxito a mi vida. Tu favor está causando que las personas me quieran brindar una ayuda". Y después salga con confianza, esperando que sucedan cosas buenas, esperando que se le abran puertas de oportunidad que quizá no se le abren a cualquier otro, sabiendo que usted tiene una ventaja. Hay un algo especial en usted. Usted tiene el favor de Dios.

Cuando se acuesta, continúe dándole gracias a Dios y declarando su favor y bondad en su vida. Si en algún momento se encuentra en una situación en la que necesite de favor, aprenda a declararlo. No lo tiene que decir fuertemente. Lo puede susurrar, si así prefiere. El volumen de su voz es irrelevante; su fe es lo que causa la diferencia. No molestará a Dios si declara Su favor aun en las cosas cotidianas. Su deseo es que usted tome acción basado en su creencia. Por ejemplo, se podría dar el caso que se encuentra en un restaurante muy ocupado, y usted cuenta con una cantidad limitada de tiempo y necesita una mesa lo más pronto posible. Usted puede decir: "Padre, te doy gracias por darme favor con la encargada de las mesas, ella me dará una mesa lo más pronto posible".

Puede ser que esté buscando un área para estacionar su auto en un lugar que no tiene espacios disponibles. Diga: "Padre, te doy gracias que tú me guías y diriges. Tu favor causará que encuentre un buen lugar para estacionarme".

"¿Y que pasa si hago todo eso y de todas formas no encuentro un buen sitio para estacionarme? Se pregunta usted."

Entonces se baja y camina, y con cada paso que dé, déle gracias a Dios que está sano y fuerte y tiene la habilidad de caminar. La Escritura promete: "Y sabemos que a los que aman a Dios, todas las cosas les ayudan a bien...".[2] Si ama a Dios, Él está obrando en su vida para beneficiarle, y será para su bien.

Hace poco, Victoria y yo, con nuestros dos hijos, conducimos a un parque en el centro de la ciudad de Houston que se llama Hermann Park. Pero al arribar, el lugar estaba repleto de gente; ¡había gente y carros por donde quiera! Nos habíamos dado cuenta que llegamos justo durante días festivos para todas las escuelas.

Al principio no parecía posible que encontraríamos dónde estacionar nuestro coche. Ya estaban esperando unos seis automóviles más para que alguien se saliera de su espacio y tomar el lugar. Yo me estaba divirtiendo, bromeando con mi familia, así que dije: "Vean a papi. Voy a conseguir un espacio en la primera fila del estacionamiento. Lo puedo sentir. ¡Tengo el favor de Dios sobre mí!"

Así seguí hablando, haciendo algo grande de todo aquello. Luego, para sorpresa de todos, justo cuando iba pasando por la primera fila de coches estacionados, otro coche salió al acercarme. Parecía que lo habíamos programado de antemano; él se echó en reversa y salió, y yo entré al lugar vacante. Casi ni tuve que bajar mi velocidad. Lo mejor de todo fue que ese era el mejor lugar de todo el lote de estacionamiento.

Me incliné hacia Victoria y dije en plan de broma: "Victoria, acércate y quítame un poco de este favor. ¡No puedo con tanto!"

Victoria sólo giró hacia arriba sus ojos.

Volteé con nuestro hijo y dije: "Ándale, Jonathan, tócame. Tú necesitas un poco de este favor. Tómalo".

Él me miró y dijo: "Papi, eres muy extraño".

Claro que la vida no siempre se acomoda tan convenientemente. No siempre obtendrá el mejor lugar. Hace algunos meses atrás, yo me encontraba en una situación similar. Llegué a un estacionamiento lleno de automóviles, y había un grupo de personas conmigo. Yo me estaba jactando, diciéndoles: "Yo tengo el favor de Dios. Encontraré un excelente lugar para estacionarme".

Pero en esta ocasión nadie me cedió el lugar. Dimos vuelta tras vuelta, y después de quince minutos todos tuvimos que tomar un camión que nos llevó al lugar a donde íbamos. Sin embargo, no dejaré de creer en el favor de Dios sólo porque en esa ocasión no recibí lo que deseaba. No, yo sé que Dios quiere lo mejor para mí, que Él está obrando todo para mi bien. Una demora puede guardarme de un accidente. O una demora puede causar que me encuentre con alguien que necesita una palabra de ánimo, una persona que sólo necesita una sonrisa. Sin importar lo que suceda, o no, siga creyendo que verá el favor de Dios en su vida.

Viva con una "mentalidad de ser favorecido". Levántese cada día y espere verlo y declárelo. Diga: "Sí tengo el favor de Dios". No se quede pasivo. Usted haga su parte, y Dios hará lo que a Él le corresponde. Y todas sus necesidades le serán suplidas.

Usted haga su parte, y Dios hará la de Él.

Viva con una mentalidad de favorecido

Dios quiere ayudarle en cada área de su vida, no sólo en los asuntos importantes. Cuando viva con una mentalidad de ser favorecido, comenzará a ver la bondad de Dios en los detalles ordinarios y cotidianos en el supermercado, en el juego de béisbol, en la tienda o en su casa. Puede ser que se encuentre en un embotellamiento, el carril de al lado está fluyendo bien, pero usted no puede meterse. Luego, de repente y sin ninguna razón obvia, alguien baja su velocidad y le da la señal para entrar; ese es el favor de Dios.

Quizá se encuentre en el supermercado y haya una fila muy larga para pagar, y usted tenga mucha prisa. Un cajero llega y le dice: "Venga conmigo que estoy abriendo otra caja por acá". Ese es el favor de Dios brindándole ayuda. El favor de Dios causa que otras personas le extiendan un trato preferente a usted.

Puede ser que usted sólo haya salido a desayunar algo y "de casualidad" se tope con alguien que tenía muchas ganas de conocer. Quizá sea una persona que admira mucho o de quien desee aprender, o posiblemente él o ella sea alguien con quien haya deseado tener algún trato de negocios, pero no lograba acercársele. Esa no es una casualidad, eso es el favor de Dios colocándolo en el lugar correcto en el momento indicado.

Cuando esa clase de cosa le suceda, sea agradecido. No dé por seguro el favor de Dios, mejor diga: "Padre, gracias por tu favor, gracias por ayudarme".

No dé por seguro el favor de Dios.

Un día, Victoria y yo fuimos juntos al centro comercial. A mí no me agrada mucho ir de compras, ¡pero a mi esposa le fascina! Ella escogió algunos artículos en la tienda de ropa, y yo los llevé a la caja para pagarlos mientras ella veía algunas otras cosas. Al hacer fila en la caja, medio soñando despierto, la mujer detrás del mostrador sonrió y dijo: "Esta blusa estará en oferta en unos días más, le daré de una vez el precio descontado".

"¿De veras? Pues, muchas gracias", dije. "Qué amable."

Mientras doblaba la blusa, se fijó en algo más y me dijo: "Mire eso", señalando la bastilla de la blusa. "Parece que tiene una mancha, y si está defectuosa, tendré que hacerle otro descuento. ¿Qué piensa usted?"

Le dije: "Ay, sí, se ve muy mal".

Ella replicó: "Bueno, si está bien con usted, le daré un descuento de cincuenta por ciento".

Respondí: "¡Eso está de maravilla!"

Después le dije a Victoria: "Iré de compras contigo más seguido. ¡Quizá nos ahorre algo de dinero!"

Eso es el favor de Dios. La cajera no tenía que habernos dado el precio de oferta, yo no me hubiera dado cuenta; tampoco tenía que haber descontado el precio de la prenda basado en aquel pequeño defecto, yo ni siquiera lo había visto antes de mencionarlo ella.

Pero cuando está viviendo con una mentalidad de ser favorecido, la Biblia dice que las bendiciones de Dios vendrán y nos alcanzarán.[1] En otras palabras, no podrá correr más rápido que las bendiciones de Dios. Las cosas cambiarán a su favor, en donde esté; cada vez que se voltee, alguien querrá hacer algo bueno por usted, asistirle de alguna manera. Ellos ni tendrán que saber porqué lo hacen, pero es el favor de Dios que lo hace sobresalir entre la multitud.

En una ocasión, me encontraba sentado en un avión mientras hacían los preparativos para despegar. De repente, escuché que me nombraron por el altavoz y la asistente de vuelo pidió que oprimiera el botón para llamarla y así localizarme. Al principio me sorprendió pues pensé que a lo mejor había dejado algo en la estación de seguridad o que algo estaba mal.

La azafata llegó hasta donde me encontraba sentado, se inclinó, y hablando quedamente dijo: "¿Nos haría el favor de venir conmigo? Tenemos un lugar para usted en la sección de primera clase".

Las personas alrededor de mí, indudablemente se preguntaban: *¿Por qué vinieron por él? ¿Qué está pasando con él?*

Seguí a la asistente de vuelo por todo lo largo del avión y me senté en el asiento que me había indicado... en primera clase. Ya que había despegado le pregunté: "¿Por qué me escogieron a mí?"

Ella movió la mano y dijo: "Ah, es que necesitábamos un espacio en aquella parte del avión, así que la computadora escogió al azar el nombre de alguien que pudiéramos cambiar a primera clase".

Pensé entre mí: *¡Eso es lo que usted cree!* Yo sabía que era mi Padre celestial dándome un trato preferente, era el favor de Dios causando que yo resaltara entre la multitud.

Esas son las experiencias que llegan "naturalmente" cuando vivimos con la mentalidad de ser favorecidos, por eso es que debemos tener la costumbre de hablar consistentemente el favor de Dios sobre nuestra vida. Y no sólo para nuestras propias vidas, sino también para nuestros negocios, nuestros empleados, nuestros hijos y nuestras familias.

Si usted trabaja en ventas, usted debería de declarar que tendrá favor con sus clientes. Debería de decir todos los días: "Padre, gracias que mis clientes me son fieles y quieren hacer negocio conmigo". Si usted trabaja en la venta de bienes raíces, usted debería declarar el favor de Dios sobre las propiedades que tiene de venta de esta manera: "Padre, gracias que tengo esta propiedad para vender. Te doy gracias que tu favor me está llevando a las personas indicadas y está causando que las personas quieran comprar esta casa". Aprenda a declarar el favor de Dios sobre cada área de su vida. Si no está gozando de tanto favor como a usted le gustaría, comience a declararlo más seguido, sea más diligente en hacerlo, y no lo tiene que hacer en voz alta necesariamente; lo puede murmurar. Lo puede declarar cuando va camino al trabajo, lo puede declarar justo antes de una presentación importante. Recuerde que entre más piense como una persona favorecida, más experimentará el favor de Dios en su vida.

Aprenda a declarar el favor de Dios para cada área de su vida.

El favor de Dios puede causar que las personas hagan excepciones y cambien su política, o hagan algo poco usual, aún lo que nunca se había hecho antes. Hace algunos años, yo estaba en el aeropuerto a punto de salir en un vuelo trasatlántico. Llevaba una cámara muy cara de televisión, y en realidad no la quería mandar con el equipaje. Le pregunté a la mujer en el mostrador si había la manera de llevármela arriba del avión.

"No, lo siento", replicó. "Es muy estricta nuestra política al respecto. Si no cabe debajo del asiento, o en el espacio arriba, tiene que ir con el equipaje abajo." Yo entendía eso, ella estaba siguiendo el reglamento, pero también sabía que el favor de Dios podía causar excepciones, así que muy respetuosamente le pregunté: "¿Hay alguna otra persona con la que pudiera hablar sobre esto?"

Ella contestó: "No, lo siento; no tiene caso. De ninguna manera podrá llevarse la cámara arriba del avión".

En ese momento, un hombre que vestía el uniforme de capitán se acercó a mí. Yo no le conocía, nunca le había visto antes, pero llegó hasta donde yo estaba y me preguntó: "¿Cómo puedo ayudarle?"

"Quiero llevar mi cámara arriba conmigo para que no se maltrate abajo con todo el equipaje", le dije.

"¿Adónde se dirige?", preguntó.

"Me dirijo a Nueva Delhi, India, para encontrarme con mi papá", contesté.

"¿De veras?", comentó mientras alzaba las cejas. "Estoy encargado de ese vuelo" me dijo "Cuando te subas al avión, tráeme la cámara, y la pondré justo detrás de la cabina".

La mujer que estaba parada detrás del mostrador me miró muy molesta y meneó la cabeza. Le sonreí y dije: "Discúlpeme, señorita; es el favor de Dios".

El favor de Dios puede causar que las personas se esfuercen por ayudarle. El favor de Dios puede provocar que las personas hagan excepciones para usted. Piense un momento. ¿Qué causó que el capitán se me acercara en aquel aeropuerto tan ocupado? Había entre quince y veinte mostradores y cientos de personas esperando en las filas. ¿Por qué me escogió a mí?

El favor de Dios.

Dios me estaba dando ventajas especiales, dándome un trato preferente, no porque sea el hijo de un predicador, ni porque sea el hijo de un pastor conocido, sino, ¡porque soy su hijo!

Una mujer joven de Lakewood Church me contó sobre algo que le sucedió cuando tuvo que tener, de emergencia, una intervención quirúrgica y, por alguna razón, su seguro médico no lo cubría. Como consecuencia, le debía $27,000 dólares al hospital, que le ayudó a elaborar un plan de pagos; ella estaba pagando poco a poco su cuenta, pero se le hacía muy difícil tener que pagar ese dinero cada mes debido a que era madre soltera y no contaba con las entradas suficientes para cubrirlo. Sin embargo, no se desanimó, no se anduvo quejando ni lamentando qué difícil era su vida, ni cómo se había atrevido el hospital a cobrarle semejante cantidad de dinero. Al contrario, se mantuvo en una actitud de fe y expectación, declarando el favor de Dios sobre su vida. Ella estaba al acecho de la bondad de Dios.

Unos días antes de Navidad, recibió una carta del hospital. La correspondencia decía básicamente esto: "Cada año nos gusta escoger algunas cuantas familias y hacer algo especial para ellas, y este año la escogimos a usted. Queremos informarle que hemos perdonado su deuda de $27,000 dólares". La carta seguía: "No tan sólo estamos perdonando su deuda, sino también vamos a regresarle los miles de dólares que ya nos ha pagado".

Eso es el favor de Dios.

Usted puede decir: "Joel, eso suena muy bonito, pero tú no sabes qué pésima es mi suerte. No conoces los errores que he cometido, he hecho muchas cosas mal y jamás podría imaginarme que Dios me quisiera bendecir de esa manera".

Tiene razón, nunca sucederá, al menos que cambie su manera de pensar. Tiene que tener una mentalidad de ser favorecido. Tiene que comenzar a esperar que las bendiciones de Dios le alcancen, esperando que la bondad de Dios se manifieste en su vida de una manera nueva. Todos hemos cometido errores y tenemos que pedir perdón. Una vez que haya hecho eso, siga adelante con la seguridad que Dios todavía desea derramar su favor en su vida, y hacer grandes cosas en, a través de, y por usted.

Un nuevo comienzo

El segundo rey de Israel, el rey David, cometió muchos errores. Cometió adulterio y aún mandó matar a un hombre, pero cuando él se arrepintió y buscó el perdón, Dios le perdonó y le dio un nuevo comienzo. El Señor le da un cumplido a David con estas palabras: "…varón conforme a mi corazón…".[2] David no se fijó en sus faltas o en las cosas que había hecho mal. No, él vivía con una mentalidad de ser favorecido. Fue David el autor de las palabras: "Ciertamente el bien y la misericordia me seguirán todos los días de mi vida…".[3] Fíjese que él estaba esperando el bien y la misericordia todos los días de su vida, no sólo una parte de sus días. La actitud que demostraba David era: "¡No me puedo escapar de lo bueno de Dios!"

En lugar de siempre esperar recibir algo malo, ¿por qué no esperar que las bendiciones de Dios lo persigan? En lugar de esperar que muy apenas la vaya a hacer en la vida, espere que la bondad de Dios lo alcance. Tal vez usted diga: "Eso está muy bien, pero yo tengo muchos problemas; estoy enfrentando unos momentos muy difíciles y estoy viviendo muchas experiencias negativas ahora".

El favor de Dios puede sacarle de sus dificultades y cambiar sus adversidades en algo bueno. David dijo: "El favor de Dios hace que mis enemigos no triunfen sobre mí". La Biblia está repleta de ejemplos de personas que se veían en grandes necesidades, pero cuando el favor de Dios llegó a ellas en una manera diferente y nueva, sus situaciones cambiaron.

Piense en Noé enfrentando el reto más grande de su vida. El mundo entero estaba a punto de ser destruido por una inundación, y Dios le encargó la enorme tarea de construir un enorme barco, sin hablar de tener que reunir los animales. Sin duda, Noe fue tentado a desanimarse. Sin embargo, sorprendentemente, la Biblia dice: "Pero Noé halló gracia ante los ojos de Jehová".[4] En otras palabras, Dios se complació con Noé, así que el favor de Dios llegó a él de una manera fresca y nueva, dándole una habilidad única. Dios le prestó ayuda, y pudo construir el arca para salvar a su familia, a los animales y a sí mismo.

Considere a Rut. Su esposo había fallecido, la tierra había sufrido gran hambre y ella, junto a su suegra, Noemí, habían salido de Moab de regreso a Israel, pero no tenían nada. Para no morir de hambre, Rut salía cada mañana a los campos para recoger lo que dejaban los segadores, y la Biblia nos da a entender que en medio de esta adversidad, Rut halló favor ante el dueño del campo.[5] El dueño les dio instrucciones a sus trabajadores de dejarle más grano a Rut. Fíjese cómo llegó nuevamente el favor de Dios durante una crisis, y no pasó mucho tiempo para que las circunstancias de Noemí y Rut fueran cambiadas y sus necesidades fueran suplidas en abundancia.

José es otro ejemplo bíblico de alguien que halló el favor de Dios en medio de la adversidad. Fue vendido como esclavo a Egipto, sufrió maltrato y tomaron ventaja de él, pero la Biblia dice: "Jehová estaba con José".[6] No importó lo que otras personas le hicieran, ni importó dónde lo pusieran, José continuaba prosperando. Aun cuando la esposa de Potifar mintió acerca de él, acusándolo injustamente de violación, y lo metieron en la cárcel, él continuó prosperando. El favor de Dios fue lo que causó, eventualmente, su liberación, y pusieron bajo su cargo todos los asuntos agrícolas de Egipto.

En cada uno de estos ejemplos, el favor de Dios llegó en medio de la prueba. El favor llegó en un diluvio. El favor llegó durante la falta económica. El favor llegó cuando a alguien se le estaba maltratando. En otras palabras, el favor llegó en medio de los retos de la vida. Cuando usted esté pasando por tiempos difíciles (cuando alguien le haya maltratado, como a José, o esté en problemas financieros, como Rut, o su mundo entero se esté desmoronando, como Noé) tiene que mantenerse firme en la decisión de que ahora, más que nunca, escogerá tener una mentalidad de ser favorecido y no se desanimará ni tomará una actitud amarga. Comience a declarar el favor de Dios, comience a esperarlo.

Viva con una actitud de fe

¿Está usted sufriendo hoy el maltrato de parte de alguien? Comience a decir: "Padre, gracias que tu favor viene hacia mí de una forma nueva, y cambiará esta situación, causará que estas personas me traten bien".

Igualmente, si usted está luchando en sus finanzas, diga algo como: "Padre; te doy gracias que Tú me colocarás en el lugar indicado en el momento indicado, y que estás trayendo maravillosas oportunidades financieras hacia mí".

Si usted puede vivir en una actitud de fe, entonces, igual que a los santos del pasado, pronto llegará el favor de Dios, y esa situación cambiará a favor suyo. Piense en Job, él pasó por uno de los tiempos de más prueba que jamás haya pasado una persona. En menos de un año, perdió su familia, su negocio y su salud. Tenía llagas por todo su cuerpo y sin duda vivía con constante dolor, pero en medio de esa hora tan oscura, Job dijo: "Vida y misericordia me concediste…".[7]

Ahora, esta es la parte asombrosa de la historia: El libro de Job tiene cuarentidós capítulos. Job habló estas palabras de fe en el capítulo diez pero, ¡no recibió su liberación, ni su sanidad hasta el capítulo cuarentidós! Sin embargo al principio, cuando sus circunstancias parecían estar más oscuras y sin esperanza, Job miró hacia arriba y declaró: "Señor, yo sé que Tú me has mostrado favor". ¡Qué increíble! Esa es fe verdadera. Job estaba diciendo: "Dios, no me importa cómo se ve la circunstancia. No me importa qué tan mal me siento. Yo sé que tú eres un Dios bueno, y tu favor causará que esta situación cambie".

Con razón Dios restauró a Job con el doble de lo que había perdido y sus enemigos no pudieron vencerle.

Amigo, si usted puede aprender a mantenerse en una actitud de fe, y declarar confiadamente el favor de Dios en su hora más oscura, entonces nada podrá echarle abajo. Pudiera estar hoy en una situación que pareciera ser imposible, pero no se olvide del favor de Dios. Un toque del favor de Dios puede cambiar todo en su vida.

Nada podrá reprimirle.

La Biblia nos enseña que la esperanza es un ingrediente importante en nuestra vida cristiana.[8] En otras palabras, no se dé por vencido. Siga viviendo y creyendo y declarando el favor de Dios, pues Él promete que cosas buenas vendrán a usted. Si pone su esperanza en el Señor, Dios dice que el favor divino llegará, y aunque no lo pueda ver en este momento porque en lo natural las cosas no lucen tan bien, las buenas nuevas son que el favor de Dios sí llegará si sigue esperándolo y declarándolo. Y cuando llega el favor de Dios, las cosas cambian porque es su favor lo que causa que uno se eleve por encima de sus problemas. El favor de Dios le dará la victoria sobre sus enemigos, así que, sin importar sus circunstancias, siga declarando con confianza: "Dios, yo sé que tu favor viene hacia mí".

En 2001, queríamos expandir el alcance de nuestro programa de televisión en un canal en particular. Le pedí a nuestro representante que se pusiera en contacto con la red de canales para inquirir sobre la posibilidad de conseguir el espacio de las once de la noche los domingos.

Él me dijo: "Joel, no lo van a hacer porque son una red nacional y ese tiempo es demasiado valioso; nunca te lo cederán".

Yo le dije: "Bueno, pues la Biblia dice que no tenemos porque no pedimos,[9] así que, hagamos el intento".

Nuestro agente viajó hasta las oficinas principales y se reunió con los ejecutivos allí. Su respuesta fue lo predicho: "No, ese espacio vale demasiado, y no podemos dárselos, intenten otra cosa".

Yo dije: "Está bien, seguiremos pidiendo y creyendo en el favor de Dios". Cada día, yo declaraba: "Padre, te doy gracias por el favor que viene a manifestarse de una nueva manera. Tu favor está abriendo puertas que será imposible que los hombres abran, te doy gracias por tu favor que está causando que esta compañía nos dé un trato especial". Mes tras mes pasó y nunca recibí ninguna palabra, pero no me desanimé, y no me di por vencido. Sólo seguí esperando en fe porque yo sabía que si no me daba por vencido, el favor divino que Dios prometió, vendría. En ese entonces no lo podía ver posiblemente, pero sabía que venía en camino.

Como seis meses después recibí una llamada de nuestro representante, quien dijo que los ejecutivos del canal se querían reunir de nuevo con él.

"Qué bueno", dije. "Pero necesito decirte que cambié de opinión. Ya no quiero el espacio de las once sino el de las diez, quiero que nuestro programa pase después de su programa número uno".

"Joel, ¿estás bromeando?", dijo nuestro agente con una risa. "¿Sabes lo que me dirán cuando les pida eso?"

"Mira", dije, "nosotros contamos con el favor de Dios. Dios está abriendo puertas que ningún hombre puede cerrar. Tú entra en ese lugar con confianza, con audacia, sabiendo que el favor de Dios está sobre ti".

Se rió y dijo: "Está bien. Lo haré".

Se reunió con los oficiales de la cadena y me habló después diciendo: "Joel, hice lo mejor que pude, di todo, pero como quiera nos lo negaron".

Yo dije: "Está bien, seguiremos creyendo porque yo sé que el favor de Dios viene. Yo sé que si no me rindo, el favor divino abrirá camino".

Como un mes después de esa reunión, nuestro agente nos volvió a llamar. ¡Estaba en las nubes! Me dijo: "No vas a creer lo que pasó: el dueño de la cadena televisiva me acaba de llamar, no el representante de ventas, sino el dueño mismo me buscó en un aeropuerto y me dijo que había oído que nos interesaba ese espacio del domingo por la noche, y como le caía muy bien ese joven ministro, les dijo que desalojaran el espacio y ahora podemos comenzar cuando queramos".

Amigo, eso es el favor de Dios. Nunca pierda la confianza en Dios. La Biblia dice: "...esperad por completo en la gracia que se os traerá…".[10]

Cuando realmente reconoce que tiene disponible esta gracia o favor, vivir con confianza se hace más fácil porque se puede atrever a ser audaz. Pedirá cosas que normalmente no pediría, y verá a sus adversarios de una manera muy diferente. En su interior, sabrá que tiene la ventaja en la vida; tiene el favor de Dios.

PARTE 2

DESARROLLE UNA IMAGEN PROPIA SANA

¿Quién usted cree que es?

Según la mayoría de los criterios, Carly no debió haberlo logrado. Con sobrepeso y con una pierna más corta que otra como resultado de un accidente en su niñez, Carly era la única mujer que había sido empleada en un área en la que predominaban los hombres. Tuvo que ganarse el derecho de ser escuchada casi a diario. Algunas personas se reían de su apariencia o su manera de caminar; algunas hacían comentarios despectivos a sus espaldas, algunas la trataban mal en su misma cara, pero Carly no hizo mucho caso. Ella sabía quién era, y ella sabía que hacía muy bien su trabajo, así que cuando otras personas intentaban menospreciarla, ella las veía como las personas con el problema. Tenía un nombre para aquellos que trataban de hacerla sentir menos: "Emocionalmente minusválidos".

A pesar de los factores en su contra, Carly seguía recibiendo ascenso tras ascenso, hasta llegar a ser la jefe de su compañía y una experta muy solicitada en su área de trabajo. ¿Cómo lo logró?

El secreto de Carly es su propia imagen increíblemente positiva. Como cristiana consagrada, Carly cree que ha sido creada a la imagen de Dios, y que Él le ha dado un valor intrínseco a su vida. No busca la aprobación de otras personas, ni depende de los halagos de sus superiores o compañeros para sentirse bien de sí misma. Inteligente, amable, buena comunicadora y demasiado competente en su trabajo, Carly vive con una sonrisa. Mientras otros se quedan boquiabiertos ante su actitud, ¡Carly está viviendo su mejor vida ahora!

Una imagen propia sana

El segundo paso para vivir *su* mejor vida ahora es *desarrollar una imagen propia sana*. Eso significa que usted tiene que basar su autoestima en lo que dice la Palabra de Dios tocante a usted, en lugar del estándar falso y cambiante como lo sería la vecindad en la que vive, el modelo del carro que conduce o las opiniones de los que tienen "poder" e influencia. Cómo se ve y cómo se siente respecto de sí mismo tendrá un tremendo impacto sobre qué tan lejos llegue en la vida y si cumple o no su destino. La verdad es que nunca llegará más allá de la imagen que tiene de sí mismo en su propia mente.

Nunca llegará más allá de la imagen que tiene de sí mismo en su propia mente.

¿Cuál es su imagen propia? Con todo el interés en lo que es estar consciente de sí mismo hoy en día, es fácil confundirse a causa de la terminología. ¿Mi *imagen propia* será lo mismo que mi *autoestima* y que el *concepto de mí mismo*? ¿Cómo se mide mi *valor*? Aunque a los psicólogos clínicos les encanta dar definiciones minuciosas a estos términos, la mayoría de la gente intercambia las palabras imagen propia, autoestima, concepto de sí mismo y valor propio. Para nuestro objetivo, eso está perfectamente bien.

Autoestima, pues, es aquel profundo sentimiento que usted tiene sobre sí mismo. Es cómo se estima usted mismo, su opinión sobre su propio valor, qué tan importante o valorado piensa ser en esta vida. Es el sentir que dice: "Me gusto; me caigo bien", o "No me gusto; me caigo mal". De igual manera, su *imagen propia* es como una pintura suya hecha por usted mismo; es quién y lo que usted se imagina ser. Es interesante que su imagen propia pueda o no ser una reflexión verdadera de quién es en realidad, pero es como usted se *percibe* ser. ¿Quién usted cree que es?

Indudablemente, la imagen propia sana de un individuo es un factor clave al ver su nivel de éxito y contentamiento. Esta es la razón por la que es tan importante su concepto de sí mismo: Probablemente usted hablará, accionará y reaccionará como la persona que usted *piensa* ser. Los psicólogos han comprobado que uno actúa más consistentemente de acuerdo a la imagen que se tiene de sí mismo. Claro que aun y cuando alguien tenga un concepto de sí mismo muy negativo, de vez en cuando saldrá del molde y ganará un contrato muy grande, hará una nueva amistad o anotará un gol en el día de campo de su compañía. Y al contrario, aun los individuos que tienen una imagen propia sana pueden equivocarse de vez en cuando. Pero por lo general, su mente completará el cuadro que usted le manda hacer de usted mismo.

Si usted se percibe como alguien sin cualidades, sin importancia, insignificante, sin atractivo, inferior o inadecuado, probablemente actuará según sus pensamientos de usted mismo. Si su valor propio está bajo, se imaginará como alguien que nació para perder, un fracasado, que no merece ser amado ni aceptado.

"Nunca puedo hacer nada bien."

"¿Por qué yo?"

"Nunca seré alguien de importancia."

Estas son sólo algunas de las frases que dominan la conversación de una persona con baja autoestima. En cambio, los individuos que se ven como Dios los ve, normalmente están contentos con quiénes son. Saben que han sido creados a la imagen de Dios y que Él les ha coronado con gran honor.[1] Están contentos con ellos mismos porque saben que Dios les ama y que Él está contento con ellos. Con toda sinceridad pueden decir: "Gracias, Padre, por haberme creado de la manera que me creaste. Yo sé que tienes un plan y propósito para mí, y prefiero ser yo que cualquier otra persona del mundo. Me has prometido que tienes cosas buenas planeadas para mí, ¡y estoy emocionado por descubrirlas!"

Su imagen propia no es una parte física de su cuerpo. Es más como un "gobernador" subconsciente que controla sus acciones y cómo acciona. Funciona como el control automático de velocidad de un automóvil. Una vez que se activa el mecanismo a una velocidad de 120 km. por hora, el auto disminuye y aumenta su velocidad según la necesidad, pero el control automático siempre hará que el vehículo regrese a la velocidad establecida. De igual manera, cuando usted excede su expectativa o llega un poco más allá, su imagen propia le regresará a los límites establecidos. Si usted se queda corto del límite establecido, su imagen propia le levantará.

¿De dónde recibe su imagen propia? Es irónico que su imagen propia actual puede ser el resultado de lo que otra gente ha dicho de usted, como sus padres o amigos le vieron, o puede ser el resultado de las imágenes que usted mismo ha impuesto sobre su persona como retratos que usted ha creado de usted mismo en su propia mente tocante a su personalidad, su apariencia, sus habilidades o sus logros. Cada persona tiene una imagen de ella misma. La pregunta es: ¿Su imagen propia va de acuerdo con lo que Dios dice de usted?

Dios quiere que tengamos una imagen propia sana y positiva, que nos veamos como tesoros sin precio. Él quiere que nos sintamos bien de nosotros mismos. Dios sabe que no somos perfectos, que tenemos faltas y debilidades; que todos cometemos errores. Pero las buenas nuevas son que con todo eso, Dios todavía nos ama. Él nos creó a su imagen, y de continuo está moldeándonos, poniendo su carácter en nosotros, ayudándonos a ser más como la persona que Él es. Por eso, debemos aprender a amarnos a nosotros mismos, con todo y faltas, no porque somos egoístas o porque queremos disculpar nuestras faltas, sino porque nuestro Padre celestial nos ama de la misma manera. Puede andar con la cabeza en alto y caminar con confianza sabiendo que Dios le ama incondicionalmente. Su amor por usted se basa en lo que usted es, no en lo que usted ha hecho. Él le creó como un individuo único porque nunca ha habido, ni nunca habrá, otra persona exactamente igual a usted, aún y si es gemelo; ¡y Él lo ve como su única obra maestra!

Dios también lo ve como un campeón. ¡Él cree en usted aun más que usted cree en usted mismo! Muy seguido, sentimos que Dios nos está diciendo que Él tiene una tarea grande para nosotros, pero a causa de nuestra imagen propia negativa, decimos: "Dios, yo no puedo hacer eso. No soy nadie. Tienes que buscar a alguien más calificado, alguien con más educación. Dios, yo no tengo lo que requiere esa tarea".

Esa fue la respuesta de un hombre en la Biblia llamado Gedeón. Un ángel se le apareció a Gedeón y le dijo: "¡El Señor está contigo, hombre fuerte y valiente!"[2] (La Nueva Versión Internacional dice: "Guerrero valiente".)

Aunque usted no lo crea, así es como Dios lo ve a usted también. Él lo ve como alguien fuerte, valiente, exitoso y vencedor.

"Ay, Joel, Él no diría eso respecto a mí", dirá usted. "Yo no soy ninguna de esas cosas. No soy fuerte. No soy exitoso. ¿Valiente? No me haga reír. Creo que Dios le dijo esas cosas a Gedeón porque era alguien con seguridad y confianza, porque era un gran líder."

No es así. Cuando el ángel siguió explicándole a Gedeón cómo Dios quería que él salvara al pueblo de Israel de los madianitas, un pueblo pagano y cruel que se había infiltrado en su tierra, Gedeón demostró su verdadero carácter. Esta fue su respuesta: "¿Cómo esperar que salve el pueblo de Israel? Yo soy de la familia más pobre de todo Manasés, y soy el menor de la casa de mi padre".

¿Se le hace conocido?

Pero es interesante notar la diferencia entre la manera que Gedeón se veía a sí mismo y cómo lo veía Dios. Aunque Gedeón se sentía un hombre sin cualidades, lleno de temor y falto de confianza, Dios como quiera se dirigió a él como un guerrero lleno de valor audaz. Gedeón se sentía débil; Dios lo veía fuerte. Gedeón sentía que no reunía las cualidades necesarias; Dios lo veía como calificado para el trabajo. Gedeón se sentí inseguro; Dios lo veía con la confianza y osadía necesaria para guiar a su pueblo en la batalla y salir victorioso. ¡Y Gedeón así lo hizo!

De igual manera, Dios lo ve a usted como un campeón. Puede ser que usted no se vea así, pero eso no cambia en lo más mínimo la imagen que tiene Dios de usted. Dios lo ve exactamente cómo es descrito en su Palabra. Puede que usted sienta que no reúne las cualidades necesarias, que se sienta inseguro o abrumado por la vida; quizá usted se sienta débil, temeroso e insignificante, pero, ¡Dios lo ve como un vencedor!

Cambie su imagen propia

Considere esto: Usted puede cambiar la imagen que usted tiene de sí mismo. ¿Cómo? Puede comenzar con ponerse de acuerdo con Dios. Recuerde que Dios lo ve como alguien fuerte y valiente, como un hombre o una mujer de gran honra y valor. Él lo ve como más que vencedor. Comience a verse como Dios le ve. Deje de poner excusas y comience a caminar en fe, haciendo lo que Dios le ha llamado a hacer.

¿Está permitiendo que sus debilidades e inseguridades le detengan de ser lo mejor que usted puede ser? ¿Pone usted excusas de por qué no puede tomar una posición de liderazgo en su trabajo, involucrarse en algún programa de su iglesia local, servir en su comunidad, o ayudar a algún amigo con necesidad? Se puede fijar que Dios no descalificó a Gedeón, pero tampoco le dio permiso de no servir. Es posible que usted esté permitiendo que sus sentimientos de incompetencia le detengan de creerle a Dios para algo mayor. Dios quiere usarle a pesar de sus debilidades. No se fije tanto en ellas; fije su mirada en su Dios. Si Dios decidiera usar sólo a las personas perfectas, se quedaría sin nadie para hacer la obra.

**No fije su mirada en sus debilidades;
fije su mirada en su Dios.**

A Dios le encanta usar personas ordinarias tales como usted y como yo, con todo y faltas, para hacer cosas extraordinarias. Usted puede sentir que no puede en sus propias fuerzas, pero eso está bien. El apóstol

Pablo dijo: "En nuestra debilidad, él se hace fuerte".[3] La Palabra de Dios dice que Él siempre nos lleva al triunfo en Cristo Jesús. Él espera que tengamos una vida victoriosa. No le agrada vernos desanimados, con una mentalidad que dice "pobre de mí". De hacer eso, usted está permitiendo que su imagen propia sea moldeada por conceptos que van en contra de la opinión que Dios tiene de usted.

Sin embargo, muchas personas hacen exactamente eso, y como consecuencia, sufren de una baja autoestima; se sienten insignificantes e indignos de recibir la atención de Dios, mucho menos sus bendiciones. Esta clase de imagen propia pobre los detiene de desarrollar y usar los talentos y la autoridad que Dios les ha dado, y les roba de experimentar la vida abundante que su Padre celestial quiere que ellos disfruten. Es muy común que la falta de gozo y valor que sienten sea un resultado directo de cómo se ven esos individuos a sí mismos.

Tenga cuidado de asociarse con, o de adoptar las actitudes de personas que, por medio de su forma negativa de ver las cosas y su falta de autoestima, le robarán a usted de la grandeza que Dios tiene para usted. Podemos encontrar un ejemplo clásico de esto en el Antiguo Testamento, después de que Dios había ayudado a Moisés a librar sobrenaturalmente, a los más de dos millones de personas del pueblo hebreo de la esclavitud en Egipto. Atravesaron todo el desierto y llegaron a las fronteras de Canaán, la tierra que fluía con leche y miel. Acamparon a un costado de la Tierra Prometida, tierra de "Ensueño" de Dios para ellos. Dios había prometido a su pueblo una posesión próspera y un futuro fantástico. Sólo había un problema: Su tierra de "Ensueño" ya contaba con habitantes.

Moisés sabía que tendrían una batalla difícil por delante, así que, mandó a doce espías a Canaán para averiguar cómo eran los que se les oponían y reconocer la tierra antes de entrar en la batalla. Después de seis semanas, llegaron los espías con su reporte.

"¡Es justo como habíamos escuchado!", compartieron emocionados con los que habían salido a su encuentro.

Y todo el pueblo dijo: "¡Amén!"

Los espías continuaron con su reporte: "Sí es una tierra que fluye con leche y miel". "Vean estas uvas. ¡Vean estas granadas! Son las más grandes y las más sabrosas que jamás hemos probado. Y prueben esta miel. ¿No está riquísima?"

Y todo el pueblo dijo: "¡Amén!"

Ahora llegaron las malas noticias. "Pero hay gigantes en la tierra, y comparados a ellos, nosotros parecemos un montón de saltamontes."

Y todo el pueblo dijo: "¡Ay de nosotros!"

Diez de los espías dijeron: "Ciertamente fluye con leche y miel, pero no podemos contra ellos. Nunca podremos derrotar a esos pueblos. Están demasiado grandes y fuertes". Y siguieron diciendo: "Moisés, nos veíamos como saltamontes". Fíjese en esa frase: "nos veíamos". En otras palabras, comparados con la oposición y los obstáculos que enfrentaron, la imagen mental que tenían de ellos mismos era de un saltamontes pequeño, débil y derrotado, a punto de ser aplastado, sin defensas ante los gigantes que los oponían.

Esos diez espías regresaron con un mal reporte porque se habían enfocado en sus circunstancias. Perdieron la batalla antes de que hubiese comenzado. Pero los otros dos espías, Josué y Caleb, llegaron con un reporte completamente distinto. Ellos poseían la misma información que sus diez colegas, pero casi parecía que habían regresado de dos sitios completamente diferentes.

"Moisés, muy bien podremos poseer la tierra", dijeron. "Sí, hay gigantes, y los gigantes son formidables, pero nuestro Dios es mucho más grande. Sí, el pueblo es fuerte, pero nuestro Dios es más fuerte, y con Él, bien podemos hacerlo. Vayamos inmediatamente a poseer la tierra."

¡Esta es una verdad tremenda! Usted y yo somos personas que bien podemos. No porque *nosotros* seamos tan poderosos, sino ¡porque Dios es tan poderoso! Cuando enfrentamos adversidades y problemas en la vida, nos podemos levantar con osadía y confianza, sabiendo que porque Dios está con nosotros, bien podemos vencerlos.

Josué y Caleb no eran unos ingenuos. Habían enfrentado las mismas verdades que habían enfrentado los otros espías. Ellos no negaron que existían los gigantes, la oposición y los obstáculos, pero la diferencia era su actitud. Ellos le creyeron a Dios. Su imagen propia era tal que no les permitía verse como un saltamontes a punto de ser aplastado. No, ellos se vieron como hombres de Dios, guiados por Dios y fortalecidos por Dios. Josué y Caleb tenían los mismos datos que tenían los que dudaban, pero llegaron a diferentes conclusiones.

Amigo, Dios ya tiene bastantes "saltamontes". Él quiere que usted sea una persona con una actitud asertiva, alguien dispuesto y listo, y que bien pueda hacer lo que Él manda.

Es triste que de todas las personas que salieron de Egipto, sólo dos hombres, Josué y Caleb, entraron a la tierra prometida que Dios tenía para ellas. Los demás (excepto Moisés y Aarón) fueron un reproche a Dios; le trajeron deshonra y, como resultado, pasaron el resto de sus vidas dando vueltas en el desierto, hasta que murieron. Su falta de fe y su falta de autoestima les robaron del futuro fructífero que Dios tenía planeado para ellos.

Recuerde que Dios ya les había prometido la victoria, pero a causa de su imagen propia tan pobre, los hebreos nunca entraron a la Tierra Prometida. Nunca cumplieron con su destino, todo por cómo se veían a ellos mismos.

¿Cómo se ve usted? ¿Se ve como una persona de éxito? ¿Sana? ¿Animada? ¿Contenta? ¿Se ve como alguien usado por Dios? ¿Se ve como alguien que bien puede hacer lo que Dios quiere que haga, fuerte en el Señor y su poder? ¿O ha permitido que entre una "mentalidad de saltamontes"?

La mentalidad de saltamontes dice: "Nunca lograré nada en esta vida. Mis sueños nunca se cumplirán. Mi matrimonio no puede ser restaurado; tengo demasiada deuda. Nunca saldré del hoyo donde me encuentro".

Tiene que aprender a rechazar esos pensamientos negativos y verse como Dios lo ve: como un ganador, un vencedor. Él ve que usted bien puede. Si usted quiere que las circunstancias de su vida mejoren, primero tiene que ver que cambian con sus "ojos de la fe". Tiene que verse como alguien contento, realizado y exitoso, viviendo una vida de vencedor.

Véase como Dios le ve: como un ganador, un vencedor.

Tiene que entender que usted no es un accidente que va vagando, sin dirección, por la vida. Dios tiene propósitos específicos para su vida. Su plan no es que usted pase su vida miserable, deprimido, solo, enfermo y derrotado. Quizá se encuentra tan agobiado por las luchas de su vida que está acostumbrado a estar desanimado. Posiblemente, usted ha sido engañado y ha aceptado una vida que es mucho menos que lo mejor que Dios tiene para usted. Quizá en algún momento, usted tenía una buena imagen de usted mismo, pero ahora se ve simplemente como alguien que ha sobrevivido. La imagen que Dios quiere que usted tenga de usted mismo ha sido distorsionada; los espejos a través de los que usted se ve—reflejos de las palabras, acciones u opiniones de sus padres, sus compañeros o personas que lo han lastimado—ya tienen grietas muy grandes y le están proporcionando una imagen fuera de proporción y distorsionada de usted mismo. Al aceptar esa imagen distorsionada, se está abriendo a la depresión, la pobreza o algo peor. Si no tiene cuidado, pronto comenzará a pensar que la imagen distorsionada que ve en los espejos agrietados es el reflejo verdadero de cómo debe ser la vida. No esperará algo mejor. No esperará las bendiciones y victorias que Dios tiene para usted. Pasará por la vida sin dirección, aceptando lo que se le venga, sin ningún avance hasta morir.

Pero amigo, ¡ese no es el designio de Dios para usted! Dios es un Dios bueno, y da cosas buenas a sus hijos. No importa quién lo haya menospreciado o cuánto dolor haya sentido en la vida, no importa cuántos contratiempos ha sufrido, no puede permitirse aceptar que así debe ser la vida. No, Dios tiene mejores cosas planeadas para usted. Tiene que reprogramar su mente con la Palabra de Dios; cambie esa imagen propia negativa y derrotada y comience a verse como un ganador, saliendo adelante. Comience a ver su matrimonio restaurado. Vea su negocio prosperando. Vea a sus hijos gozando las bendiciones de Dios. Tiene que verlo con sus ojos de fe, y después se cumplirá.

Aprenda a guardar su mente, controlar sus pensamientos y meditar en las cosas buenas de Dios. Si siempre tiene una mentalidad pequeña, cree un poco y espera un poco, entonces recibirá un poco. Y si siempre está pensando en la derrota, el fracaso, qué tan débil es, y cuán imposibles parezcan ser sus circunstancias, entonces al igual que aquellos diez espías en los tiempos bíblicos, usted desarrollará una "mentalidad de saltamontes".

Una joven me dijo: "Joel, mis abuelos fueron pobres y mis bisabuelos vivieron en la pobreza antes de ellos. Y mis padres nunca hicieron nada de su vida tampoco. Creo que esta es la vida que me tocó".

Esa es una mentalidad de saltamontes.

"No, tienes que salir de esa mentalidad de pobreza y cambiar esa imagen propia negativa", le animé. "No permitas que tu pasado determine tu destino o afecte tu propia imagen. Vete de la misma manera que Dios te ve. Imagínate gozando todas las cosas maravillosas que Dios tiene planeadas para ti."

Como dije antes, mi padre creció en una de las familias más pobres que puede haber, que perdieron todo lo que tenían cuando pasaron por la "gran depresión" económica a finales de los años veinte y principio de los treinta. Pero en 1939, a la edad de diecisiete años, mi papá entregó su vida al Señor. Años después mi papá me dijo: "Yo tomé la decisión en ese momento que mis hijos y mi familia nunca tendrían que vivir la pobreza y escasez en la que yo me crié". Y él comenzó a verse diferente. Dejó de verse como el hijo de un pobre, derrotado agricultor sin esperanza, sin educación y sin futuro, y comenzó a verse como un hijo del Dios Altísimo. Comenzó a escudriñar las Escrituras para ver lo que Dios decía de él.

Mi papá se dio cuenta que Dios tenía planes mayores y mejores para su vida. A través de los años, desarrolló un mejor entendimiento de quién era como hijo de Dios, y lo que le pertenecía como resultado de esa relación. Comenzó a verse como Dios lo veía. Descubrió que Dios es un Dios que incrementa. Recordando esa verdad, mi papá se elevó del nivel donde había crecido y rompió la maldición de la pobreza de sobre nuestra familia. Pero todo comenzó cuando él captó la visión de quién era a los ojos del Señor. Con razón levantaba en alto su Biblia en cada reunión y decía: "Esta es mi Biblia. Soy lo que dice que soy. Tengo lo que dice que tengo".

Quizá se sorprendería si realmente entendiera cuánto quiere Dios bendecirle. Dios quiere que tenga grandes logros en la vida. Él quiere que deje su marca sobre el mundo. Él ha puesto un increíble potencial, dones y talentos dentro de usted esperando ser usados conforme usted se vea como Dios le ve, saliendo por fe y tomando acción conforme a los sueños y deseos que Él ha puesto en su corazón.

Es emocionante, ¿verdad? Usted comienza a verse tal y como Dios le ve. Se está deshaciendo de la mentalidad de saltamontes. Sí, puede ser que tenga grandes obstáculos en su camino, pero su Dios es mucho, mucho más grande. Es una persona que sí puede. Está desarrollando una mentalidad de "bien puedo", viéndose como el campeón que Dios le hizo. Siga avanzando; siga creciendo. ¡Dios tiene mucho más para usted!

CAPÍTULO 8

Entienda su valor

Mi papá asistió a un juego de fútbol americano con un querido amigo nuestro llamado Jesse. El hijo de Jesse, Jeff, jugaba en el equipo de la defensa, así que, era muy raro que tocara la pelota durante un juego. Pero en una jugada, se tiró la pelota y Jeff la paró. Corrió, atrapó la pelota, tomó un medio paso a su derecha y un medio paso hacia atrás a la izquierda, sus ojos volteaban a todos lados, buscando un espacio para correr. Pero no había ningún lugar para hacerlo. En ese momento, unos diez miembros del equipo opuesto lo tumbaron. O sea, no hizo avanzar ni un centímetro la pelota.

Mi papá pasó un momento incómodo mientras miraba silenciosamente el campo de juego, viendo al árbitro que desenredaba el montón de jugadores que se levantaban de encima de Jeff. Mi papá se estaba sintiendo mal por Jesse, y pensaba en algo bueno que decir, pero la jugada había sido un desastre y veía difícil el encontrar algo positivo que expresar. En ese momento, Jesse codeó a mi papá. Tenía una gran sonrisa en su cara y señalaba con la cabeza hacia el campo donde Jeff apenas se estaba poniendo sobre sus pies. Jesse dijo: "Pastor, ¿vio esas dos movidas tan buenas?" Sólo un padre amoroso puede ver las dos movidas buenas de su hijo, ¡en lugar de ver que su hijo acaba de ser atajado por todos, menos las porristas!

Dios ve nuestras dos movidas buenas

Pero amigo, así es como nos ve nuestro Padre celestial. Él no está observando sólo los tiempos que somos tumbados. Él no se está fijando en nuestros errores. No, Dios ve nuestras dos movidas buenas. Dios ve lo que está haciendo bien; Él ve lo mejor de usted. Posiblemente no siempre controla su carácter como sabe que debe hacerlo, o se le sale decir cosas de las que después se arrepiente. Busque el perdón de Dios y de cualquier persona que puede haber ofendido, pero no se siga censurando, viviendo bajo condenación. Conforme vaya avanzando, puede caminar con la cabeza en alto, sabiendo que usted es una "obra en progreso", y Dios está en el proceso de cambiarle, Él está viendo sus dos movidas buenas.

No es para excusarnos cuando actuamos mal, pero la verdad es que todos tenemos áreas en las que tenemos que mejorar. No podemos fijarnos tanto en nuestras faltas que perdamos el gozo de ser las personas que Dios hizo. Tiene que estar contento con quién es ahora mismo y aceptarse, con todo y errores.

Un factor importante en verse como Dios lo ve es entender su valor intrínseco, ya sea que tome las mejores decisiones o no. En demasiadas ocasiones nos enfocamos en nuestras faltas, debilidades, errores del pasado y fracasos. El rechazo y otras experiencias dolorosas nos roban la autoestima y nos hacen sentir inseguros y rechazados.

Su valor no puede estar basado en sus logros, qué tan bien trabaja, cómo alguien le trata o cuán popular o exitoso sea usted. Su valor debería basarse únicamente en el hecho que es hijo de Dios Altísimo. Como creación única de Él, tiene algo muy diferente y especial para ofrecer al mundo que ninguna otra persona tiene, que ninguna otra persona puede ser.

Es vital que usted se acepte y aprenda a estar contento con la persona que Dios le ha hecho. Si quiere realmente disfrutar de su vida, tiene que estar en paz consigo mismo. Muchas personas constantemente piensan mal de sí mismas; se critican demasiado, viviendo con toda clase de culpa y condenación impuestas por ellas mismas. Con razón no están contentas; hay una guerra en su interior. No tienen paz consigo mismas, y si usted no se puede llevar bien consigo, nunca se podrá relacionar bien con otras personas. El punto de inicio es ser feliz con la persona que Dios le ha hecho.

Aprenda a ser feliz con quién Dios hizo que fuera usted.

Puede ser que usted no sea perfecto, ¡ya que nadie lo es! Por supuesto que tiene algunas faltas, ¡todos las tenemos! Pero para experimentar verdadera libertad, tiene que tenerse un respeto sano a pesar de sus "imperfecciones".

Algunas personas siempre se están menospreciando: "Soy tan lento". "Nunca lograré romper estos malos hábitos." "No soy atractivo. Mira mi nariz; ¿qué puedo hacer con este pelo?"

¡No sea tan duro con usted mismo! Pueden haber, efectivamente, algunas áreas de su vida con las que no está muy conforme; puede ser que tiene algunos hábitos que necesita romper, pero recuerde que Dios no ha terminado con usted todavía; Él está en el proceso de cambiarle.

La Escritura dice que somos hechura de Dios.[1] La palabra *hechura* implica que no es un producto terminado aun; es una "obra en progreso". A lo largo de nuestra vida, Dios siempre nos está formando y moldeando en las personas que Él desea que seamos. La clave para tener un futuro victorioso es no desanimarse tocante a su pasado o presente mientras todavía se encuentre en el proceso de ser "terminado". La Biblia dice que vamos de gloria en gloria al ser transformados a la imagen de Dios.[2] Aunque usted no lo reconozca, en este momento Dios le está llevando hacia cosas más grandes. El camino del justo va en aumento como la luz de la aurora.[3]

Cuando sea tentado a desanimarse, recuérdese que según la Palabra de Dios, su futuro se va abrillantando; va camino a un nuevo nivel de gloria. Puede pensar que tiene mucho camino para recorrer todavía, pero debe mirar hacia atrás para ver cuánto camino ya recorrió. Quizá no sea todo lo que quiere ser, pero por lo menos le puede dar gracias a Dios que ya no es lo era antes.

Nuestro valor es intrínseco. No es algo que usted o yo hayamos ganado; de hecho, no lo podemos ganar. Dios puso valor en nosotros al crearnos, para Él somos su máxima creación; así que puede dejar de estar obsesionado con todas sus faltas. Cada persona tiene debilidades, aun los grandes hombres y mujeres de la Biblia cometieron errores. Todos tuvieron faltas, pero Dios aun así los amó, los bendijo y los usó para hacer grandes obras. Además, tenemos que aprender a mantener en perspectiva nuestros errores. Usted puede pensar que hay mucho que tiene mal, pero también tiene mucho bueno.

Las excelentes noticias son que Dios sabe todo sobre usted, tanto lo bueno como lo malo, y Él todavía le ama y valora incondicionalmente. Dios no siempre aprueba nuestro comportamiento. No le agrada cuando vamos en contra de su voluntad, y cuando lo hacemos, siempre sufrimos las consecuencias y tenemos que cooperar con Él para corregir nuestros pensamientos, palabras, acciones o actitudes. Y aunque sí debe hacer la lucha de mejorar sus áreas débiles, a pesar de lo que usted haga, Dios no le amará menos...ni más. Su amor es una constante de la que usted puede depender.

Tiene que entender que su valor, en los ojos de Dios, nunca cambia.

A algunas personas les gustaría hacernos pensar que en cuanto hacemos algo malo o salimos del camino, Dios saca su marcador y tacha nuestro nombre de su lista diciendo: "Yo sabía que no lo lograrían. Sabía que no contaban con lo que necesitaban". No, Dios es un Dios que perdona, es un Dios de segundas oportunidades. No importa cuántas veces le ha defraudado o cuántos errores ha cometido, su valor ante los ojos de Él se queda exactamente igual.

Imagínese que le estoy dando un billete nuevo de cien dólares. ¿Lo querría? ¡Lo más probable es que sí! Ahora imagínese que tomara yo el billete y lo arrugara un poco y ahora no se vea tan bonito como cuando salió de la casa de moneda. ¿Aún lo querría? ¡Claro! Pero espere, ¿qué tal si saliera al estacionamiento, lo tirara al suelo y lo pisoteara hasta que ya ni se percibiera el dibujo del billete? Ahora estaría sucio, manchado y maltratado. ¿Todavía lo querría?

Por supuesto. ¿Por qué? Porque todavía tiene valor a pesar del mal trato que ha recibido. Cien dólares son cien dólares (olvidando por un momento las tazas de cambio, la inflación y otros factores). No pierde su valor simplemente porque ha envejecido, porque no se ve bien como solía o porque ha sufrido algunos golpes en la vida.

Dios ve a cada uno de nosotros de la misma manera. Todos pasamos por retos y luchas, y a veces nos sentimos como aquel billete de cien dólares, todo arrugado y sucio. Pero al igual que el billete, ¡todavía tenemos valor también! De hecho, nunca, nunca perderemos nuestro valor. Ese valor ha sido puesto en cada uno de nosotros por el Creador del universo, y nadie puede quitarnos eso.

No permita que otras personas, sistemas o circunstancias influyan en la estimación de su valor. Puede ser que usted haya pasado por alguna experiencia traumática y dolorosa en la que alguien le trató mal, le usó o le rechazó. Quizá su esposo o esposa le abandonó y usted pasó por un amargo divorcio; quizá un amigo le atacó sin razón alguna, y ahora se siente solo y sin valor. O, quizá se sintió rechazado de niño, y está viviendo aun con esas emociones de culpa y pena. Puede ser que hasta se ha convencido que las cosas negativas que le sucedieron en su pasado son por su culpa, que no merece más que tristeza, dolor, culpa y condenación.

Amigo, eso está muy lejos de la verdad.

Dios conoce su valor

Recuerdo mi conversación con Steve, un joven que había sufrido mucho rechazo en su niñez. Los padres de Steve continuamente lo menospreciaban verbalmente, diciéndole que nunca sería nada en la vida, que no lograría nada. Día tras día esas palabras destructivas estallaban en sus pensamientos y su mente subconsciente, destruyendo su imagen y su sentido de valor. Steve después me comentó que él había descubierto que la raíz de todo ese rechazo era porque sus padres habían deseado una niña. Fue una gran decepción cuando él nació. Después de diecisiete años, seguía viviendo con tremenda culpa y pena. ¿Y por qué causa? *¡Por haber nacido!* Steve estaba convencido, tristemente, de que era su culpa toda la tristeza sufrida por su familia, que él era la causa de que sus padres estuvieran tan descontentos, que él había hecho algo malo, que su vida era un terrible error.

Le dije: "Steve, no puedes permitir que tu autoestima y tu sentido de valor sean determinados por cómo te tratan otras personas. La Biblia nos dice que Dios nos acepta aun cuando todos los demás nos rechazan".

Pude percibir un poco de esperanza reflejándose en los ojos de Steve, así que seguí animándolo: "Me encanta lo que dice el salmista en el Salmo 27:10: 'Aunque mi padre y mi madre me dejaran, con todo, Jehová me recogerá'. Dios nunca te rechazará, Steve, Él siempre te acepta, así que no permitas que el rechazo de otras personas cause que tú te rechaces". Steve tardó un poco en aceptar la verdad de lo que le estaba diciendo, pero hoy día va muy avanzado en su camino hacia vivir una vida feliz y productiva.

Quizá usted vive o trabaja con alguien que es abusivo emocionalmente, que siempre le está criticando y menospreciando, diciéndole que es una persona muy mala. Permita que esa mala información entre por un oído y salga por otro. Recuérdese constantemente que usted está hecho a la imagen del Dios Todopoderoso. Recuérdese que Él le ha coronado con gloria y honor, que es la creación máxima de Dios. No permita que otras personas hagan lo que quieran con su mente, haciéndole creer la mentira que su valor ha disminuido.

Es posible que usted sienta que sus aspiraciones han caído al suelo a causa de las decisiones que ha hecho o las decisiones impuestas por otras personas. Puede ser que sienta que está atrapado en una rutina, ¡pero hay esperanza! Dios desea restaurar su sentido de valor. David escribió: "Y me hizo sacar del pozo de la desesperación, del lodo cenagoso; puso mis pies sobre peña, y enderezó mis pasos".[4] Dios quiere poner un canto nuevo en su corazón; Él quiere llenarle de esperanza. Él quiere que sepa que Él le ama más de lo que usted se puede imaginar y puede cambiar sus sueños malogrados en algo hermoso.

Hace poco, leí una nueva versión de la antigua historia de *The Tale of Three Trees* (El cuento de los tres árboles). Este cuento ficticio de niños relata los grandes sueños de un olivo, un roble y un pino. Cada uno de estos árboles soñaba con llegar a ser algo especial en la vida. El olivo soñaba con llegar a ser un cofre finamente elaborado y quería guardar oro, plata y joyas preciosas. Un día, llegó el maderero y escogió de entre todos los árboles del bosque aquel olivo, y lo cortó. El olivo estaba muy contento, pero mientras lo trabajaban, se dio cuenta que no lo hacían un cofre para alhajas; sino un pesebre para sostener el alimento de animales sucios y malolientes. Se sentía devastado y sus sueños estaban deshechos, se sentía devaluado y degradado.

De igual manera, el roble soñaba con formar parte de un gran barco que llevaría a importantes reyes a través del océano. Cuando llegó el maderero para cortar el roble, éste estaba muy emocionado; pero conforme pasaba el tiempo, se fijó que el hombre no lo estaba usando para construir un gran barco, estaba haciendo de él una pequeña barca para pescar. Se sintió tan desanimado y tan desilusionado.

El pino vivía en la cima de una montaña muy alta. Su único sueño era siempre mantenerse erguido para recordar a todos de la gran creación de Dios; pero en un momento, cayó un rayo y lo tumbó, destruyendo sus sueños. El maderero llegó y se lo llevó con las sobras.

Cada uno de estos árboles sintió que habían perdido su valor y su dignidad; se sentían tan desanimados y tan desilusionados, pues ninguno de ellos vio cumplido su sueño. Pero Dios tenía otros planes para estos árboles. Muchos años más tarde, María y José no encontraban un lugar para el nacimiento de su niño. Finalmente encontraron un establo, y cuando Jesús nació lo colocaron en un pesebre hecho de —ya se lo imaginó— el olivo. El olivo había deseado guardar joyas preciosas, pero Dios tenía un mejor plan, y ahora guardaba el mayor tesoro de toda la eternidad, el Hijo de Dios.

Pasaron algunos años y Jesús creció. Un día, necesitaba una barca para pasar al otro lado del lago. Él no escogió un barco grande y ostentoso; escogió una barquita pequeña y sencilla para pescar, hecha de

—ya se ha de imaginar— el roble. El roble deseaba transportar reyes importantes a través del agua, pero Dios tenía mejores planes. El roble ahora llevaba el Rey de reyes.

Pasaron unos años más, y un día unos soldados romanos buscaban entre el montón de madera donde se encontraba el pino descartado. Ese pobre pino estaba seguro de que se lo iban a llevar para usarlo para leña en su fogata. Pero cual era su sorpresa cuando lo tomaron y cortaron sólo dos piezas pequeñas y formaron de ellas una cruz. Y fue sobre este pino que crucificaron a Jesús. El árbol señala, hasta el día de hoy, el amor y la compasión de Dios para todos.

El punto de esta historia clásica es claro: Cada uno de los árboles pensó que había perdido su valor, que sus relatos habían terminado; sin embargo llegaron a ser partes esenciales de la historia más importante que jamás se haya relatado.

Dios conoce su valor; Él ve el potencial que usted tiene. Puede ser que no entienda todo lo que esté pasando en estos momentos, pero siga con su cabeza en alto, sabiendo que Dios está en control y que Él tiene un gran plan y propósito para su vida. Es posible que sus sueños no salieran exactamente como usted esperaba, pero la Biblia dice que los caminos de Dios son mejores y más altos que los nuestros. Aun cuando todos le rechacen, recuerde, Dios está delante de usted con los brazos abiertos; Él siempre le acepta y siempre reafirma su valor. ¡Dios ve sus dos movidas buenas! Usted es su tesoro preciado. Sin importar lo que pase en la vida, o cuántos desalientos haya sufrido, su valor ante los ojos de Dios siempre es el mismo. Siempre será la niña de sus ojos. Él nunca se dará por vencido con usted, así que usted tampoco se dé por vencido.

Conviértase en lo que cree

Nuestros pensamientos y expectativas ejercen muchísimo poder e influencia sobre nuestra vida. No siempre recibimos lo que merecemos en la vida, pero por lo general no recibimos más de lo que esperamos; recibimos lo que creemos. Este principio funciona lamentablemente con la misma fuerza tanto para lo negativo como para lo positivo.

Recibimos lo que creemos

Nick era un hombre grande, fuerte y duro que había sido ferroviario por muchos años. Era uno de los mejores empleados en su compañía, siempre llegaba puntual, era muy trabajador y confiable, y tenía buena relación con los otros empleados. Pero Nick tenía un gran problema: su actitud era continuamente negativa. En el ferrocarril, era conocido como el hombre más pesimista del lugar. De continuo temía lo peor y constantemente se preocupaba y perturbaba pensando que algo malo podría suceder.

Un día de verano, los equipos de trabajo fueron avisados que se irían una hora antes de lo normal para celebrar el cumpleaños de uno de los capataces. Se fueron todos los trabajadores, pero de alguna manera Nick se encerró accidentalmente en un carro refrigerado que había llegado para recibir mantenimiento. El carro estaba solo y no estaba conectado a ningún otro tren.

Al darse cuenta Nick de que estaba encerrado en el carro con refrigeración, entró en pánico. Golpeó con tanta fuerza las puertas que quedaron ensangrentados sus brazos y manos. Gritó y gritó, pero sus compañeros ya se habían ido a casa para prepararse para la fiesta. Nadie escuchaba los gritos desesperados de Nick pidiendo auxilio. Una y otra vez levantó su voz hasta que salía sólo un rasposo susurro.

Consciente de que se encontraba en un carro refrigerado, Nick tanteó que la temperatura estaba muy debajo del punto de congelación, quizá tan bajo como 5 o 10 grados Fahrenheit. Nick temía lo peor. Pensó:

¿Qué haré? Si no logró salir de este lugar, me moriré congelado. De ninguna manera puedo sobrevivir toda la noche aquí. Entre más pensaba en sus circunstancias, más frío le daba. Como estaba bien cerrada la puerta, sin manera obvia de escapar, se sentó a esperar su muerte inevitable, ya fuera por congelación o por sofocación, lo que llegara primero.

Para pasar el tiempo, decidió hacer un relato de su muerte. Encontró una pluma en el bolsillo de su camisa y observó que había una pieza viejita de cartón en la esquina del carro. Temblando casi incontrolablemente, le escribió un recado a su familia. Nick escribió cuáles eran sus circunstancias: "Me está dando tanto frío. Tengo el cuerpo entumecido. Si no logro salir pronto, probablemente estas serán mis últimas palabras".

Y sí lo fueron.

La siguiente mañana, cuando llegaron todos a trabajar, abrieron el carro y encontraron el cuerpo de Nick tirado en la esquina. Al ser terminada, la autopsia reveló que Nick sí murió por congelación.

Ahora, aquí está un enigma fascinante: ¡Los investigadores descubrieron que la máquina de refrigeración del carro en el que había quedado atrapado Nick ni siquiera estaba encendida! De hecho, tenía tiempo descompuesta y no estaba funcionando en el momento de la muerte del señor. La temperatura dentro del carro aquella noche—la noche que Nick murió congelado— era 61° Fahrenheit. Nick murió congelado en un lugar donde la temperatura estaba un poco debajo de lo normal porque él se creía en un carro congelado. ¡Esperaba morir! Estaba convencido que no lograría salir y esperaba lo peor; se veía condenado y sin ninguna salida. Nick perdió la batalla en su propia mente.[1]

Le ocurrió lo que temía y esperaba. El dicho, "le sucedió lo que tanto temía", fue realidad para Nick. Hoy en día hay muchas personas como Nick que siempre están esperando lo peor: esperan la derrota, la mediocridad, y casi siempre reciben lo que esperan; se convierten en lo que creen.

Crea en cosas buenas

Pero usted puede creer en cosas buenas. Si hace uso de las mejorías que están habiendo en su imagen propia, le será posible creer en más, podrá verse trabajando en niveles cada vez mejores en cada área de su vida. Cuando enfrente los momentos difíciles, no tenga la expectativa de quedarse allí. Tenga la expectativa de salir de ese problema. Espere que Dios cambie la situación de una manera sobrenatural. Cuando el negocio comience a flojear, no espere quedar en bancarrota; no haga planes para fracasar. Ore y espere que Dios le traiga clientes.

Si pasa por tiempos difíciles en su matrimonio, no se frustre ni se dé por vencido diciendo: "Yo sabía desde el principio que este matrimonio no iba a salir adelante".

No, si hace eso, está respondiendo de la misma manera que Nick. Sus esperanzas tan bajas destruirán su matrimonio; su forma equivocada de pensar le derribará. Tiene que cambiar su manera de pensar y lo que está esperando; deje de esperar el fracaso y comience a creer que usted saldrá adelante.

Aun y si su vida es un desastre, su actitud deberá ser: "Dios, yo sé que tú tomarás esto y lo usarás para mi bien, yo creo que tú me harás más fuerte a través de esta situación".

Como ya lo establecimos, en estos momentos es cuando su imagen propia llega a jugar un papel muy importante. Es crucial vernos como Dios nos ve, ya que nunca nos elevaremos más arriba de la imagen que tenemos de nosotros mismos. Si nos vemos haciéndola muy apenas, siempre teniendo problemas, nunca contentos, subconscientemente nos guiaremos hacia esa clase de vida. Para avanzar en la vida, tenemos que cambiar nuestro enfoque y creer.

Entienda esto: Dios le ayudará, pero usted tiene la última palabra. Si usted decide mantener su enfoque en los elementos negativos de su vida, si su enfoque está sobre lo que no puede hacer y no en lo que sí puede hacer, entonces está permitiendo, por decisión propia, ser derrotado. Usted está conspirando con el enemigo al abrir la puerta y permitir que pensamientos, palabras, acciones y actitudes destructivas dominen su vida.

En cambio, si usted se pone de acuerdo con Dios, su enfoque estará en sus posibilidades, su fe puede hacer que Dios aparezca y obre de manera sobrenatural en su vida. Su fe le ayudará a sobrellevar los obstáculos y le permitirán alcanzar nuevos niveles de victoria. Pero depende de usted, de su manera de ver las cosas. ¿Está enfocado en sus problemas, o está enfocado en su Dios?

En el Nuevo Testamento encontramos un relato fascinante de dos ciegos que supieron que Jesús pasaría por donde ellos estaban, y la fe comenzó a crecer en sus corazones. Han de haber pensado: *No nos tenemos que quedar así, Dios puede cambiar esta situación. Hay esperanza para un futuro mejor*. Así que comenzaron a clamar: "Jesús, Hijo de David, ten misericordia de nosotros y sánanos".

Al oír su clamor, Jesús se detuvo, se dirigió hacia ellos y les hizo una pregunta muy intrigante: "¿Creéis que puedo hacer esto?"[2] Jesús sabía lo que querían pero quería averiguar qué creían ellos, si su fe era genuina o no. Los ciegos contestaron con grande confianza: "Sí, Señor, creemos. Sabemos sin lugar a dudas que Tú nos puedes sanar. Sabemos que puedes y confiamos en ti".

La Biblia dice: "Entonces les tocó los ojos, diciendo: Conforme a vuestra fe os sea hecho. Y los ojos de ellos fueron abiertos".[3] Aquellos hombres creyeron que Dios podía hacer algo espectacular en sus vidas …¡y recibieron su vista!

Fíjese que fue su fe la que cambió la situación y la que les trajo la sanidad. Nadie puede tener fe por usted. Claro que otras personas pueden orar por usted, pueden creer por usted, pueden citarle la Escritura, pero usted tiene que ejercer su fe por sí solo. Si siempre está dependiendo de otra persona que le anime o le saque de problemas, vivirá en perpetua debilidad y desánimo. Tiene que tomar la decisión que usted será un creyente y tome las riendas de su vida y decida: "Sin importar lo que venga a mí, yo creo en Dios. Tendré una forma positiva de pensar respecto a mi vida". La fe de otras personas sí puede reforzar su fe, pero su propia fe le traerá un milagro más rápidamente que la fe de cualquier otra persona. Lo que *usted* cree tendrá un mucho mayor impacto sobre su vida que lo que otra persona pueda creer.

Lo que usted cree tiene un impacto mucho mayor sobre su vida que lo que otra persona cree.

La traducción parafraseada moderna de la Biblia en inglés *The Message* (El Mensaje), relata la historia de los ciegos con un interesante cambio: "(Jesús) tocó sus ojos y dijo: 'Conviértete en lo que crees' ".

¡Qué frase tan poderosa! ¡*Conviértase en lo que cree*! ¿Qué está creyendo? ¿Está creyendo que escalará en la vida, que superará sus obstáculos, que vivirá en salud, abundancia, sanidad y victoria? Llegará a ser lo que usted cree. La verdad es que yo soy quien soy hoy día como resultado de lo que creí sobre mí mismo el día de ayer. Mañana seré lo que creo de mí mismo ahora.

Tenga cuidado con lo que cree. Si vive con una actitud mental de víctima, pensando que no merece las bendiciones de Dios, fijándose en sus faltas, siempre siendo negativo tocante a usted mismo, lo mejor que tendrá es una vida miserable. Pero si cambia lo que cree y comienza a verse como Dios le ve (como más que vencedor, con la habilidad de salir adelante, fuerte en el Señor, la cabeza y no la cola, victorioso y no una víctima) usted llegará a un nuevo nivel de realización. Depende de usted; que se realice según sea su fe.

Atrévase a creer en cosas mayores

¿Se atreverá a creerle a Dios para recibir cosas mayores? Dios no quiere que se arrastre por la vida, sobreviviendo muy apenas. Él no quiere que se apriete el cinturón para pagar los alimentos, la casa y el transporte, para pagar sus cuentas o que se preocupe por cómo pagará la educación de sus hijos. Él no quiere que usted sea infeliz en su matrimonio. Su preferencia no es que usted viva con dolor continuo.

Dios quiere que usted tenga una vida buena, una vida llena de amor, gozo, paz y realización. Eso no es para decir que siempre será fácil, pero sí quiere decir que siempre será *bueno*. Dios causa que todas las cosas obren para el bien de los que le aman.[4] Puede atreverse a creer que Él mejorará su matrimonio y comenzar a creer que Él le dará mejor salud. Crea que tendrá más gozo y paz y alegría. Comience a creer que llegarán aumentos e incrementos, conviértase en un verdadero creyente, sabiendo que usted será lo que cree.

Dios le dijo a Abraham: "Yo te bendeciré para que tú seas una bendición".[5] Dios le está diciendo lo mismo a usted, ya que quiere bendecir su vida con abundancia, para que así usted pueda ser de bendición para otras personas.

Puede ser que usted ha vivido terribles desánimos. Cosas indecibles pueden haberle sucedido, hasta el punto que usted ha dejado de creer que algo bueno pueda pasar en su vida. Ha perdido sus sueños, anda sin rumbo por la vida, aceptando cualquier cosa que llega a usted y puede ser tentado a decirse: "Tengo demasiado viviendo de esta manera, nunca mejoraré. He orado, he creído, he hecho todo lo que sé hacer y nada ha cambiado, nada ha funcionado: mejor me doy por vencido".

Han llegado personas conmigo diciendo: "Joel, no quiero esperanzarme demasiado. He vivido tanto dolor en el pasado que no quiero que mi expectativa sea demasiada y luego nada bueno me suceda, como quiera así no me desilusionaré".

Amigo, esa actitud es lo opuesto a lo que Dios desea para usted. No importa cuántas dificultades o impedimentos ha tenido en el pasado, Dios todavía tiene un gran plan para su vida. *Tiene que* elevar sus esperanzas, si no tiene esperanza, no tendrá fe. Y si no tiene fe, no puede complacer a Dios, y no verá su poder revelado a través de su vida. Mantenga viva la esperanza en su corazón. Nunca deje a un lado sus sueños ni permita que el desánimo o alguna otra dificultad le detengan de creer lo que Dios dice sobre usted.

Doble por su trabajo

Si se mantiene en la actitud correcta, Dios tomará todas sus desilusiones, sueños rotos, el dolor y sufrimiento, y sumará toda la tristeza y aflicción que haya sufrido a manos de otros, y le pagará con el doble de paz, gozo, alegría y éxito. La Biblia dice: "...poseerán doble honra, y tendrán perpetuo gozo".[6] Si sólo sigue creyendo, si pone su confianza en Dios, Él le pagará doble por su pena.

Dios quiere que la última parte de su vida sea mejor que la primera. Nunca se está demasiado lejos si vamos con Dios. Algunas personas dicen: "Sí, pero algunas cosas no tienen remedio". Pero Dios puede tomar esa situación y crear algo hermoso, nada es demasiado difícil para Él.

La Biblia dice de Dios "que el que comenzó en vosotros la buena obra, la perfeccionará hasta el día de Jesucristo".[7] Esto significa que Dios quiere terminar el curso con usted y no se cansará ni se dará por vencido a medio camino; tampoco dejará de cumplir sus promesas. Él continuará hasta que llegue a donde Él le lleva. Dios no quiere que usted tenga un poco de gozo, algo de bendición y que sea parcialmente sanado. Dios quiere que su vida se caracterice por el gozo, y que éste sea completo. Él desea que viva en abundancia y también quiere darle los deseos de su corazón. Él quiere que sea una persona completa y contenta.

Cuando pase por dificultades o las cosas no salgan como usted esperaba, no permita que flaquee su confianza. Cuando llegue el desánimo o cuando las personas le digan que sus sueños nunca se cumplirán, que nunca estará feliz, que nunca cambiará, con confianza recuérdese quién es el que está obrando en su vida. Dios está cambiando las cosas a su favor y está abriendo puertas de oportunidad para usted; está restaurando relaciones, está ablandando los corazones de las personas hacia usted y está terminando lo que ha comenzado. Posiblemente no lo vea suceder con sus ojos naturales, pero tiene que creer que en el mundo invisible, Dios está obrando a favor de usted.

Recuerde que ninguna arma forjada en su contra prosperará. Esto no significa que no habrá oposición en su vida; habrá armas formadas en su contra, y posiblemente sean imponentes y espantosas, pero no le pueden causar daño permanente. Su futuro queda escondido e intacto en Dios, usted no se hundirá, saldrá al otro lado. La Escritura dice: "Muchas son las aflicciones del justo, pero de todas ellas le librará Jehová".[8]

También dice que cuando haya hecho todo lo que sabe hacer, que se mantenga firme.[9] Le tiene que mostrar a su enemigo que usted está más determinado que él, siga orando, siga creyendo, siga cantando alabanzas, siga peleando la buena batalla de la fe. Si hace eso, Dios promete que lo sacará con la victoria.

Me gusta cómo traduce la versión en inglés de la Biblia *The Message* (El Mensaje) a Filipenses 1:6: "Nunca ha habido la menor duda en mi mente que Dios, quien comenzó la gran obra en ti, seguirá hasta llevarlo a una conclusión fructífera en el día que aparecerá el Señor Jesucristo". Lo mejor está por delante. Puede levantarse cada mañana esperando que las cosas cambien a su favor, comience a esperar que recibirá la bondad de Dios, y Él hará más de lo que usted pueda pedir o pensar.

Tiene que creer que vienen cosas buenas hacia usted, que Dios está obrando en su vida y que Él le está restaurando a su lugar legítimo. En otras palabras, tiene que ver que esas cosas llegan a pasar. Tiene que ver que su matrimonio es restaurado, que aquel hijo descarriado llega a casa y que ese negocio está mejorando. Tiene que ser concebido en su corazón. Vea la vida a través de sus ojos de la fe dentro de ese mundo invisible y vea sus sueños cumpliéndose.

Recuerde que es "...la fe la certeza de lo que se espera, la convicción de lo que no se ve".[10] Fíjese que la fe tiene que ver con el mundo invisible. Posiblemente no pueda percibir con sus cinco sentidos que algo positivo esté sucediendo en su vida hoy. De hecho, todo puede ser un desastre —sus finanzas, su salud, su negocio, sus hijos—puede ser que tiene muchos problemas, y en el mundo natural, puede parecer que nada está cambiando, pero no se desanime. Vea hacia el mundo invisible, al mundo sobrenatural, y con sus ojos de la fe, vea que aquella situación cambia. Vea que su paz y gozo es restaurado.

El mundo le dice: "Tiene que ver para creer" pero Dios dice lo opuesto, lo verá sólo conforme lo crea. Tiene que ver a través de sus ojos de la fe y verlo. Una vez que lo ve por fe, puede llegar a existir en el mundo físico.

¿Qué cree sobre usted mismo? ¿Usted puede ver que las cosas estén mejorando en su vida? ¿O está vagando, aceptando cualquier cosa que le llegue? "Yo sabía que no me darían el ascenso; nunca me sucede nada bueno; esto es lo que me tocó en la vida; yo sabía que nunca me iba a casar; yo sabía que nunca recibiría bendiciones."

Amigo, Dios quiere hacer algo nuevo en su vida así que no lo limite con su manera estrecha de pensar. Tenga una visión grande para su vida, tenga sueños más grandes. Viva con fe y expectativa, y llegará a ser lo que cree.

Me encanta el relato que se encuentra en el Antiguo Testamento de cuando Dios le dijo a Abraham que él y su esposa, Sara, tendrían un hijo, aunque tenían cerca de cien años de edad.[11] Al oír la noticia, Sara se rió. Probablemente ella dijo: "Abraham, no te puedo creer, yo no tendré un bebé, estoy demasiada viejita. Eso nunca me sucederá a mí, y además, ¡tú tampoco estás tan joven como antes!"

Sarah no contaba con la visión correcta. La condición de su corazón no estaba bien pues no se veía teniendo a aquel hijo; no podía concebirlo en su corazón.

Y probablemente usted recuerde la historia: Año tras año pasó, y Abraham y Sara no tuvieron hijos. Después de un tiempo, decidieron "ayudar" a Dios y recibir el cumplimiento de su promesa. Sara le dijo a Abraham que tomara a su sierva, Agar. Ellos dos concibieron y ella dio a luz un hijo llamado Ismael, pero eso no era lo mejor de Dios. Dios quería darle a Sara un bebé, uno al que ella misma diera a luz.

Aun más años pasaron, y nada de hijo. Finalmente, Sara se embarazó. ¿Qué había cambiado? La promesa de Dios no había cambiado. Estoy convencido que la clave para que se cumpliese la promesa fue que Sara concibió en su corazón antes de que pudiera concebir en su cuerpo físico, tuvo que creer que podía llegar a encargar un bebé antes de que realmente pudiera hacerlo.

Habían pasado casi veinte años desde que Dios había hablado la promesa antes de que naciera Isaac a Abraham y Sara. Y yo creo que la razón principal por la que no había nacido antes, algo que causó la demora de la promesa año tras año, fue el hecho simplemente de que Sara no podía concebir en su corazón, no lo podía ver con sus ojos de fe. Me pregunto cuántas cosas grandiosas está tratando Dios de hacer en su vida. Nosotros somos iguales a Sara: No lo podemos concebir, no estamos de acuerdo con Dios, así que nos estamos perdiendo de sus bendiciones. Jesús dijo: "...yo he venido para que tengan vida, y para que la tengan en abundancia".[12] En muchas ocasiones, leemos pasajes como este, y lo primero que pensamos es porqué no nos puede suceder a nosotros. "Dios, nunca lograré estar saludable, tengo demasiadas cosas que no están bien. Acabo de recibir un mal reporte de mi doctor." "Dios, nunca lograré ser una persona próspera, simplemente no cuento con las cualidades necesarias; nunca he cursado la universidad." Y seguimos, le decimos a Dios todas las razones por las que no nos podría suceder a nosotros. "Soy demasiado viejo. Soy muy joven. No soy del sexo indicado. El color de mi piel no es el correcto. No tengo suficiente educación." Dios en cada momento está intentando sembrar una semilla nueva de victoria dentro de nosotros. Él quiere que concibamos pues sabe que si no logramos concebir algo en nuestro corazón por medio de la fe, nunca llegará a pasar.

En demasiadas ocasiones, igual que Sara, demoramos las promesas de Dios y retrasamos su favor con nuestra manera limitada de pensar. La condición de nuestro corazón no es la correcta. Estamos llenos de duda y falta de fe. La tragedia es que si no cambiamos nuestra creencia, podríamos pasar nuestra vida entera sin gozar de las grandes cosas que Dios tiene planeadas para nosotros.

Amigo, por favor deje de limitar a Dios con su estrecha manera de pensar. Aprenda a concebir, mantenga la imagen de lo que quiere ser ante sus ojos y llegará a ser lo que cree. Quizá Dios le haya dicho algo, y en lo natural, parece ser completamente imposible. Al ver su situación, así como Sara miró su cuerpo físico, será tentado a pensar: *Dios, no veo cómo cumplirás esto. No veo cómo lograrás que mi hijo deje las drogas. No sé cómo llegaré a recibir sanidad. No veo cómo podrás bendecir mi carrera.*

Deje de ver lo que no puede hacer, y comience a ver lo que Dios puede hacer. La Biblia dice: "Lo que es imposible para los hombres, es posible para Dios".[13] Permita que esa semilla crezca dentro de usted.

No tiene que saber cómo resolverá Dios sus problemas, ni tiene que ver cómo lo llevará a cabo, esa es responsabilidad de Él; no es su trabajo. Su trabajo es ser un creyente, su función es vivir con fe y expectación. Sólo déle esa situación a Dios y confíe que Él la resolverá pues es un Dios sobrenatural. La Biblia dice: "Porque mis pensamientos no son vuestros pensamientos, ni vuestros caminos mis caminos, dijo Jehová".[14] Dios puede hacer lo que los humanos no pueden o no quieren hacer. No está limitado por las leyes naturales, y si usted permite que esa semilla tome raíz y crezca, si pone su confianza en el Señor, Dios seguramente lo cumplirá. Si usted puede ver lo invisible, Dios hará lo imposible.

No restrinja su visión; al contrario, comience a verse como hijo de Dios, recibiendo cosas buenas de su Padre celestial. Amigo, si usted hace su parte creyendo, teniendo una imagen más grande para su vida, viviendo con fe y expectación, y viéndose como Dios lo ve, Él lo llevará a lugares que otras personas tacharon como imposibles de experimentar estando de este lado del cielo. ¡Llegará a ser lo que usted cree!

Desarrolle una mentalidad próspera

Uno de los aspectos más importantes de vernos como Dios nos ve tiene que ver con desarrollar una mentalidad próspera. Como ya hemos establecido, la manera como nos percibimos nos puede ayudar o perjudicar.

Entienda que Dios ya le ha dado todo lo necesario para vivir una vida próspera. Él sembró dentro de usted "semillas" llenas de posibilidades, potencial increíble, ideas creativas y sueños. Pero no le servirá de nada el simple hecho de que las tenga ahí, tiene que comenzar a sacarlas. En otras palabras, tiene que creer, sin lugar a dudas, que usted cuenta con todo lo necesario para lograrlo. Tiene que recordar que usted es hijo del Dios Altísimo y que fue creado para cosas grandes, Dios no lo creó para ser ordinario, lo creó para sobresalir, y Él le ha dado la habilidad, la sagacidad, el talento, la sabiduría y su poder sobrenatural para lograrlo.

En este momento, tiene todo lo que necesita para cumplir con el destino que Dios tiene para usted.

Dios no lo creó para ser ordinario.

La Biblia dice que Dios "…nos bendijo con toda bendición espiritual…".[1] Fíjese que la descripción está en el tiempo pasado, Dios ya lo ha hecho, ya ha puesto dentro de nosotros todo lo que necesitamos para salir adelante. Ahora nos toca a nosotros actuar sobre lo que ya poseemos.

Recuerde que eso fue lo que tuvo que hacer Abraham. Veinte años antes de haber tenido un hijo, Dios le habló, diciendo: "Abraham, te he hecho padre de muchas naciones".

Muy bien pudo haber dicho Abraham: "¿Quién, yo? Yo no soy padre. No tengo hijos". En lugar de eso, Abraham decidió creer lo que Dios decía sobre él. Su actitud fue: "Dios, no parece ser posible en ningún sentido natural, pero no voy a dudar de tu palabra. No trataré de razonarlo con mi mente natural, simplemente me pondré de acuerdo contigo; si tú dices que Sara y yo tendremos un bebé a nuestra edad, por extraño que parezca ser eso, yo te creeré".

Lo interesante es que la promesa de Dios fue dada en el tiempo pasado, y aunque tenía una realidad del presente así como un cumplimiento futuro, Dios lo veía como algo que ya había sucedido. "Yo te he hecho padre de muchas naciones." Es obvio que Dios planeaba darle un hijo a Abraham, pero según su punto de vista, la promesa ya se había cumplido. Sin embargo, Abraham tenía la responsabilidad de confiar en Dios y creer. Y, dicho y hecho, unos veinte años más tarde, Abraham y Sara tuvieron un hijo, y su nombre fue Isaac.

De igual manera, a lo largo de la Biblia, Dios ha dicho grandes cosas sobre usted, pero esas bendiciones no se cumplirán automáticamente, por sí solas. Usted tiene que hacer su parte, creyendo que sí es bendecido, actuando como alguien bendecido. Cuando haga eso, la promesa se hará una realidad en su vida.

Por ejemplo, la Biblia dice: "...somos más que vencedores...".[2] No dice que seremos más que vencedores cuando seamos más fuertes, más ancianos o alcancemos algún nivel "súper espiritual". La escritura dice que somos más que vencedores en *este momento*.

"Pues Joel, eso no podría ser verdad en mi vida", le escucho decir. "Tengo tantos problemas, tantas cosas que vienen en mi contra, quizá cuando logre salir de este lío, entonces seré más que vencedor."

No, Dios declara que usted es más que vencedor ahora mismo. Si comenzara a comportarse como más que vencedor, hablando como uno, viéndose como más que vencedor, usted viviría una vida próspera y victoriosa. Tiene que entender que el precio para que usted tenga gozo, paz y felicidad ya se pagó. Es parte del paquete que Dios le ha hecho disponible.

No se pierda de lo mejor de Dios

Hace años, antes de que fueran comunes los vuelos transatlánticos, un hombre quería viajar de Europa a Estados Unidos. Trabajó duramente, ahorrando cada centavo que podía, y al fin contaba con justo lo necesario para comprar un boleto en un barco. El viaje tardaba, en aquel tiempo, dos o tres semanas para cruzar el océano. Salió y compró una maleta y la llenó con queso y galletas saladas pues era lo único que podía costear.

Una vez a bordo, todos los pasajeros se reunían en un salón grande y adornado para consumir las finas comidas provistas. Mientras tanto, el pobre hombre se iba a una esquina y se comía su queso acompañado de galletas saladas. Día tras día era el mismo cuento, podía oler la deliciosa comida que se servía en el comedor. Escuchaba a los otros pasajeros hablar en términos muy elevados de la comida mientras se quejaban de cuánto habían comido, y que tendrían que ponerse a dieta a la culminación del viaje. El pobre viajero tenía muchas ganas de unirse a los demás pasajeros en el comedor, pero no tenía dinero. En ocasiones se quedaba despierto en la noche pensando en las comidas suntuosas que describían los demás.

Cuando estaba por terminar su viaje, otro señor se le acercó y dijo: "Señor, me fijé que usted siempre está arrinconado comiendo queso y galletas saladas a la hora de las comidas. ¿Por qué no entra al salón para cenar con nosotros?"

La cara del viajero enrojeció de vergüenza. "Bueno, a decir verdad, sólo tengo dinero suficiente como para comprar el boleto, no cuento con el dinero necesario para comprar comidas elegantes."

El otro pasajero puso cara de sorpresa. Meneó la cabeza y dijo: "Señor, ¿no sabe que las comidas vienen incluidas en el precio del boleto? ¡Sus comidas ya fueron pagadas!"

La primera vez que escuché esa historia, pensé en cuántas personas se parecen a aquel viajero ingenuo. Se están perdiendo de lo mejor de Dios porque no se dan cuenta que ya fueron pagadas las cosas buenas de la vida. Puede ser que vayan rumbo al cielo, pero no saben qué incluye el precio de su boleto.

Entre más tiempo andemos con esa mentalidad de pobres gusanos, más queso y galletas saladas estaremos comiendo. Cada vez que nos hacemos para atrás y decimos: "Pues, no puedo hacerlo; no cuento con las cualidades necesarias", estamos comiendo queso y galletas saladas. Cada vez que andamos llenos de temor, preocupación, ansiedad, o que estamos tensos por alguna razón, nos encontramos sentados por allí comiendo queso y galletas. Amigo, yo no sé de usted, ¡pero ya estoy harto de ese queso y galletas! Ya es hora de arrimarnos a la mesa de Dios, Él ha preparado un fabuloso banquete para usted que contiene cada cosa buena imaginable, y ya ha sido pagado. Allí Dios tiene todo lo que usted pueda necesitar: gozo, perdón, restauración, paz, sanidad. Cualquiera que sea su necesidad, la respuesta le está esperando en la mesa de Dios si tan sólo arrima su silla y toma el lugar que Él ha preparado para usted.

Tal vez usted ha sufrido grandes desánimos en la vida o ha encarado serios contratiempos. ¡Bienvenido al mundo real! Pero tiene que recordar que usted es hijo del Dios Altísimo. El hecho de que algo no salió a su manera o que alguien le defraudó, eso no cambia quién es usted. Si un sueño muere, sueñe con otro; si se cae, levántese y siga adelante. Cuando una puerta se cierra, Dios siempre abrirá una puerta mejor y más grande. Mantenga erguida la cabeza, y esté al pendiente de lo nuevo que Dios desea hacer en su vida, pero no se arrincone en algún lugar y comience a comer queso y galletas saladas.

Si un sueño muere, sueñe con otro.

Su vida puede haber sido difícil hasta este punto. Quizá experimentó tremenda pobreza, desesperación, abuso o tuvo otras experiencias negativas en su niñez. Puede ser tentado a permitir que esas experiencias negativas tracen el rumbo de su vida entera, pero el hecho de que haya comenzado de esa manera no significa que tiene que terminar su vida de la misma forma. Necesita conseguir una nueva visión de lo que Dios puede hacer en su vida y desarrollar una mentalidad próspera.

Mi padre tuvo que hacer algo similar. Como ya mencioné, mi papá creció con una mentalidad de pobreza pues era lo único que había conocido. Cuando comenzó a pastorear, la iglesia sólo le podía pagar $115 dólares por semana. Mis padres muy apenas podían sobrevivir con esa cantidad tan pequeña de dinero, especialmente una vez que mis hermanos y yo llegamos a escena. Sin embargo, el aspecto más peligroso de sus vidas era que mi papá había llegado a esperar o aceptar la pobreza. Por varios años, ni podía recibir una bendición cuando llegaba a él.

Durante un tiempo de reuniones especiales en la iglesia y aunque mi familia muy apenas completaba para nuestra comida, mis padres hospedaron al ministro invitado en nuestra casa toda la semana. El siguiente domingo, un hombre de negocios que era miembro de la iglesia dijo: "Pastor, yo sé que usted hospedó al invitado especial en su casa por toda la semana. No hay mucho dinero, y yo estoy consciente de que usted no puede con ese gasto extra. Quiero darle a usted personalmente este dinero, para ayudarlo". ¡Le dio a mi papá un cheque por mil dólares, igual a diez mil dólares hoy en día!

Mi papá se sintió abrumado por la generosidad de aquel señor, pero se encontraba tan limitado en su manera de pensar en aquel tiempo que tomó el cheque por una esquina, como si lo pudiera contaminar si lo tomaba con más fuerza, y le dijo: "Oh no, hermano, nunca podría recibir este dinero, tenemos que ponerlo en la ofrenda de la iglesia".

Después mi papá admitió que muy dentro de él, realmente hubiera preferido haber tomado el dinero pues sabía que mi mamá y él lo necesitaban, pero tenía una humildad falsa. No podía recibir la bendición porque pensaba que le estaba haciendo un favor a Dios quedándose en la pobreza.

Después mi papá dijo: "Con cada paso que daba hacia el frente de la iglesia para poner aquel cheque en la ofrenda, algo en mi interior decía: *No lo hagas, recibe las bendiciones de Dios y su bondad*".

Pero no le puso atención. Renuentemente, colocó el cheque en la ofrenda. Después relató: "Cuando lo hice, sentí náusea".

Dios estaba tratando de bendecir a mi papá y de prosperarlo, pero a causa de la mentalidad de pobreza que tenía tan bien arraigada, no lo podía recibir. ¿Qué estaba haciendo mi padre? Estaba comiendo más queso con galletas. Dios estaba intentando conseguir que él se arrimara al banquete, pero a causa de la mentalidad limitada de mi papá, no se podía ver con mil dólares más.

Me alegra tanto saber que mi papá después aprendió que como hijos de Dios, podemos vivir una vida abundante, que está bien si prosperamos; que aun deberíamos esperar ser bendecidos. De hecho, es tan importante aprender a recibir una bendición como lo es aprender a darla.

Posiblemente, usted provenga de un ambiente pobre, o quizá no tenga muchas posesiones actualmente. Eso está bien, Dios tiene algo bueno para usted más adelante. Pero permítame darle una advertencia; no permita que esa mentalidad de pobreza llegue a ser parte de usted. No se acostumbre a vivir con menos, hacer menos y ser menos al grado que pueda aceptar esa condición como algo permanente para usted. "Siempre hemos sido pobres: así tiene que ser."

No, comience a mirar con sus ojos de fe, véase alcanzando nuevos niveles, véase prosperando, y mantenga esa imagen en su corazón y su mente. Puede ser que en este momento esté viviendo en la pobreza, pero nunca permita que la pobreza viva en usted.

La Biblia nos enseña que a Dios le gusta que sus hijos prosperen, y conforme ellos van prosperando espiritual, física y materialmente, esto trae placer a Dios.[3]

¿Qué pensaría de mí si le fuera a presentar a mis dos hijos y ellos tuvieran agujereada la ropa, despeinado el cabello, estuvieran descalzos y con las manos sucias? Lo más probable es que usted diría: "Ese hombre no es un buen padre, no cuida bien a sus hijos". Efectivamente, la pobreza de mis hijos sería un reflejo directo de mí, como su padre.

De igual manera, cuando vivimos con una mentalidad de pobreza, no glorificamos a Dios ni traemos honra a su gran nombre. A Dios no le place vernos arrastrarnos por la vida, derrotados, deprimidos, continuamente desanimados por nuestras circunstancias. No, a Dios le agrada cuando desarrollamos una mentalidad próspera.

En demasiadas ocasiones caemos en la complacencia, aceptando cualquier cosa que llega a nosotros. "He llegado tan lejos como puedo. Nunca recibiré más ascensos. Simplemente es mi suerte en la vida."

¡Eso no es verdad! Su "suerte" en la vida es que usted constantemente crezca. Su suerte en la vida es ser más que vencedor, es vivir prosperando en cada área de su vida. Deje de comer queso y galletas saladas y entre al salón de banquetes, Dios le creó para grandes cosas.

Sería una tragedia pasar toda nuestra vida como un hijo del Rey a los ojos de Dios, pero como un pobre menesteroso ante nuestros ojos. Precisamente eso le sucedió a un joven del Antiguo Testamento llamado Mefi-boset. (¡No sé porque no le pusieron un nombre como José!)

No se conforme con la mediocridad

Mefi-boset fue el nieto del Rey Saúl y el hijo de Jonatán.[4] Quizá recuerda que el hijo de Saúl, Jonatán, y David eran mejores amigos. De hecho entraron en una relación de pacto, parecida al antiguo pacto de ser "hermanos de sangre". Eso significa que cualquier cosa que tuviera uno, también le pertenecía al otro. Si Jonatán necesitaba comida, ropa o dinero, él podía ir a la casa de David y tomar lo que necesitara; además, en una relación de pacto, si algo le llegara a suceder a uno de estos dos hombres, el otro "hermano" tendría la obligación de cuidar la familia del primero.

El Rey Saúl y Jonatán fueron muertos en la guerra el mismo día, y cuando llegó la noticia al palacio, una sierva tomó a Mefi-boset, el hijo de Jonatán, y salió corriendo. A la sierva se le cayó el niño al ir saliendo de Jerusalén con tanta prisa y Mefi-boset quedó lisiado de los pies como resultado de la caída. La sierva se llevó al hijo de Jonatán hasta la ciudad de Lodebar, una de las ciudades más pobres y asoladas de toda esa región. Ahí es donde Mefi-boset, nieto del rey, vivió casi toda su vida. Piense en ello, él era el nieto del rey y sin embargo vivía en esas miserables condiciones.

David fue rey después de Saúl, y años después, mucho después de que Saúl y Jonatán habían pasado a ser distantes recuerdos en las mentes de la mayoría de la gente, David le hace esta pregunta a uno de sus siervos: "¿Ha quedado alguien de la casa de Saúl al que puedo mostrar bondad a causa de Jonatán?". Recuerde que una parte del pacto al que habían entrado Jonatán y David decía: Si algo me pasa a mí, tú cuidarás a mi familia. Pero, para entonces, la mayoría de la familia de Saúl había muerto, por eso la pregunta de David.

Uno de los siervos de David responde: "Sí, David. Un hijo de Jonatán todavía vive, pero está lisiado de los pies. Él vive en Lodebar".

David dijo: "Ve por él, y tráelo al palacio".

Cuando llegó Mefi-boset, sin duda sentía temor, ya que su abuelo había perseguido a David por todo el país buscando matarle. Ahora que la familia de Saúl había sido destruida y no era amenaza para David, Mefi-boset pudo haber pensado que David buscaba también su muerte.

Pero David le dijo: "No tengas temor, porque yo a la verdad haré contigo misericordia por amor de Jonatán tu padre, y te devolveré todas las tierras de Saúl tu padre; tú comerás siempre a mi mesa". David trató a Mefi-boset como parte de la realeza. Después de todo, sí era el nieto de un rey, y David estaba en una relación de pacto con su padre. La vida de Mefi-boset fue transformada en un instante —esas son las buenas noticias— pero piense en todos los años que había vivido en la ciudad de Lodebar. Él estaba consciente, en cada momento, que era de la realeza; y más que eso, todo mundo sabía que David y Jonatán tenían un pacto; Mefi-boset sabía, en base a esto, que contaba con ciertos derechos. ¿Por qué no llegó al palacio diciendo: "Rey David, soy el hijo de Jonatán, estoy viviendo en la pobreza allá en Lodebar, y yo sé que fui creado para más que eso. Estoy aquí para reclamar lo que sé que me pertenece por medio del pacto que tuvo mi padre contigo"?

¿Por qué aceptó la mediocridad Mefi-boset? Logramos ver una pista en su reacción inicial ante David. Cuando David le dijo que iba a suplir sus necesidades, la Biblia dice que Mefi-boset respondió de esta manera: "¿Quién es tu siervo, para que mires a un perro muerto como yo?".[5] ¿Ve la imagen que él tenía de sí mismo? Él se veía como alguien derrotado, como un perdedor, como un perro muerto; se veía como un desterrado. Sí, era el nieto del rey, pero la imagen que tenía de sí mismo le detuvo de recibir los privilegios que eran legalmente suyos.

¿Cuántas veces no hacemos nosotros lo mismo? Nuestra propia imagen es tan completamente contraria a cómo Dios nos ve, que nos perdemos de lo mejor que Dios tiene para nosotros. Dios nos ve como campeones y nosotros nos vemos como perros muertos.

Así como Mefi-boset se tuvo que deshacer de esa mentalidad de "perro muerto", poniendo en su lugar una mentalidad próspera, usted y yo tenemos que hacer lo mismo. Es posible que usted haya cometido algunos errores en la vida, pero si usted se ha arrepentido con sinceridad y desde entonces ha hecho lo mejor para hacer lo correcto, ya no tiene que vivir con culpa y condenación. Quizá usted no sea todo lo que desea ser; puede ser que usted esté lisiado física, espiritual o emocionalmente. Eso no cambia el pacto de Dios con usted pues sigue siendo hijo del Dios Altísimo. Él todavía tiene grandes cosas planeadas para usted. Tiene que reclamar con confianza lo que le pertenece ya que a Dios no le trae placer verle vivir en su propio "Lodebar", en pobreza, con una autoestima muy baja, y con una mentalidad de perro muerto.

¿Cómo se sentiría usted si sus hijos tuvieran esa clase de mentalidad respecto a usted? Imagínese que es la hora de comer y usted ha trabajado diligentemente preparando una sabrosa comida. Los alimentos están en la mesa y usted está listo para comer, pero uno de sus hijos llega cabizbajo y rehusando sentarse a la mesa con la familia. Se arrastra debajo de la mesa, esperando que le caigan algunas migajas. Usted diría: "Hijo, hija, ¿qué estás haciendo? Levántate y toma tu lugar, he preparado todo esto para ti pues eres parte de la familia. Me ofendes cuando te comportas como un perro, mendigando unas cuántas migajas".

Dios nos dice algo parecido: "Eres parte de la familia, deja a un lado el queso y las galletas saladas. Levántate y recibe lo que te corresponde".

Victoria y yo tenemos unos sillones reclinables en nuestra habitación. Esos sillones son plenamente confortables y, de vez en vez, cuando quiero ver un partido, leer o simplemente estar a solas para pensar u orar, entro en mi cuarto, cierro la puerta y me acomodo en uno de esos sillones. Es un lugar buenísimo para relajarse.

Un día, llegué y no podía encontrar a mi hijo, Jonathan, en ningún lado. Tenía como cuatro años para esto, así que me preocupé un poco. Busqué en todos los sitios comunes: no estaba en su alcoba, ni en el cuarto de juegos, ni en la cocina. También salí y lo busqué en la cochera, pero no lo podía encontrar. Finalmente, me dirigí hacia mi recámara y percibí que la puerta estaba cerrada. Al abrirla, pude ver al pequeño Jonathan sentado en mi sillón, estaba reclinado, muy a gusto, con sus piernas estiradas. Tenía un recipiente de palomitas en una mano y el control remoto de la televisión en la otra. Lo miré y me sonreí, sintiendo alivio porque lo había encontrado.

Jonathan me miró y dijo: "Papi, esto es vida".

Difícilmente no me reí, pero el comentario de Jonathan me hizo sentir bien como papá. Me dio gusto que él se sintiera con suficiente confianza como para entrar hasta mi recámara y sentarse en mi sillón preferido. Me dio gusto ver que él sabía que era miembro de la familia y que todo lo que yo tenía era de él.

Amigo, ¿quiere hacer feliz a su Padre celestial? Entonces comience a sentarse a la mesa, comience a disfrutar de sus bendiciones, deje a un lado el queso y las galletas y entre al salón de banquetes. Ya no tiene que vivir con culpa y condenación; no tiene que vivir preocupado y lleno de temor. El precio ya se pagó, y su libertad va incluida en su boleto si sólo se levanta y toma su lugar. Súbase al sillón de papá, y desarrolle una mentalidad próspera, viéndose como la realeza que Dios le ha hecho.

CAPÍTULO 11

Sea feliz con quién es usted

Usted puede atreverse a ser feliz con quién es usted en este momento y aceptarse ¡con todo y faltas! Muchos de nosotros no lo percibimos, pero la raíz de muchos de los problemas sociales, físicos y emocionales es el simple hecho que las personas no se quieren a sí mismas. No están conformes con su aspecto físico, su manera de hablar o comportarse. No les gusta su personalidad y siempre se están comparando con otras personas, deseando ser algo diferente. "Si tan sólo tuviera la personalidad de…" "Si tuviera el físico de…" "Si no tuviera tan grandes las…" "Si tuviera más aquí y menos allá, entonces sería feliz."

No, usted puede estar contento en ser como Dios lo creó, y debe dejar de desear ser otra persona. Si Dios hubiera deseado que usted se viera como una estrella de cine, una modelo, un atleta famoso o cualquier otra persona, Él le hubiera hecho con esa apariencia. Si Dios hubiera querido que usted tuviera otra personalidad, Él le hubiera creado con esa personalidad.

Muchas personas se sienten inseguras con quiénes son, así que constantemente desean ganarse la aprobación de todo mundo para lograr sentirse mejor consigo mismos. Terminan viviendo su vida para complacer a otros, tratando de cambiar según los conceptos de ellos para ser aceptados. Se comportan de una forma para su jefe, de otra manera para su pareja, y de otra manera para sus amigos. Viven una vida ficticia, portando muchas máscaras y esperando poder complacer a todos. En esencia, no son leales a nadie, mucho menos a sí mismos.

Pero si usted desea disfrutar plenamente de su vida, tiene que aprender a ser la persona segura que Dios ha designado que sea. Entienda esto: No fue creado para copiar a otra persona, fue creado para ser usted. Cuando se la vive imitando y deseando ser como otra persona, no solamente se está menospreciando a sí mismo, sino que eso también le roba su diversidad, su creatividad y su singularidad.

Dios no quiere un montón de clones, le gusta la diversidad, y usted no debería de permitir que las otras personas le presionen o le hagan sentirse mal consigo mismo porque no cabe en la imagen que tienen ellos de quién debería ser usted. Algunas personas pasan la mayoría de su tiempo tratando de ser alguien más. ¡Qué necio!

Sea un original, no una copia. Atrévase a ser diferente; siéntase seguro en la persona que Dios le hizo y después salga y sea el mejor "usted" que pueda ser. No se tiene que ver o comportar como ninguna otra persona. Dios le ha dado a cada uno diferentes dones, talentos y personalidades intencionalmente. En realidad no necesita la aprobación de nadie para hacer lo que Dios quiere que haga.

Claro que siempre debe estar abierto a los buenos consejos. No estoy sugiriendo que debe ser necio o rebelde, ni tampoco estoy diciendo que usted camine de la libertad hasta el libertinaje en su vida espiritual. Nunca tenemos permiso de vivir una vida pecaminosa, pero sí contamos con la bendición de Dios para ser personas con confianza, no permitiendo que las presiones exteriores nos moldeen en algo o alguien que no somos. Si usted se quiere peinar de cierta manera, es su derecho; no tiene que pedirles permiso a todos sus amigos antes para asegurarse de que esté bien. Tenga seguridad en usted mismo. Si usted quiere cantar en el coro de la iglesia o comenzar un nuevo negocio o comprar un auto nuevo o una casa nueva, no necesita la aprobación de nadie más antes de hacer lo que Dios quiere que haga. Esta debería ser su actitud: *Tengo confianza y seguridad en quién soy. No viviré mi vida fingiendo, deseando ser otro, intentando caber en el molde de todos los demás. Soy libre para correr mi propia carrera.*

¡Tiene permiso de ser usted mismo! No es un accidente que Dios le haya creado como es. Él se esmeró en asegurar que cada uno de nosotros fuese un original. No nos deberíamos de sentir mal porque nuestra personalidad, gustos, pasatiempos o aún nuestras proclividades espirituales no son las mismas que los demás. Algunas personas son enérgicas y abiertas mientras que otras son más tímidas y calmadas. A algunas personas les gusta vestir traje y corbata y otras se sienten más a gusto con unos pantalones de mezclilla. Algunas personas cierran sus ojos y alzan los brazos cuando alaban a Dios y otras le alaban de una manera menos expresiva. ¿Y sabe qué? ¡A Dios le gusta de todo! A Dios le fascina la variedad.

No piense que usted tiene que caber en el molde de otra persona e, igualmente, no se frustre cuando las otras personas no caben en los suyos. Sólo sea la persona que Dios le hizo.

Es interesante, porque Victoria y yo somos opuestos de muchas maneras. Yo soy una persona muy rutinaria, extremadamente organizada y estructurada. Me levanto a la misma hora cada día, hago las mismas cosas, mantengo el mismo horario cada semana. Frecuento los mismos restaurantes y como la misma comida. ¡Casi nunca tengo que ver el menú, porque ya sé que pediré lo que siempre pido! En cambio, a Victoria no le gusta llevar una rutina, a ella le gusta la variedad, pues es abierta, activa, divertida, aventurera y audaz. ¡Uno nunca sabe lo que hará! Mi oración siempre es: "¡Por favor, Señor, no permitas que la arresten!"

Y esto es lo maravilloso: ¡Dios la hizo así! Una de las razones por las que tenemos una buena relación es porque no me la paso intentando cambiarla, y ella no me hace sentir mal por ser quien yo soy, ni me regaña porque no soy exactamente como ella. Hemos aprendido a valorar nuestras diferencias y a disfrutar cómo somos, como individuos creados por Dios.

Y a través de todo, nos balanceamos. Yo soy estructurado y rutinario; ella es divertida y aventurera. Sin ella, mi vida sería aburrida; sin mí, ¡ella estaría en la prisión! (Sólo estoy bromeando.)

Aprenda a valorar las diferencias

La verdad es que tenemos que aprender a valorar nuestras diferencias. No intente apretujar a todos para que quepan en su caja, y no permita que nadie le cambie su estilo. Claro que siempre aprendemos de otras personas, y en ocasiones necesitamos estar dispuestos a cambiar, pero no necesita sentirse inseguro porque no tiene las mismas características físicas, emocionales o intelectuales que otra persona. Sea feliz con la forma que Dios le hizo.

La razón por la cual hay tantas personas descontentas con quiénes son hoy día es porque se comparan con alguien más. Ya sabe cómo es. Sale perfectamente contento, pero luego ve uno de sus compañeros de trabajo llegar en un carro del año. Comienza a pensar: *Como quisiera tener un carro nuevo. Aquí me tienes, conduciendo esta chatarra*. Muy pronto, ya se le voló el buen humor, y se siente desanimado y descontento. O posiblemente ve a una amiga entrar y viene acompañada de su esposo muy guapo que parece haber salido de una revista de modas. Luego mira a su esposo… y… bueno, ya sabe de lo que hablo.

Pero es igual de tonto comparar a su pareja con la de otro como lo es comparar su talento, habilidad o educación con la de otra persona. Esa clase de comparaciones casi siempre es contraproducente, causa que pierda su gozo. Sólo corra su carrera y no se preocupe de ninguna otra persona.

Hace poco, vi a un ministro en la televisión que platicaba cómo se levantaba cada mañana a las cuatro de la mañana para orar por dos horas. Mi primera reacción fue pensar: *Oh, cielos, yo no oro por dos horas cada día, y definitivamente no me levanto tan temprano.* Entre más lo pensaba, ¡peor me sentía!

Después de un tiempo, me controlé y dije: "Eso está muy bien para él, pero gracias a Dios, ¡no es lo mejor para mí! Yo correré mi carrera, y no me sentiré culpable o mal conmigo simplemente porque no estoy haciendo lo que él hace".

Dios tiene un plan particular para cada una de nuestras vidas. Sólo porque algo le funciona a uno no quiere decir necesariamente que funcionará para usted. Dios nos da a cada uno una gracia especial para hacer lo que Él nos ha llamado a hacer, y si cometemos el error de copiar a otras personas, estaremos frecuentemente frustrados, vamos a malgastar mucho tiempo y energía, pero peor aún, ¡posiblemente nos perdamos de todo lo bueno que Dios tiene preparado para nosotros!

Yo he visto a mamás que siempre están llevando a sus hijos de un lado para otro, invirtiendo mucho tiempo en ellos. Sus hijos están involucrados en cada deporte y club, y normalmente eso es excelente, pero algunas personas simplemente quieren copiar a otra, o inscriben a sus hijos en toda clase de actividades por un sentimiento de culpa o condenación. Algunos padres están tan frenéticos y fatigados por querer mantener el mismo nivel que las personas a la par (las que están a su par, ¡y no a la de sus hijos!), que se están perdiendo del porqué de estos programas. Además, ¡tanto correr de un lado a otro está cansando demasiado a mamá y papá!

Les tengo buenas noticias: Usted no se tiene que mantener a la par de nadie. Usted puede correr su propia carrera y ser un individuo. Dios le ha dado la gracia para hacer lo que Él le ha llamado a hacer y no le ha dado la gracia para hacer lo que todos los demás están haciendo. Usted no tiene que ser la mejor mamá del mundo, sólo sea la mejor mamá que usted puede ser.

Posiblemente, yo nunca seré el mejor pastor del mundo. Quizá no seré el mejor esposo ni el mejor padre, pero he decidido ser lo mejor que *yo* puedo ser y no me sentiré mal conmigo. Si otra persona puede hacer lo que hago mejor que yo, que bueno, yo no estoy en una competencia ni me estoy comparando con nadie. A mi manera de pensar, ¡yo soy el mejor! Y sé que estoy haciendo lo mejor que puedo.

Eso es lo que nos enseña la Escritura. Dice: "Así que, cada uno someta a prueba su propia obra…".[1] En otras palabras, deje de ver lo que todo mundo está haciendo y corra su propia carrera, puede estar orgulloso de usted mismo sin la necesidad de compararse con nadie más. Si usted corre su carrera y es lo mejor que usted puede ser, entonces se podrá sentir bien consigo mismo.

Sea lo mejor que *usted* puede ser, entonces se podrá sentir bien consigo mismo.

Es cierto que usted enfrentará muchísima presión de hacer lo que todo mundo está haciendo, con el propósito de complacer a todos y de alcanzar todas sus expectativas, pero si no tiene cuidado, su vida puede llegar a ser como un borrón, una insípida imitación del original. No tiene que tener contentos a todos, necesita complacer a Dios. La verdad es que si usted piensa correr su propia carrera, es posible que no siempre pueda llenar la expectativa de todos. No puede ser todo para todos, tendrá que aceptar el hecho de que algunas personas no le tendrán en alta estimación. No todos estarán de acuerdo con cada decisión que tome. Probablemente no logrará tener contenta a cada persona en su vida, pero no puede permitir que la presión, la expectativa de otros le detengan de hacer lo que usted sabe que Dios quiere que haga.

Melanie es una mujer inteligente quien hace un excelente trabajo de equilibrar sus responsabilidades como esposa y madre con su deseo de tener una carrera fuera del hogar, pero se siente cada vez más presionada de seguir subiendo los escalones en la compañía donde trabaja. Cuando se presentó la oportunidad de ascender a una nueva posición, su jefe la animó a aceptar la promoción. Su esposo estaba de acuerdo y Melanie sabía que era una gran oportunidad, sin embargo, algo la detenía. No sentía paz sobre aceptar la nueva posición. No quería trabajar en un ambiente lleno de estrés, y además, se sentía realizada y contenta en su posición actual. Era muy competente en su trabajo, disfrutaba su carrera y podía trabajar horas flexibles, cosa que le permitía pasar bastante tiempo con su familia.

"Me siento honrada que me quieren ascender", dijo Melanie. "Pero estoy muy contenta como están ahora las cosas. Sin embargo, temo desairar a todos si no acepto este nuevo trabajo, siento que no estaré llenando sus expectativas de mí si rehúso ascender. ¿Qué piensa que debería hacer?"

"Melanie, no le puedes dar gusto a todos los demás", le dije. "Y aunque esas personas no te quieren perjudicar y puede ser que aun desean lo mejor para ti, sólo tú sabes muy dentro lo que está bien para ti. Tienes que aprender a seguir tu corazón. No puedes permitir que la presión de otras personas haga que tú seas algo que no eres. Si deseas gozar del favor de Dios en tu vida, tienes que ser la persona que Él creó que fueras, no la persona que tu jefe quiere que seas, ni la persona que tus amigos quieren que seas, ni aun la persona que tus padres o tu esposo quieren que seas. No puedes permitir que una expectativa exterior te detenga de seguir tu propio corazón."

Melanie declinó la oferta de la nueva posición, y ella, junto con su familia, está muy bien. En el caso de ella, una promoción hubiera sido un paso hacia atrás.

Busque buenos consejos

Al enfrentar alguna decisión difícil u opciones inseguras, es beneficioso buscar el consejo de alguien que respeta. Es cierto que la Biblia dice que hay seguridad en la multitud de consejos, y nunca debemos ser obstinados ni inflexibles.[2] Siempre debemos estar abiertos y dispuestos a seguir un consejo. Aunque, después de haber orado sobre algo y visto todas las opciones, si todavía no siente paz al respecto, tenga la confianza de tomar la decisión que es la correcta para usted. Si está intentando complacer a todo el mundo haciendo cosas que realmente no quiere hacer, para no ofender a nadie o para mantener contento a todos, se estará robando a usted mismo. Puede correr en círculos intentando ser algo que no es, y corre el riesgo de perderse de lo mejor que Dios tiene para su propia vida.

Es posible recibir demasiado consejo y si no tiene cuidado, opiniones conflictivas simplemente producirán confusión. Hay ocasiones cuando los amigos que le están dando consejo ni pueden gobernar bien su propia vida, ¡pero con mucho gusto le dirán cómo vivir la suya! Escoja con cuidado las personas que usted permitirá que influyan en sus decisiones. Asegúrese de que las personas que le estén dando consejos saben de lo que hablan y que son individuos que se han ganado su respeto a causa de su sabiduría. Además, las personas que se sienten seguras de sí mismas se guían por su dirección interna un 75% de las veces y por una dirección externa sólo un 25% del tiempo. Eso quiere decir que para la mayoría de las decisiones que tenga que tomar, no debería de contar con el consejo ni aprobación de todos los demás. Necesita seguir su propio corazón conforme sea alumbrado por la Palabra de Dios y hacer lo que siente que sea lo mejor para usted.

De igual manera, padres, ustedes no deberían presionar a sus hijos para que cumplan con sus sueños. Deberían permitir que ellos sigan los sueños que Dios ha colocado en sus propios corazones. Desde luego que es bueno darles dirección y guía, pero no sean controladores ni manipuladores. No pongan una expectativa irreal sobre sus hijos.

Uno de los aspectos que aprecio mucho de mis padres al criar a mis hermanos y a mí es que nunca planearon nuestras vidas. Claro que nos apuntaban en la dirección correcta, ofreciendo consejos y sabias advertencias. Nos ayudaron a ver dónde se encontraban nuestros dones y talentos, aun aquellos que se encontraban escondidos. Siempre nos permitieron cumplir con nuestros propios sueños. Desde muy pequeño, yo sabía que mi papá quería que yo predicara, pero yo nunca tuve ese deseo, y a pesar de su desilusión, mi papá nunca me forzó a predicar. Nunca me hizo sentir culpable o que era menos porque no estaba haciendo exactamente lo que él quería que hiciera. De hecho, muy seguido él me decía: "Joel, yo quiero que cumplas tus sueños para tu vida, no mis sueños para tu vida". Hoy día, puedo predicar con la libertad de saber que no hago algo para complacer a mi padre o a algunos miembros familiares; estoy haciendo lo que place a Dios.

¿Está siendo la persona que Dios hizo en usted?

¿Está siendo la persona que Dios hizo en usted? ¿O se la pasa fingiendo, intentando ser lo que todos los demás quieren que sea, viviendo sus expectativas y siguiendo sus sueños para su vida? Cuando mi papá se fue con el Señor y comencé a pastorear en Lakewood Church, una de mis mayores preocupaciones era preguntarme cómo me aceptarían todos ya que mi papá había estado allí por cuarenta años y todos estaban acostumbrados a él. Su estilo y personalidad eran muy diferentes a los míos. Mi padre era un predicador emocionante, siempre muy enérgico y avivado mientras que yo soy un poco más calmado.

Una noche me encontraba orando, preguntándole a Dios lo que debería hacer. "¿Debería ser más como mi padre? ¿Debería de imitar su estilo? ¿Debería de predicar sus mensajes?" Y muchas preguntas más. Estaba muy preocupado al respecto, pero el Señor me habló, no en voz audible, pero en mi corazón, diciendo: *Joel, no vayas a imitar a nadie, sólo sé tú mismo, sé la persona que yo he creado que seas. Yo no quiero una copia de tu papá, quiero un original.*

¡Esa verdad me liberó!

Me encanta el recordatorio del libro de Josué. Acababa de morir Moisés, y Dios quería que Josué tomara su lugar como el líder de su pueblo. Dios le dijo a Josué: "Así como estuve con Moisés, también estaré contigo". Fíjese que no dijo: "Josué, tienes que ser exactamente como Moisés, y así estarás bien". No, Dios le dijo a Josué: "Sé un original, sé la persona que he creado que seas, y entonces tendrás éxito".

Uno de los secretos de cualquier éxito que puedo haber tenido en Lakewood —y yo sé que todo viene de Dios— sería que he caminado en mis propios zapatos. No he tratado de llenar los zapatos de mi papá ni de nadie más, no he querido ser algo que no soy ni he querido imitar a otra persona. No me subo a la plataforma para comportarme de una manera, y después ser diferente en mi casa. No, conmigo, lo que usted ve, es quién soy. Es lo único que requiere Dios que sea.

Y también es lo único que requiere de usted. Si aprende a ser el original que Dios creó, Él le llevará a lugares donde sólo soñaba estar. Puede ser que tenga algunas faltas, algunas áreas que usted y Él necesitan mejorar, pero recuerde que Dios está en el proceso de cambiarle. Si tan sólo puede ser feliz con quién Dios le hizo ser y toma la decisión de que será lo mejor que puede, Dios derramará su favor sobre su vida, y usted vivirá esa vida victoriosa que Él tiene para usted.

PARTE 3

DESCUBRA EL PODER DE SUS PENSAMIENTOS Y PALABRAS

CAPÍTULO 12

Escoja los pensamientos correctos

Una guerra se desata a su alrededor, sin embargo, sorprendentemente, usted no se ha dado cuenta de ella. La lucha no es por algún terreno o por los recursos naturales como gas, petróleo, oro o agua. El premio a ganar en esta guerra tiene mucho más valor que eso. La batalla es por su mente.

El tercer paso que usted debe tomar si quiere vivir a su pleno potencial es *descubrir el poder de sus pensamientos y palabras*. Hablemos en primer lugar de sus pensamientos.

El blanco principal de su enemigo está ubicado en la arena de sus pensamientos.[1] Él sabe muy bien que si logra controlar y manipular cómo piensa, podrá controlar y manipular cada área de su vida. Claro está que los pensamientos determinan las acciones, las actitudes y la imagen propia. En realidad, los pensamientos determinan su destino, por eso es que la Biblia nos advierte que debemos guardar nuestra mente. Debemos tener muchísimo cuidado no tan sólo con lo que ingerimos por nuestros ojos y oídos, pero también con lo que pensamos. Si medita en pensamientos deprimentes, vivirá una vida deprimida. Si de continuo se deja llevar por pensamientos negativos, usted siempre será atraído a personas, actividades, filosofías y estilos de vida negativos. Su vida siempre seguirá a sus pensamientos.

Funcionamos casi como un imán, atrayendo aquello que siempre está en nuestros pensamientos. Si constantemente está pensando en cosas positivas, alegres y gozosas, usted será una persona positiva, alegre y gozosa, y atraerá a otras personas alegres y positivas.

Nuestros pensamientos también afectan nuestras emociones, nos sentiremos exactamente cómo estamos pensando. Nunca estará alegre si primero no tiene pensamientos alegres. De la misma manera, es imposible permanecer desanimado al menos que primero haya tenido pensamientos de desánimo. Una gran parte del éxito o fracaso en la vida comienza en nuestra mente y es influenciada por lo que nos permitimos pensar.

Fije su mente en cosas más altas

Aunque muchas personas no lo saben, nosotros podemos escoger nuestros pensamientos. Ninguna persona puede hacernos tener un pensamiento sobre algo. Dios no lo hará, y el enemigo no puede hacerlo. Usted decide cuáles son las cosas que fomentará en su mente. El hecho de que el enemigo haya sembrado un pensamiento negativo, de desánimo, no es para decir que usted tiene que "regar" aquella semilla, nutrirla, cuidarla y ayudarla a crecer.

No, usted puede decidir tirarla y desecharla de su mente. Es cierto que su mente es como una computadora gigante ya que su cerebro guarda cada pensamiento que jamás haya tenido. Eso puede producir ánimo si está buscando las llaves de su auto, pero no son noticias tan buenas cuando considera la cantidad de obscenidad, malas palabras, ideas mundanas y toda clase de negatividad que nos asalta cada día de nuestra vida. Sin embargo, el hecho de que un pensamiento destructivo esté guardado en su computadora mental no es para decir que debe hacerlo funcionar en la pantalla principal de su mente.

Si comete ese error y se encuentra meditando en él, ese pensamiento afectará sus emociones, sus actitudes y —si permite que corra libre en su mente— inevitablemente afectará sus acciones. Será mucho más propenso a desanimarse y deprimirse, y si continua reflexionando en el mismo pensamiento negativo, corre el riesgo de que le robe su energía y fuerza. Perderá su motivación de seguir avanzando en una dirección positiva.

Entre más ponderamos las mentiras del enemigo, más basura estaremos permitiendo que él coloque en nuestra mente. Haga de cuenta que hemos abierto de par en par la puerta y puesto un señalamiento que diga: "¡Aquí se recolecta basura!"

Cualquiera puede estar desanimado y deprimido temporalmente. La vida es difícil, y en ocasiones nos afecta. A todos nos tumba de vez en cuando, pero no necesita quedarse abajo. Si usted está deprimido, tiene que entender que nadie le está *obligando* a estar deprimido,[2] y si usted no está contento, nadie le está obligando a estar infeliz. Si usted está negativo y tiene una mala actitud, nadie le está forzando a estar aburrido, a no cooperar, ser sarcástico o mal humorado. Usted está decidiendo permanecer en esa condición, y el primer paso para salir del lío es reconocer que la única persona que puede mejorar la circunstancia, ¡es usted!

Tenemos que asumir la responsabilidad por nuestras propias acciones. Mientras seguimos inventando excusas y echándole la culpa a la familia, a nuestro medio ambiente, a las relaciones anteriores con otras personas, a nuestras circunstancias, y atribuyéndole la culpa a Dios, a Satanás, y a cualquier *cosa* o *persona*, nunca estaremos verdaderamente libres y emocionalmente sanos. Tenemos que reconocer que, hasta cierto punto, podemos controlar nuestro propio destino.

Algunas personas dicen: "Bueno, es que mis circunstancias me tienen desanimado. Usted no sabe por lo que estoy pasando".

La verdad es que sus circunstancias no son lo que lo tiene desanimado, sino sus *pensamientos* acerca de sus circunstancias. Por otro lado, usted puede encontrarse en una de las luchas más grandes de su vida y todavía estar lleno de gozo y paz y victoria, si tan sólo aprende a escoger los pensamientos que le convienen. Es hora de considerar lo que está pensando.

Es hora de considerar lo que está pensando.

¿Sobre qué clase de cosas permite que se detenga su mente? ¿Se enfoca solamente en sus problemas? ¿Constantemente está pensando cosas negativas? La manera que usted percibe la vida afecta muchas cosas, ¡especialmente a usted!

Obviamente, no podemos ignorar los problemas y no aceptar la realidad, fingiendo que nunca nos sucede nada malo a nosotros. Eso es poco realista. En ocasiones a las personas buenas les sucede lo malo, así como a una persona mala le puede suceder lo bueno. La pretensión no es la salida; ni tampoco el jugar juegos semánticos para aparentar ser más espiritual. Si está enfermo, está bien admitirlo; pero mantenga sus pensamientos en el Sanador. Si su cuerpo está cansado, si su espíritu está agotado, bien; todos entendemos eso. En ocasiones la cosa más espiritual que puede hacer es descansar, pero mantenga sus pensamientos en Aquel que ha prometido que "…los que esperan a Jehová tendrán nuevas fuerzas…".[3]

A todos nos llegan los momentos difíciles. Jesús dijo: "En el mundo tendréis aflicción; pero confiad, yo he vencido al mundo".[4] No estaba diciendo que los momentos dificultosos no llegarían; Él estaba diciendo que cuando lleguen, podemos escoger cuál será nuestra actitud al respecto. Podemos decidir creer que Él es mayor que nuestros problemas; podemos escoger los pensamientos correctos.

Conforme medita en las promesas de la Palabra de Dios, será lleno de esperanza. Se desarrollará una actitud positiva de fe, y llegará a usted la victoria. Así como un imán atrae el metal, usted atraerá las cosas buenas de Dios.

Muchas personas dicen: "Bueno, en cuanto cambie mi situación, me alegraré. En cuanto salga de este lío, tendré una mejor actitud".

Lamentablemente, eso no sucederá. Tiene al revés el proceso: Primero se tiene que alegrar, entonces Dios puede cambiar su situación. Mientras abrigue esa manera pobre y fracasada de ver las cosas, usted continuará viviendo una vida pobre y fracasada.

Es interesante que la Escritura dice: "En cuanto a la pasada manera de vivir, despojaos del viejo hombre…" Dice: "…y renovaos en el espíritu de vuestra mente, y vestíos del nuevo hombre…".[5] No puede quedarse inactivo y esperar que esta nueva persona aparezca de repente; ni tampoco puede vivir con una mentalidad negativa y esperar que algo mejore. No, tiene que despojarse de esos viejos pensamientos negativos y vestirse de una nueva actitud. En otras palabras, usted tiene que cambiar su manera de pensar y tiene que comenzar a meditar en las bendiciones y promesas de Dios. Cuando pierde su enfoque y comienza a morar en los pensamientos negativos, se vuelve muy fácil desanimarse.

El primer lugar donde tenemos que ganar la victoria es en nuestras propias mentes. Si usted cree que nunca podrá tener éxito, entonces nunca lo tendrá; si usted piensa que su cuerpo no puede ser sanado, nunca lo será; si usted no cree que Dios puede cambiar su situación, entonces probablemente no lo hará. Recuerde: "Porque cual es su pensamiento en su corazón, tal es él".[6] Cuando tiene pensamientos de fracaso, está destinado a fracasar; cuando tiene pensamientos de mediocridad, usted está destinado a vivir una vida de "muy apenas" y de mediocridad. Pero amigo, cuando usted alinea sus pensamientos con los pensamientos de Dios y comienza a meditar en las promesas de su Palabra, cuando constantemente piensa en su victoria, favor, poder y fuerza, nada lo detendrá. Cuando usted tenga pensamientos positivos y excelentes, será impulsado hacia la grandeza, destinado para recibir inevitables incrementos, ascensos y las bendiciones sobrenaturales de Dios.

Cuando usted tenga pensamientos positivos y excelentes, será impulsado hacia la grandeza.

Debemos decidir continuamente que mantendremos nuestra mente en cosas más altas. La Biblia dice: "Poned la mira en las cosas de arriba…".[7] Fíjese que nuevamente se trata de algo que nosotros debemos hacer: escoger de continuo, día tras día, veinticuatro horas al día, fijar nuestra mente en las cosas de arriba. ¿Cuáles son las cosas de arriba, las más altas? Sencillamente, son las cosas positivas de Dios. El apóstol Pablo nos provee de una excelente lista que nos puede guiar a evaluar nuestros pensamientos: "…todo lo que es verdadero, todo lo honesto, todo lo justo, todo lo puro, todo lo amable, todo lo que es de buen nombre; si hay virtud alguna, si algo digno de alabanza, en esto pensad".[8]

Las personas a veces bromean conmigo: "Joel, ¡hablas tanto sobre ser positivo!" ¡Pero Dios es positivo! No existe nada negativo en Él. Si quiere vivir según lo que Dios ordena y ser la persona que Él quiere que sea, tiene que alinear su visión con la de Él y aprender a vivir con una mentalidad positiva. Aprenda a buscar lo mejor en cada situación.

No importando lo que esté pasando, si usted se esfuerza y mantiene la actitud correcta, podrá encontrar algo bueno al respecto. Si lo despiden de su trabajo, puede decidir si será negativo y estará amargado y culpará a Dios; o, puede decir: "Dios, yo sé que tú estás en control de mi vida, y cuando una puerta se cierra, tú siempre abres una puerta más grande y mejor. Así que, Padre, estoy ansioso por ver lo que tú tienes planeado para mí".

Cuando se encuentra en un embotellamiento, puede escoger estar enojado y desesperado, o puede decidir decir: "Padre, tú dijiste que todas las cosas ayudan a bien a los que aman al Señor. Así que, te doy gracias por guiarme y protegerme y mantenerme en tu perfecta voluntad".

Tiene que tomar la decisión de mantener su mente fija en las cosas de arriba. No sucederá automáticamente, tiene que tomar la determinación y hacer el esfuerzo si quiere lograr que su mente esté fija en las cosas buenas de Dios y así experimentar lo mejor de lo que Él tiene para usted.

Durante el tiempo de adversidad, durante los momentos de retos personales hay que tener cuidado especial. Cuando llegan los problemas, es común que los primeros pensamientos que llegan a nuestra mente no son pensamientos de arriba, no son pensamientos positivos; nos vemos bombardeados por los pensamientos negativos por todos lados. En ese momento, tenemos que decidir si confiaremos en Dios para lo bueno y no permitir que nos desanimemos o rindamos.

Nuestra mente es similar a la transmisión de nuestro automóvil. Tenemos una velocidad para avanzar, y contamos con una velocidad para caminar en reversa; podemos escoger en qué dirección queremos ir. El esfuerzo para avanzar es igual que para ir hacia atrás. Todo tiene que ver con el proceso de la decisión. De manera similar, nosotros determinamos, por medio de nuestras decisiones, para dónde irá nuestra vida. Si escoge mantener su enfoque sobre lo positivo y fijar su mente en lo bueno de Dios, todas las fuerzas de maldad no lograrán detener su avance hacia el cumplimiento del destino que Dios tiene para usted. Pero si comete el error de meditar en lo negativo, fijándose en sus problemas y sus imposibilidades, es como poner el coche en reversa y alejarse de la victoria que Dios tiene para usted. Tiene que decidir en qué dirección desea ir.

Enfoque lo positivo

Escuché el cuento de dos agricultores; uno era positivo y el otro era negativo. Al caer lluvia sobre la tierra, el agricultor positivo dijo: "Gracias, Señor, por regar nuestras siembras".

El agricultor negativo dijo: "Sí, pero si sigue esta lluvia, se pudrirán las raíces y nunca tendremos cosecha".

Salió el sol y el agricultor positivo dijo: "Gracias, Señor, por el sol. Nuestras cosechas reciben las vitaminas y minerales que les hace falta. Tendremos una cosecha magnífica este año".

El agricultor negativo dijo: "Sí, pero si sigue soleado, se quemarán las plantas. Nunca podremos mantenernos así".

Un día, los dos agricultores salieron juntos a casar gansos, y el agricultor positivo se trajo su perro de cacería nuevo. Estaba tan orgulloso de aquel perro, y ansiaba demostrar su destreza. Salieron en una barquita y esperaron. Antes de que pasara mucho tiempo, un ganso muy grande les sobrevoló. *¡Bum!* El agricultor positivo le dio al pájaro y cayó en medio del lago. Volteó con su amigo y dijo: "Ahora, mira lo que este perro puede hacer". Ese perro saltó de la barca y *corrió por encima del agua*, tomó el ganso, corrió de regreso sobre el agua hasta llegar a la barca y depositar intacto al ganso. El agricultor positivo estaba sonriendo de oreja a oreja. Volteó con su amigo y dijo: "¿Qué pensaste de eso?"

El agricultor negativo meneó la cabeza con disgusto. "Es justo lo que pensaba", dijo él. "¡Ese perro ni puede nadar!"

Claro que el cuento es una broma, ¿pero no conoce a personas así? Siempre se enfocan en lo negativo. Si tiene que estar al lado de un pesimista, ¡cuídese de ser infectado con sus actitudes negativas!

Mantenga su enfoque en las cosas positivas de la vida. Los psicólogos están convencidos de que nuestra vida se mueve en la dirección que domina nuestros pensamientos. Si pensamientos de gozo, paz, victoria, abundancia y bendiciones son los que predominan en su pensar durante el día, usted se dirigirá hacia aquellas cosas, atrayéndolas también hacia usted a la misma vez. Su vida seguirá sus pensamientos.

Cuando sus pensamientos han sido dirigidos en una cierta dirección por mucho tiempo, haga de cuenta que ha estado escarbando un cauce profundo de un río, y el agua puede fluir en una sola dirección. Imagínese a una persona que tiene el hábito de pensar negativamente mes tras mes, año tras año. Con cada pensamiento negativo, está haciendo más profundo el cauce. La corriente acelera, haciéndose más fuerte entre más fluye y después de un tiempo, la corriente está tan fuerte que cada pensamiento que sale del río es negativo; es la única dirección que fluye el agua. La persona ha programado su mente para tener un patrón negativo de pensamiento.

Lo bueno es que podemos cavar un río nuevo, uno que fluye en una dirección positiva. La manera que hacemos eso es un pensamiento a la vez. Cuando medita en la Palabra de Dios y comienza a ver lo mejor de cada situación, poco a poco, un pensamiento a la vez, está cambiando la dirección de la corriente de ese río. Al principio, sólo un poco de agua cambiará de dirección de toda la corriente negativa que existe, y fluirá a la corriente positiva. No parecerá mucho de principio, pero conforme vaya rechazando pensamientos negativos y cambiando la corriente, conforme escoja la fe en lugar del temor, esperando cosas buenas y tomando control de sus pensamientos, entonces poco a poco esa corriente negativa se secará y el río positivo fluirá con mucho más fuerza. Si usted puede seguir haciendo eso, ese antiguo río negativo se secará, y usted descubrirá un río completamente nuevo fluyendo con pensamientos positivos y llenos de fe y de victoria.

De vez en cuando, posiblemente sea tentado a tener un pensamiento de desánimo, tal como: "Nunca lo lograrás; tus problemas son demasiado grandes, no son superables".

En los días pasados, usted regresaría al mismo río negativo y pensaría: Ay de mí. ¿Qué voy a hacer? Dios, ¿cómo voy a salir de este lío?

Pero en esta ocasión no lo hará porque tiene un nuevo río que está fluyendo. Puede levantarse y decir: "No, mayor es el que está en mí que el que está en el mundo. Todo lo puedo hacer por medio de Cristo, y yo estoy saliendo de esto".

Usted puede comenzar a usar los recursos de ese nuevo río, y cada vez que lo haga, estará cavando un poco más hondo el nuevo río positivo, y esa agua fluirá con más libertad.

Los pensamientos negativos le atacan: Nunca lograrás salir de deudas. Nunca tendrás éxito. Siempre vivirás en la pobreza y con escasez.

Antes hubiera regresado a ese río deprimente y hubiera dicho: "Pues, sí, mi familia siempre ha sido pobre y nunca ha habido alguien exitoso, supongo que es mi destino en la vida".

Pero no lo hará esta vez. Ahora, regrese a ese río positivo de la fe y diga: "Te doy gracias, Padre, que me has llamado a ser la cabeza y no la cola; estoy encima y no debajo. Tú dijiste que podré prestar dinero y no tendré que pedir prestado. Tú dijiste que prosperará todo lo que emprenda, así que, Padre, te doy gracias porque soy bendecido y no puedo ser maldecido".

¿Qué está haciendo? Está metiendo un programa nuevo a su mente.

Amigo, no sea pasivo, permitiendo que pensamientos negativos, de crítica, pesimistas influyan en su vida. Aprenda a enfocar lo bueno; reprograme su forma de pensar. La Biblia nos dice que debemos ser "transformados por medio de la renovación de vuestro entendimiento".[9] Si usted transforma su mente, Dios transformará su vida.

Si usted transforma su mente, Dios transformará su vida.

Seamos realistas. Quizá usted cavó un río muy profundo de negatividad, y para cambiarlo hace falta una voluntad muy fuerte. Ese río no se formó de un día para otro, ni tampoco podrá ser cambiado sin un esfuerzo consciente y arduo de su parte. Dios le ayudará, pero usted tendrá que tomar buenas decisiones cada día, tomando lo bueno y rechazando lo malo. Decida mantener su mente fija en las cosas buenas de Dios y comience a esperarlas. Levántese cada mañana sabiendo que Dios tiene grandes cosas preparadas para usted. Al salir de la cama, diga: "Padre, estoy emocionado por el día de hoy; este es el día que tú hiciste; me gozaré y estaré alegre en él. Dios, yo sé que tú premias a los que te buscan, así que te doy gracias por adelantado por las bendiciones, el favor y la victoria que recibiré de tu mano el día de hoy". Después salga y viva con esperanza; viva con fe.

Nuestros pensamientos tienen enorme poder. Recuerde, atraemos a nuestra vida lo que constantemente está en nuestros pensamientos. Si siempre estamos pensando en lo negativo, atraeremos a personas, experiencias y actitudes negativas. Si siempre estamos pensando en nuestros temores, atraeremos más temor. Usted está determinando la dirección que tomará su vida por medio de sus pensamientos.

Es suya la decisión. No tiene que fomentar cada pensamiento que llega a su mente. Lo primero que debe hacer es averiguar de dónde viene ese pensamiento. ¿Ese pensamiento proviene de Dios, de usted o es algo destructivo que el enemigo ha mandado?

¿Cómo puede saber? Es fácil. Si es un pensamiento negativo, es del enemigo. Si es un pensamiento que produce desánimo o es destructivo; si produce temor, preocupación, duda o incredulidad; si es un pensamiento que le hace sentirse débil, inadecuado o inseguro, le puedo garantizar que ese pensamiento no es de Dios. Tiene que tratar con él de inmediato.

La Biblia dice: "...derribando argumentos y toda altivez que se levanta contra el conocimiento de Dios, y llevando cautivo todo pensamiento a la obediencia a Cristo...".[10] Simplemente quiere decir: No se estanque en él, deshágase de él inmediatamente. Decida pensar en algo positivo. Si comete el error de pensar demasiado en las mentiras del enemigo, permite que aquella semilla negativa tome raíz. Y entre más lo piensa, más crecerá, creando una fortaleza del enemigo en su mente desde donde pueden ser iniciados los ataques. El enemigo llenará su mente día y noche con conceptos como estos: *Nunca tendrás éxito. Ninguna persona de tu familia ha hecho algo con su vida. No eres lo suficiente inteligente. Tus padres eran pobres. Tu abuela siempre estaba deprimida. Tu abuelo siempre se salía de sus trabajos. ¡Aún tu mascota el perro siempre estaba enfermo! Es que naciste en la familia equivocada.*

Si usted se cree esa clase de mentiras, usted colocará barreras en su vida que serán casi imposibles de superar. Tiene que tener el hábito de echar abajo los pensamientos del enemigo y comenzar a creer lo que Dios dice tocante a usted. Dios no se ve limitado por su genealogía, ni por su educación, su posición social, su estado económico o su raza. No, la única cosa que limita a Dios es la falta de fe suya.

Con Dios, nadie proviene del lugar equivocado. Si pone su confianza en Él, Dios hará que su vida sea significativa. Dios anhela hacer algo grande de su vida, Él tomará a un don nadie y hará de él un don alguien, pero usted tiene que cooperar con el plan de Dios; tiene que comenzar a verse como el campeón que Dios le ha hecho.

Con Dios, nadie proviene del lugar equivocado.

Dios tiene confianza en usted

Si usted logra captar cuánta confianza tiene Dios en usted, nunca más se esconderá en ese complejo de inferioridad; se levantará con confianza y denuedo. Cuando nosotros sabemos que alguien a quien respetamos nos tiene confianza, muchas veces nos inspira a creer algo mejor de nosotros mismos. Casi siempre, cumplimos las expectativas de aquella persona.

En una ocasión estaba jugando básquetbol con un grupo de jugadores que jugaban mucho mejor que yo. La mayoría de ellos habían jugado en equipos universitarios; yo no. Nos encontrábamos en un juego emocionante, duro y competitivo. Casi al final del juego, nos encontrábamos empatados, y se pidió un descanso. Al hablar de nuestra última jugada, uno de mis compañeros me susurró al oído: "Joel, queremos que tomes el último tiro, a nosotros nos están cuidando demasiado de cerca".

Ahora, era una señal de su confianza en mí, pero a decir verdad, ¡no había tomado un solo tiro en todo el juego! El jugador que me estaba cuidando me sacaba como medio metro de estatura.

Primero pensé: *Esta no es una buena idea.* Pero después comencé a pensar: *Si mis compañeros de equipo tienen tanta confianza en mí, si ellos creen en mí lo suficiente como para darme el tiro más importante de todo el juego, entonces debe ser porque sí lo puedo hacer.*

Sacamos el balón, bajamos por la cancha, y yo pude mantenerme en una posición abierta, y mis compañeros me pasaron el balón. El que me cuidaba era mucho más alto que yo, pero tomé el balón y lo tiré por encima de sus brazos extendidos—no lograba ni siquiera ver la canasta—y ese balón subió en el aire como un arco iris, mucho más alto que como normalmente lo tiro... Vi el balón deslizarse por el aire, casi como si me estuviera viendo por cámara lenta. Creo que hasta tuve tiempo de orar: "Oh, Dios, ¡ayuda al balón a entrar en la canasta, por favor!" Bajó el balón, y cayó justo en el centro de la canasta, y ¡ganamos el juego! (¡Yo sabía que Dios todavía contestaba oraciones!)

Cuando alguien tiene confianza en su habilidad y cree en usted, aquello que antes creía que sería imposible se vuelve posible. Mi esposa Victoria, cree que yo puedo hacer cualquier cosa y tiene tanta confianza en mí que yo no estaría en el lugar que me encuentro hoy día si no me hubiera dicho constantemente: "Joel, tú lo puedes hacer, tienes lo que se requiere para hacerlo". Años atrás, cuando ella y yo asistíamos a las reuniones en Lakewood, Victoria solía decirme: "Joel, un día tú estarás allá al frente guiando esta iglesia. Un día ese serás tú".

Yo dije: "Victoria, por favor deja de decir eso. Me da nervios sólo pensar en algo así, además, yo ni sé predicar".

"Claro que sabes", me decía con una lucecita traviesa en los ojos. "¡Sólo predícales como me predicas a mí!"

Año tras año, Victoria me animaba: "Joel, tienes tanto para dar. Dios te va a usar, tú serás el pastor de Lakewood Church". Esa semilla estaba siendo sembrada dentro de mí, y cuando mi papá se fue para estar con el Señor, creo que una de las razones principales por las que pude salir al frente tan pronto fue porque Victoria creía en mí, y había ayudado a establecer esa confianza en mí.

La confianza que Victoria tiene en mí no sólo ayudó a ampliar mi propia visión, también me ayudó a entender cuánta confianza Dios Altísimo tiene en mí. Inmediatamente después de la muerte de mi padre, una de las primeras cosas que hice fue cancelar nuestro programa de televisión nacional. Salíamos en el canal Family Chanel los domingos por la noche en aquel entonces. Pensé: *Yo no soy un predicador de televisión nacional. Ni sé siquiera si puedo predicar, ¿Quién querrá escucharme a mí?* Hablé con nuestro representante del canal y le expliqué que había fallecido mi papá, y que debíamos dejar nuestro programa.

Cuando le dije a Victoria lo que había hecho, ella dijo: "Joel, pienso que deberías hablarle de nuevo y pedirle que nos devuelva nuestra programación. No vamos a retroceder a causa del temor. Hay personas alrededor del mundo entero que están observando para ver qué pasará con Lakewood, y necesitamos ese tiempo en el aire".

Yo sabía que Victoria tenía la razón. Algo sucedió en mi espíritu. Eso era un viernes por la tarde, así que le hablé al representante, pero no lo encontré. Le dejé un recado, y también le mandamos algunos faxes y correos electrónicos. Sabíamos que era muy importante el tiempo si queríamos rescatar nuestro programa de televisión. Esa hora de programación era muy valiosa; la compañía de cable pudo habérsela vendido fácilmente a otro programa.

El lunes era día festivo, pero a primera hora el martes, recibimos una llamada del representante de ventas, quien dijo: "Joel, ya había vendido tu espacio la semana pasada, pero cuando fui a firmar el contrato el viernes, oí algo en mi interior que me decía: *No lo hagas hasta la semana entrante*". Y continuó diciendo: "Al llegar esta mañana, supe qué era ese algo, Dios quería que tuvieras de nuevo tu tiempo". Me dijo que había destruido el otro contrato, y luego me dijo: "Puedes tener tu espacio original en la programación". Yo estoy convencido que esa decisión fue de Dios. Hoy día, salimos en más de doscientos canales de televisión en varias partes del mundo. Dios ha hecho más de lo que podríamos pedir o pensar.

Pero lo que quiero que usted entienda es que una parte clave de ese proceso fue el hecho que alguien me infundió confianza. Victoria me ayudó a expandir mi visión, a cambiar mi manera de pensar. Ella creyó más en mí de lo que yo creía en mí mismo. Es una cosa que las personas que amamos y respetamos crean en nosotros, pero es algo muy diferente cuando logramos comprender cuánto Dios cree en nosotros. Nada podrá detenernos de cumplir con nuestro destino.

El enemigo en su mente dice que no cuenta usted con lo necesario para hacer algo; Dios dice que sí tiene lo necesario. ¿A quién le va a creer? El enemigo dice que usted no podrá salir adelante; Dios dice que puede hacer todas las cosas con Cristo. El enemigo dice que usted nunca podrá ser libre de deudas; Dios dice que no tan sólo saldrá de deudas sino que prestará y no pedirá prestado. El enemigo dice que nunca sanará; Dios dice que Él restaurará su salud. El enemigo dice que usted nunca llegará a ser importante; Dios dice que Él le levantará y hará algo significativo de su vida. El enemigo dice que sus problemas son demasiado grandes, que no hay ninguna esperanza; Dios dice que Él solucionará esos problemas y además, Él tomará esos problemas y los cambiará para su bien. Amigo, comience a creer lo que Dios dice sobre usted, y comience a pensar los pensamientos de Dios. Los pensamientos de Dios le llenarán de fe, esperanza y victoria; los pensamientos de Dios le edificarán y animarán; le darán la fuerza que necesita para seguir adelante. Los pensamientos de Dios le darán a usted esa mentalidad asertiva.

CAPÍTULO 13

Vuelva a programar
su computadora mental

Un niño pequeño salió al jardín para jugar con una pelota y bate de béisbol. Se dijo entre sí: "Soy el mejor bateador del mundo", luego lanzó la pelota al aire pero falló el golpe. Sin un segundo de vacilación, recogió la pelota y la lanzó al aire de nuevo, diciendo: "Soy el mejor bateador del mundo". Falló de nuevo el golpe, falla número dos. Lanzó nuevamente la bola, con una concentración mayor, con más determinación, diciendo: "¡Soy el mejor bateador del mundo!" Giró el bate con toda su fuerza. Falla número tres. El niñito bajó su bate y sonrió ampliamente. "¿Cómo ves?", dijo él. "¡Soy el mejor lanzador de todo el mundo!"

¡Esa sí es una buena actitud! En algunas ocasiones simplemente tiene que decidir fijarse en el lado bueno de las situaciones. Cuando las cosas no salen como uno ha planeado, en lugar de quejarse, busque algo bueno en sus circunstancias. Llene su mente con pensamientos buenos.

Su mente es parecida a una computadora: Lo que usted programe en su mente dicta cómo funcionará. Sería muy necio quejarse: "¡Detesto esta computadora! Nunca me da la respuesta correcta; nunca hace lo que quiero que haga". Piénselo: Usted puede tener la computadora más poderosa del mundo, pero si le mete un programa o información incorrecta, nunca funcionará como el fabricante la diseñó.

Además, ahora tenemos un sin fin de virus electrónicos ocultos en el espacio esperando la oportunidad de destruir su disco duro y la información guardada en su computadora. Esta clase de virus puede entrar en una computadora que está perfectamente bien y contaminar sus programas. Antes de mucho tiempo la computadora estará más lenta, desarrollará errores en sus funciones y posiblemente no podrá tener acceso a los programas que necesita o recuperar documentos importantes. En demasiadas ocasiones, y sin querer, usted pasa el virus a sus amigos, familiares o compañeros de trabajo, agravando el problema al contaminar sus sistemas con el mismo virus que infectó la suya. Estos problemas ocurren normalmente, no porque la computadora tenga defectos, sino porque alguien reprogramó algo o contaminó programas buenos y valiosos o información contenida en ellos.

De igual manera, en demasiadas ocasiones permitimos pensamientos, palabras negativas u otros virus engañosos cambiar sutilmente nuestros programas, o corromper nuestra información y valores. Fuimos creados a la imagen de Dios y antes de ser formados, Él nos programó para vivir una vida abundante, para estar felices, sanos y completos. Pero cuando nuestros pensamientos se contaminan, ya no se alinean con la Palabra de Dios. Cometemos graves errores y tomamos decisiones equivocadas. Vivimos con una autoestima baja, con preocupaciones, temores, sentimientos de insuficiencia e inseguridad. Y para empeorar todo, pasamos nuestras actitudes negativas a otras personas.

Cuando reconoce que esto le está sucediendo, tiene que volver a programar su computadora, tiene que cambiar su manera de pensar. Entienda que *usted* no está defectuoso. Dios le hizo, y Él le ha programado para la victoria, pero hasta que no tenga alineada su forma de pensar con el instructivo del fabricante, la Palabra de Dios, nunca podrá operar a toda su potencial.

Dios le hizo, y Él le ha programado para la victoria.

Es un problema de pensamiento

Hace poco tuve una conversación con un señor que me decía: "Joel, yo veo tus mensajes en la televisión de cómo puede ser uno feliz, pero no funcionan para mí". Me explicó que cinco o seis años antes, había sufrido una ruptura muy dolorosa en una relación y había quedado con el corazón destrozado y devastado. Dijo: "Simplemente no logro superar todas esas emociones. Me levanto cada mañana deprimido, pasa el día, y no logro deshacerme de la tristeza. Me vengo a mi casa, y me acuesto a dormir deprimido". Me platicó que había pasado varias sesiones de consejería, pero no veía ningún mejoramiento.

"¿Usted cree que puede ayudarme a resolver estos problemas emocionales?", preguntó.

"Señor, en realidad yo no creo que usted tenga un problema emocional", le contesté con honestidad. "Yo creo que usted tiene un problema con su pensamiento."

"¿Qué quiere decir?"

"¿Cuál es su primer pensamiento al salir de la cama por las mañanas?"

"Pienso en lo solo que estoy y cómo he sido lastimado", me replicó.

"¿En qué piensa conforme progresa su día en el trabajo?"

"Pienso en que mi vida es un desastre, cuántos errores he cometido y cómo quisiera hacer todo de nuevo."

"Así que, ¿en qué piensa cuando se acuesta en la noche?"

"En lo mismo."

"Señor, yo no soy psicólogo ni psiquiatra, pero pienso que sus emociones están funcionando perfectamente bien. Están funcionando tal y como Dios las diseñó. Nuestras emociones sencillamente responden a lo que estamos pensando, no son positivas ni negativas, simplemente nos permiten sentir lo que estamos pensando. Si usted se la vive pensando pensamientos tristes siempre, se va a sentir triste; si se la vive teniendo pensamientos de coraje, estará enojado. Pero si usted siempre está pensando en cosas alegres, pensamientos de victoria, estará contento; usted será victorioso. No puede vivir cada día pensando en cómo las personas le han lastimado y todos los errores que ha cometido, y esperar vivir algún tipo de vida contenta y positiva. Tiene que soltar el pasado y comenzar a meditar en que Dios tiene un futuro bueno para usted. Él tiene un nuevo comienzo para usted, comience a meditar en el hecho de que Dios ha prometido tomar esta situación y usarla para su bien. Escoja pensar en cosas buenas; tiene que volver a programar su computadora mental, y al hacer eso, sus emociones cambiarán."

La Biblia dice: "…os he puesto delante la vida y la muerte, la bendición y la maldición; escoge, pues, la vida…".[1] Esto no es un asunto que se arregla a la primera, es una decisión que tenemos que hacer momento tras momento. Tenemos que decidir que meditaremos en lo positivo, escoger pensar en lo bueno. Lo negativo siempre estará a nuestro alrededor, tenemos que decidir meditar en lo correcto, en lugar de lo incorrecto. Escoja pensar en lo que usted tiene, no en lo que no tiene, escoja tener pensamientos correctos.

No puede evitar que los pensamientos negativos toquen a su puerta, pero sí puede controlar si abrirá o no la puerta para darles pase. Si usted se mantiene en alerta en esa puerta y mantiene su mente enfocada en las cosas buenas de Dios, la Biblia dice que "Tú (Dios) guardarás en completa paz a aquel cuyo pensamiento en ti persevera…".[2] Usted puede tener paz en medio de sus tormentas si tan sólo aprende a escoger los pensamientos correctos. Eso significa que durante los tiempos difíciles, en lugar de enfocarse en sus problemas, usted debe decidir que usted meditará en su Dios. Reflexione en el hecho que Él ha prometido luchar por usted, reflexione en el hecho de que ninguna arma forjada en su contra prosperará. Si comienza a tener esta clase de pensamientos, usted se llenará de fe y confianza, sin importar lo que venga en contra de usted en la vida.

Quizá usted haya pasado por algunas decepciones, y las cosas en su vida pueden no haber salido como usted planeaba. Posiblemente las personas le hayan tratado mal o puede haber sufrido algunos contratiempos muy grandes, pero nunca llegará a un lugar sin salida con Dios. Él siempre tiene un nuevo comienzo disponible para usted. Comience a meditar en la solución, reflexione en que Dios tiene un plan grande para su vida. Cuando se cierra una puerta, Dios siempre abrirá una puerta más grande y mejor, pero usted tiene que hacer su parte y mantenerse con una actitud de fe, lleno de esperanza.

Entienda que esta es una batalla continua, nunca llegaremos a un punto que no tendremos que lidiar con pensamientos negativos y destructivos. Así que entre más pronto aprendamos a guardar nuestra mente y controlar nuestros pensamientos, mejor estaremos.

No importa cuántos años hemos confiado en Dios, o qué tan positivamente hemos vivido nuestra vida, en ocasiones, todos seremos susceptibles al desánimo. Es parte del precio que tenemos que pagar por vivir en un mundo pecaminoso. No importa qué tan positiva intente mantener mi actitud, no soy inmune a esta clase de ataque.

Esté quieto

En diciembre de 2001, cuando Lakewood Church decidió rentar el Compaq Center en Houston, firmamos un acuerdo de sesenta años con la ciudad para tomar posesión de la arena de los Rockets con lugar para dieciséis mil personas. Nuestra congregación estaba emocionada y ansiaba comenzar con renovaciones en la arena.

Pero otra compañía que también deseaba tener esa propiedad nos demandó para detenernos de tomar posesión. Naturalmente, nos entristeció la demora, pero después de haber orado al respecto, sabíamos que Dios quería que continuáramos con nuestros planes. En marzo de 2002, nuestra congregación hizo un compromiso muy fuerte a ese fin.

Lamentablemente, en el otoño de ese año, la demanda se complicó. Durante todo el invierno, las disputas legales siguieron. Por fin, recibimos la noticia que teníamos que aparecer en la corte en la primavera del 2003. Nuestros abogados ya nos habían advertido que no había ninguna posibilidad en todo el mundo de que nuestro adversario decidiera solucionar la disputa fuera de la corte. Simplemente tenían demasiado para perder. Hablamos de nuestras posibilidades, viendo varias opciones, y los abogados explicaron claramente las posibilidades de ganar o perder, la enorme cantidad de dinero que podría costar, y cuánto tiempo podría tomar. Al ver los reportes devastadores, parecía ser una situación imposible: Aún y si ganáramos la demanda, podría demorar varios años más en el sistema de apelaciones. Y mientras tanto, grandes cantidades de nuestro dinero estaban en peligro.

Durante ese período tan largo, en muchas ocasiones yo despertaba en la noche y mi mente me bombardeaba con toda clase de pensamientos angustiadores: *Hombre, cometiste un terrible error. Le dijiste a toda esa gente que se van al Compaq Center, les mostraste los planos, y pediste que dieran dinero. ¿Qué sucederá si ustedes pierden la demanda? Te verás como un tonto; peor aún, ¿qué sucederá si por siete u ocho años no sale del sistema jurídico? Estás arriesgando toda esa cantidad de dinero. No puedes hacer ningunos planes. ¿Qué harás entonces?*

Pensamientos de fracaso y pérdida bombardearon mi mente: *Es imposible, nunca se resolverá. Mejor pide que te regresen tu dinero y sigue adelante.* Y fui tentado a tratar de resolverlo en mi propio razonamiento. Fui tentado a perder mi gozo, pero durante ese tiempo, tuve que tomar la decisión de si reflexionaba en las mentiras del enemigo, las cuales me deprimirían, y dejaría de trabajar para Dios, o mantenía mi confianza y creería que Dios estaba peleando por nosotros. ¿Iba a meditar en el hecho de que Dios estaba en control, y que Él estaba guiando y dirigiendo nuestros pasos?

Yo tomé la decisión de seguir a Dios. Cuando aquellos pensamientos de duda e incredulidad me atacaban, hacía todo por echarlos abajo, por rechazarlos. Hice una decisión consciente de no enfocarme en el problema, sino de enfocarme en Dios.

Cuando llegaba aquel pensamiento diciendo: *Es imposible*, yo lo rechazaba y me recordaba que con Dios todas las cosas son posibles. Cuando llegaban los pensamientos que decían: *Esta fue una mala decisión; nunca se podrá solucionar*, los echaba abajo y me recordaba que todas las cosas les ayudan a bien a los que aman al Señor. Cuando llegaban pensamientos diciendo: *La compañía que es tu adversaria es demasiado fuerte, nunca podrás ganarles*, los rechacé y me recordé que ningún hombre —ni compañía— puede más que nuestro Dios. Si Dios es por nosotros, ¿quién se atreve a estar contra nosotros? Cuando los pensamientos amenazaban: *Esto será un gran lío, arrastrarás a la iglesia por toda clase de suciedad, y terminará en una gran desilusión*, aprendí a levantar mis manos y declarar: "Padre, tú dijiste que cuando andamos en integridad, tú cuidarías nuestros pies de tropiezo. Así que Padre, te doy gracias que tú nos estás guardando de cometer un error".

Cada vez que esos pensamientos negativos y de desánimo entraban en mi mente, yo usaba esa oportunidad para darle gracias a Dios por la victoria que venía a nosotros. Yo sabía que si nosotros meditábamos esos pensamientos de duda e incredulidad, Dios no iba a poder obrar en la situación, y yo no quería que algo que yo estuviera haciendo detuviera a Dios de darnos la victoria.

Dios obra donde hay una actitud de fe.

Cuando siempre estamos preocupados, frustrados y deprimidos lo único que realmente estamos haciendo es demorar la victoria que Dios quiere traer. Él obra donde hay una actitud de fe. Jesús dijo: "…si puedes creer, al que cree todo le es posible…",[3] y lo opuesto también es verdad. Si usted no cree, si es negativo, está desesperado, preocupado o trastornado, entonces los cambios sobrenaturales no serán posibles para usted. Cuando esté pasando por un momento difícil en su vida, aunque no sienta mantener una actitud positiva —lo cual, en ocasiones, probablemente no sentirá— debe hacerlo de todos modos, sabiendo que cada minuto que usted permite que se quede en una actitud negativa es un minuto que Dios no puede obrar en esa situación.

En medio de la demanda del Compaq Center, una noche desperté y tomé mi Biblia. El Señor me estaba llevando a un pasaje de la Escritura en el que el pueblo de Judá estaba enfrentando un enemigo formidable, una situación imposible, realmente. Dios les dijo: "No habrá para qué peleéis vosotros en este caso; paraos, estad quietos, y ved la salvación de Jehová con vosotros".[4] Y al leer eso, dos palabras me llamaron la atención: *estad quietos*. Eso significa mantenerse calmado, estar en paz. No se frustre, no intente entender todo con su propio entendimiento. En lugar de eso, esté quieto. Tenga confianza y mantenga una buena actitud pues Dios dice: "Yo pelearé por ti".

Algunas semanas después, recibimos una llamada de nuestros abogados, los mismos que nos habían dicho que nuestro adversario nunca solucionaría el caso por afuera de la corte. La compañía que nos había demandado quería sentarse a platicar con nosotros al día siguiente. En menos de cuarenta y ocho horas, ¡llegamos a un acuerdo y resolvimos completamente el problema de la demanda!

La Biblia dice: "Cuando los caminos del hombre son agradables a Jehová, aun a sus enemigos hace estar en paz con él".[5] Y eso es precisamente lo que Dios hizo por nosotros. No tan solo pudimos resolver la demanda, sino que la compañía que anteriormente se había opuesto tan vigorosamente a que nuestra iglesia rentara el estadio ahora acordó rentarnos una estacionamiento techado para diez mil automóviles en el Compaq Center por los próximos sesenta años. No fue que únicamente nos ahorramos un gasto de millones de dólares, sino que también nos permitió entrar en aquel lugar aproximadamente un año antes de lo que hubiéramos podido de otro modo.

Si usted mantiene su confianza en Dios, Él peleará por usted. Si se está quieto, verá la salvación del Señor. No importa lo que usted esté pasando o qué tan grandes sean sus adversarios. Mantenga una actitud de fe, quédese calmado, quédese en paz. Mantenga una actitud mental positiva, y no intente hacer todo a su propia manera, permita que Dios lo haga a su manera. Si tan sólo obedece sus mandamientos, Él cambiará las cosas a su favor.

Puede ser que esté pasando por grandes dificultades, y esté tentado a pensar: *Nunca lograré salir de esto, esto nunca cambiará. Nunca saldré ganando de esta situación.*

No, la Biblia dice: "...que vuestro ánimo no se canse hasta desmayar".[6] Recuerde que primero tiene que ganar la victoria en su mente. Manténgase fuerte. Cuando lleguen los pensamientos negativos, rechácelos y ponga en su lugar los pensamientos de Dios. Recuerde que cuando usted está en una actitud de fe, está abriendo la puerta para que Dios obre en su situación. Quizá no vea que sucede algo con sus ojos naturales, pero no deje que eso le desanime. En el mundo invisible, el mundo espiritual, Dios está obrando. Él está cambiando las cosas a su favor, y si usted hace su parte y sigue creyendo, a su tiempo, en el momento indicado, Dios lo sacará con victoria.

La clave es escoger los pensamientos correctos, mantener fija su mente. No sólo cuando se sienta bien, no sólo cuando las cosas vayan bien, no sólo cuando no tenga ningún problema, pero aún en los momentos difíciles de la vida —especialmente en los tiempos difíciles— tiene que fijar su mente en las cosas buenas de Dios. Manténgase enfocado, lleno de fe, lleno de gozo, lleno de esperanza. Haga una decisión consciente de mantener su mente en una manera positiva de pensar.

Algunas personas avanzan un paso y se retrasan dos. Están contentos y tienen una buena actitud un día, y luego al siguiente están negativos y deprimidos. Avanzan un poco, y luego retroceden. A causa de su fe vacilante, nunca logran llegar realmente al lugar que Dios desea que estén, nunca experimentan las victorias que Él tiene para ellas. Amigo, tiene que ser consistente. Ponga su mente en el éxito, la victoria y el progreso. Eche abajo cualquier pensamiento negativo que produzca temor, preocupación, duda o incredulidad. Esta debería ser su actitud: *Rehúso retroceder. Estoy avanzando con Dios. Seré la persona que Él quiere que sea. Cumpliré con mi destino.*

Si hace eso, Dios continuamente obrará en su vida. Él peleará por usted, le dará paz en medio de la tormenta, y le ayudará a vivir la vida de victoria que Él tiene planeada para usted.

CAPÍTULO 14

El poder de sus palabras

José Lima fue el lanzador estrella para los Astros de Houston por varios años a finales de los noventa. José es una persona amable, con mucha energía, y un agradable jugador joven que normalmente está lleno de una actitud positiva. Pero cuando los Astros construyeron su nuevo estadio, conocido ahora como Minute Maid Park, José estaba molesto. Habían colocado la pared en el campo izquierdo mucho más cerca de lo que había estado la misma pared en el Astrodome. De hecho, Minute Maid Park tiene una de las distancias más cortas desde la base hasta la pared del campo izquierdo que cualquier campo de béisbol en las Ligas Mayores de béisbol. A los bateadores les encanta, pero un campo más corto a la izquierda hace el trabajo de los lanzadores más difícil, especialmente si están lanzando a un bateador que batea con la mano derecha con la tendencia de golpear la pelota hacia el campo izquierdo.

La primera vez que José Lima se paró en el diamante, salió al montículo del lanzador, y al mirar hacia el campo, de inmediato se fijó qué tan cerca estaba la pared del campo izquierdo. "Nunca podré lanzar aquí", dijo él.

La siguiente temporada, a pesar del entusiasmo de los fanáticos y la emoción de estar jugando en un estadio nuevo, José tuvo el peor año de su carrera. Cayó desde ser un lanzador con veinte juegos a su favor hasta perder dieciséis juegos por dos temporadas consecutivas. Nunca se había visto que un lanzador experimentara un cambio tan negativo desde haber comenzado el equipo de los Astros.

Profecías que se cumplen solas

¿Qué le pasó a José? Lo mismo que nos sucede a muchos de nosotros cada día: Recibimos lo que hablamos. Nuestras palabras llegan a ser profecías que se cumplen solas. Si permite que sus pensamientos le derroten y después da a luz las ideas negativas a través de sus palabras, sus acciones harán lo mismo. Por eso tenemos que tener muchísimo cuidado con lo que pensamos y especialmente cuidarnos de lo que hablamos. Nuestras palabras tienen enorme poder, y queramos o no, daremos vida a lo que estamos hablando, ya sea bueno o malo.

Es triste que muchas personas estén viviendo vidas de desánimo a causa de sus palabras. Dicen cosas como:

- "Nunca me sucede nada bueno."
- "Nunca tendré éxito."
- "No cuento con las cualidades necesarias. No lo puedo hacer."
- "Nunca lograré salir de este lío."

¡Algunas personas hasta se dicen cosas! "¡Qué idiota! Nunca puedes hacer nada bien." No se dan cuenta, pero sus propias palabras están preparando el camino hacia el fracaso.

Las palabras son parecidas a las semillas. Al hablarlas en voz alta, son plantadas en nuestra mente subconsciente, y cobran una vida propia; echan raíces, crecen y producen la misma clase de fruta. Si hablamos palabras positivas, nuestras vidas caminarán en esa dirección; igualmente, las palabras negativas producirán malos resultados. No podemos hablar palabras de derrota y fracaso y esperar vivir en victoria. Segaremos precisamente lo que hemos sembrado.

La Biblia compara la lengua con el timón de un gran barco.[1] Aunque es pequeño el timón, controla la dirección de todo el barco, y, de igual manera, su lengua controlará la dirección de su vida. Si tiene el hábito de hablar palabras de fracaso, usted se estará moviendo en la dirección de una vida derrotada y desanimada. Si su conversación siempre contiene frases como: "No puedo; no tengo la habilidad para eso: no cuento con lo que se requiere", u otros comentarios negativos, se está preparando, como quien dice, para la derrota. Esas palabras negativas le detendrán de ser la persona que Dios quiere que sea.

Yo supe de un doctor que entendía el poder de las palabras. Una receta que les daba a sus pacientes era que dijeran por lo menos una vez cada hora lo siguiente: "Estoy mejorando cada día, en cada área". Los pacientes de este doctor experimentaban unos resultados sorprendentes, mucho mejores que los pacientes de muchos de sus colegas.

Al decir algo con suficiente frecuencia, con entusiasmo y pasión, muy pronto su mente subconsciente comienza a actuar sobre lo que está diciendo, haciendo lo necesario para lograr que esas palabras y pensamientos se cumplan. Es triste que la mayoría de las personas insistan en decir cosas negativas a lo largo de su vida. Se menosprecian continuamente con sus propias palabras y no se dan cuenta de que sus propias palabras diezmarán su confianza y destruirán su autoestima. De hecho, si usted lucha con una autoestima baja, usted debería exagerar en hablar palabras positivas y llenas de fe, palabras de victoria sobre su vida. Levántese por la mañana y véase al espejo y diga: "Yo tengo mucho valor. Soy amado. Dios tiene un gran plan para mi vida. Tengo favor adonde quiera que vaya. Las bendiciones de Dios me están persiguiendo y alcanzando. Todo lo que toque prosperará y tendrá éxito. ¡Estoy emocionado tocante a mi futuro!" Comience a hablar esta clase de palabras, y muy pronto, usted subirá a un nuevo nivel de bienestar, éxito y victoria. En realidad, hay poder en sus palabras.

Tenemos que tener mucho cuidado con lo que decimos durante los momentos de adversidad y prueba, cuando las cosas no están saliendo a nuestro favor. La manera en que responde durante las adversidades de la vida y lo que dice en medio de sus dificultades tendrán gran impacto sobre cuánto tiempo usted se queda en esas situaciones. Normalmente, entre más positivas sean sus palabras y pensamientos, más fuerte será y más pronto superará lo que le esté afectando. Es cierto que cuando llegan dificultades, nuestra naturaleza humana quiere quejarse, hablar del problema, decirle al que nos quiera escuchar qué mal nos está tratando la vida. Pero esa clase de conversación sólo trae derrota. Para lograr sobreponerse a un momento difícil con más facilidad y con mejores resultados, tenemos que aprender a hablar lo más positivo posible.

Lo que diga en medio de sus dificultades tendrán un gran impacto sobre cuánto tiempo se quedará en esas situaciones.

Con demasiada frecuencia, cometemos el error de tomar actitudes negativas y de quejarnos.

"Yo sabía que mi matrimonio no saldría adelante."

"No pienso lograr salir de deudas nunca."

"Supongo que siempre tendré que soportar este problema de salud por el resto de mi vida."

Cuando comienza a hablar de esa manera, usted se convierte en su peor enemigo. Cuando está pasando por un momento difícil es cuando deberá cuidar más lo que diga. Cuando se sienta abrumado, cuando se sienta estresado, cuando el mundo entero haya venido en su contra, cuando la pared del campo izquierdo se vea muy cerca, entonces es cuando tiene que estar en alerta. En ese momento está más vulnerable y es más fácil entrar en una actitud negativa, hablando palabras negativas. Su mente subconsciente escucha sus palabras, las ve como verdaderas y acertadas, y después procura cumplirlas. Cuando eso sucede, no puede culpar a nadie más que a usted mismo; ha sido perjudicado por sus propios pensamientos y palabras.

Cuide lo que dice

Si usted se encuentra hoy mismo en medio de una tormenta, ahora con más ganas necesita cuidar lo que diga y no permitir que palabras negativas y destructivas salgan de su boca. La Escritura dice: "La muerte y la vida están en poder de la boca; y el que la ama comerá de sus frutos".[2] En otras palabras, usted crea un ambiente ya sea de bien o de mal con sus palabras, y tendrá que vivir en el mundo que usted ha creado. Si siempre está murmurando, quejándose y hablando de qué tan mala ha sido su vida, usted vivirá en un mundo bastante miserable y depriment. Será tentado a simplemente usar sus palabras para describir situaciones negativas, pero Dios quiere que usemos nuestras palabras para *cambiar* nuestras circunstancias negativas. No hable del problema, hable de la solución.

La Biblia claramente nos dice que debemos hablar a nuestras montañas.[3] Quizá su montaña es la enfermedad; posiblemente su montaña es una relación que está en problemas; quizá su montaña es un negocio que no anda bien. Cualquiera que sea su montaña, tiene que hacer más que pensar en ella, más que orar al respecto; tiene que hablarle al obstáculo. La Biblia nos enseña que el débil deberá decir que es fuerte.[4]

Comience a decir que usted es sano, contento, completo, bendecido y prosperado. Deje de hablarle a Dios sobre cuán grande es su montaña y ¡comience a hablarles a su montaña sobre cuán grande es su Dios!

Deje de hablarle a Dios sobre cuán grande es su montaña y ¡comience a hablarle a su montaña sobre cuán grande es su Dios!

Me encanta lo que hizo David cuando enfrentó a Goliat. No murmuró ni se quejó diciendo: "Dios, ¿por qué siempre son tan enormes mis problemas?" No, él cambió todo su ambiente por medio de las palabras que salieron de su boca. No meditó en el hecho de que Goliat era tres veces más grande que él, ni tampoco reflexionó demasiado en el hecho de que Goliat era un soldado con destreza y él sólo era un pastor de ovejas. No, no se enfocó en la magnitud del obstáculo que tenía ante él, sino que decidió enfocarse en la grandeza de su Dios.

Cuando Goliat vio qué tan pequeño y joven era David, comenzó a reírse. Se burló: "¿Acaso soy un perro que vienes contra mí con un palo?"

Pero David lo miró a los ojos, y con gran determinación, dijo: "Mira, Goliat, tú has llegado contra mí con espada y escudo, pero yo vengo contra ti en el nombre del Señor Dios de Israel".[5]

¡Esas son palabras llenas de fe! Fíjese también que él dijo las palabras en voz alta. No sólo las *pensó*, ni simplemente las *oró*, él habló directamente a la montaña que era el hombre parado ante él, y dijo: "Yo te derrotaré y daré tu carne a las aves del cielo este mismo día". Y con la ayuda de Dios, ¡hizo exactamente eso!

Esas son la clase de palabras que usted debe aprender a hablar en sus circunstancias cotidianas, y especialmente en los tiempos de crisis y adversidad. Cuando esté enfrentando obstáculos en su camino, deberá decir con confianza: "Mayor es el que está en mí que el que está en el mundo.[6] Ninguna arma forjada en contra de mí prosperará.[7] Dios siempre me causa triunfar". Deje de preocuparse y quejarse del obstáculo, y comience a dirigirle sus palabras. Deje de quejarse de la pobreza y la escasez y comience a declarar: "Dios suple abundantemente todas mis necesidades". Deje de molestar a aquel amigo o familiar que no están sirviendo al Señor y comience a declarar: "Pero yo y mi casa serviremos al Señor". Deje de lamentarse porque nada bueno nunca le sucede y comience a declarar: "Todo lo que mi mano toca prospera y sale bien". Tenemos que dejar de maldecir la oscuridad. Comencemos a ordenar a la luz que venga.

Amigo, hay un milagro en su boca. Si quiere cambiar su mundo, comience a cambiar sus palabras. Cuando los momentos difíciles lleguen, no se dé a las murmuraciones, disputas y quejas. Hable a aquellos problemas. Si aprende a hablar las palabras indicadas y mantiene la actitud correcta, Dios cambiará esa situación.

Usted puede estar pensando: *Esto suena demasiado bueno para ser verdad, Joel.* ¡Yo sé que es verdad! Yo vi el poder de nuestros pensamientos y palabras cambiar una situación imposible en mi propia familia, en un milagro médico del presente. Ándele, permítame contárselo.

Hable palabras que cambien vidas

En 1981, a mi mamá le diagnosticaron cáncer y le dieron sólo unas semanas de vida. Nunca se me olvidará el golpe que fueron esas noticias para nuestra familia. Nunca había visto a mi mamá enferma ni un día en toda mi vida: era extremadamente sana y activa. Le encantaba estar afuera, trabajando en su jardín, cuidando sus plantas.

Yo estaba fuera de mi casa, en la universidad, cuando llegó el reporte del doctor. Mi hermano, Paul, me habló y dijo: "Joel, Mamá está muy, muy enferma".

"¿Qué quieres decir, Paul? ¿Le dio alguna gripa o algo por el estilo?"

"No, Joel", replicó Paul. "Está bajando de peso, su piel está amarilla, y está demasiado débil; tiene un problema muy grave".

Mi mamá estuvo en el hospital por veintiún días, mientras los doctores hacían análisis tras análisis. Mandaron sus pruebas a laboratorios en todo el país, con la esperanza de encontrar algo que le pudiera ayudar. Finalmente, regresaron con el muy temido reporte que tenía un cáncer metastásico del hígado. Sacaron a mi papá al pasillo y le dijeron: "Pastor, no nos gusta tener que decirle esto, pero su esposa sólo tiene unas semanas de vida. No meses, semanas…"

La ciencia médica había llegado a los límites de lo que podía hacer. Los mejores y más brillantes doctores del mundo habían hecho todo lo posible, así que básicamente mandaron a mi mamá a su casa para morir.

Les expresamos nuestro sincero agradecimiento a los doctores y al personal del hospital por todo su esfuerzo, pero rehusamos aceptar sus opiniones. Estoy agradecido por los doctores, los hospitales, la medicina y la ciencia, pero los profesionales médicos sólo pueden presentar lo que les están diciendo sus reportes. Gracias a Dios que usted y yo podemos apelar a una Autoridad mayor. Siempre podremos conseguir otro reporte. El reporte de Dios dice: "Te restauraré la salud y sanaré tus heridas".

Servimos a un Dios sobrenatural. Él no está limitado por las leyes de la naturaleza y puede hacer lo que los humanos no pueden hacer. Él puede abrir un camino en nuestra vida cuando parece que no hay ninguno. Esa fue nuestra oración para la vida de mi Mamá.

Y mi mamá nunca se dio por vencida; rehusó hablar palabras de derrota. No se quejaba de qué tan enferma estaba o cuán débil se sentía, o qué terrible era su vida, o cómo no había esperanza para su situación. No, ella decidió poner las palabras de Dios en su mente y en su boca.

Comenzó a hablar palabras llenas de fe. Comenzó a llamar la salud y sanidad. Durante todo el día, la oíamos por toda la casa hablando en voz alta: "Viviré y no moriré, y declararé las obras del Señor". ¡Parecía una Biblia andando!

Yo le decía: "Mamá, ¿cómo estás?"

Ella decía: "Joel, soy fuerte en el Señor y en el poder de su fuerza". Buscó en su Biblia y encontró como treinta o cuarenta pasajes preferidos tocantes a la sanidad. Los apuntó, y cada día, ella los leía y los hablaba confiadamente en voz alta. La veíamos caminando afuera de la casa, diciendo: "Con larga vida, Él me satisface y me muestra su salvación".

Mi madre mezcló sus palabras con las Palabras de Dios, y algo poderoso comenzó a suceder. Empezaron a cambiar sus circunstancias. No fue de un día para otro, pero poco a poco, ella se comenzó a sentir mejor; le regresó su apetito y su peso comenzó a aumentar. Lenta pero seguramente, sus fuerzas regresaron.

¿Qué estaba sucediendo? Dios estaba cuidando su palabra para cumplirla. Dios le estaba restaurando a ella su salud y sanando sus heridas. Algunas semanas pasaron y Mamá mejoró un poco más. Pasaron algunos meses, y seguía aun mejor. Pasaron unos cuantos años, y ella siguió declarando la Palabra de Dios. Hoy día, han pasado más de veinte años desde que recibimos el reporte que a mi mamá sólo le quedaba unas semanas de vida. Al escribir estas palabras, Mamá está completamente libre del cáncer, ¡sanada por el poder de la Palabra de Dios!

Y ella sigue declarando la Palabra de Dios. Cada mañana se levanta y revisa las mismas escrituras sobre la sanidad, sigue hablando esas palabras de fe, victoria y salud sobre su vida. No sale de su casa antes de hacerlo. Y además, le encanta recordarle al "Sr. Muerte" que él no tiene ningún poder sobre su vida, ya que cada vez que mi madre pasa por un cementerio, literalmente grita: "¡Me satisface con larga vida y me muestra su salvación!" La primera vez que hizo eso mientras yo iba en el carro con ella, ¡casi me salgo de mi asiento por el susto que me dio!

Pero Mamá rehúsa darle al enemigo cualquier entrada.

Confiese audazmente la Palabra de Dios

Mi madre usó sus palabras para cambiar su mundo, y usted puede hacer lo mismo. Posiblemente usted esté enfrentando una situación "imposible". No se dé por vencido, Dios es un Dios que hace milagros, Él sabe lo que está pasando, y no le defraudará pues es el amigo que es más cercano que el hermano. Si confía en Él y comienza a hablar palabras de fe, sus circunstancias comenzarán a cambiar.

Dios es un Dios que hace milagros.

Claro que no tenemos que encontrarnos en una situación donde peligra nuestra vida para usar la Palabra de Dios. Podemos hablar la Palabra de Dios en nuestra vida cotidiana. Padres, deberían declarar la Palabra de Dios sobre sus hijos cada día antes de que se vayan a la escuela. Sólo diga: "Padre, tú me prometiste en el Salmo 91 que tú mandarás a tus ángeles para que cuiden de nosotros y que ningún mal llegará a nuestro hogar, así que, te doy gracias que mis hijos cuentan con esa protección sobrenatural, y que tú estás guiándoles y cuidándoles. Padre, tú dijiste que somos la cabeza y no la cola, y que tú nos rodearás de favor, así que te doy gracias que mis hijos son bendecidos, y sobresaldrán en todo lo que pongan su mano a hacer".

Hablar la Palabra de Dios sobre sus hijos puede efectuar una enorme diferencia en sus vidas. Yo sé que mi mamá oraba por mis hermanos y yo todos los días antes de salir a la escuela. Oraba específicamente que no nos rompiéramos ningún hueso, y crió cinco hijos muy sanos y activos. Todos jugamos deportes e hicimos muchas cosas algo alocadas, pero hasta el día de hoy, ninguno de nosotros nos hemos roto un hueso.

Así como es esencial que nos veamos cómo Dios nos ve y pensemos de nosotros mismos cómo Él piensa, es igualmente importante que hablemos de nosotros lo que Dios dice al respecto. Nuestras palabras son claves en hacer realidad nuestros sueños. No es suficiente simplemente con ver por la fe o a través de su imaginación, tiene que comenzar a hablar palabras de fe sobre su vida. Sus palabras tienen enorme poder creativo y en el instante que usted habla algo, ese algo nace. Este es un principio espiritual, y funciona igual si dice algo bueno o malo, positivo o negativo.

De esa manera, muchas veces nosotros somos nuestros peores enemigos. Culpamos a todo mundo y cualquier otra cosa, pero la verdad es esta: Somos profundamente influenciados por lo que decimos tocante a nosotros mismos. La Escritura dice que somos atrapados por las palabras de nuestra propia boca.

"Nunca me pasa nada bueno. Mis sueños nunca se realizan. Yo sabía que no recibiría aquel ascenso." Estas clases de frases, literalmente, impedirán que usted salga adelante en la vida; por eso tiene que aprender a guardar su lengua y hablar sólo palabras llenas de fe sobre su vida. Es uno de los principios más importantes que jamás pueda tomar y practicar, sencillamente sus palabras pueden hacerle un éxito o hacerle un fracaso.

Dios nunca nos ordenó verbalizar constantemente nuestro dolor y sufrimiento. Él no nos mandó andar platicando nuestras situaciones negativas, ni divulgando nuestros "secretitos" con todos nuestros amigos y vecinos. Al contrario, Dios nos dijo que habláramos constantemente de su bondad, que declaráramos sus promesas cada mañana al desayunar, en las tardes cuando estamos comiendo, en la noche antes de dormir, reflexionando continuamente en las bondades de Dios.

Usted podría experimentar un nuevo sentir de gozo en su hogar, si tan sólo dejara de hablar de las cosas negativas de su vida y comenzara a hablar sobre la Palabra de Dios.

Si siempre está platicando de sus problemas, no se sorprenda si vive continuamente en la derrota. Si tiene la costumbre de decir: "Nunca me pasa nada bueno a mí", ¿adivine qué? ¡Nunca le sucederá nada bueno! Tiene que dejar de hablar del problema y comenzar a hablar de la solución. Deje de hablar palabras de derrota, y comience a hablar palabras de victoria. No use sus palabras para describir su situación; use sus palabras para *cambiar* su situación.

Cuando salgo de mi cama cada mañana, digo: "Padre, te doy gracias que soy fuerte en el Señor y en su poder. Estoy capacitado para hacer lo que tú me has llamado a hacer". Cito entonces varios pasajes de la Escritura que se refieren al favor de Dios en mi vida. ¿Qué estoy haciendo? Estoy comenzando mi día positivamente, alineando mis pensamientos y palabras con las de Él.

Puede crear el ambiente para todo el día en cuanto salga de su cama. Si se espera hasta que haya leído el periódico, comenzará su día con toda clase de noticias tristes y desalentadoras. ¡Comience su día con buenas noticias hablando la Palabra de Dios sobre su vida! No se espere hasta ver cómo está el índice de la bolsa, o estará arriba un día y abajo el siguiente. Al instante de despertar, comience a darles nueva vida a sus sueños hablando palabras de fe y victoria.

Tiene que entender que el simple hecho de evitar hablar negativamente no es suficiente. Es parecido a un equipo de fútbol americano que cuenta con una buena defensa pero no tiene ninguna ofensiva. Si su equipo constantemente está jugando a la defensiva, tiene muy poca probabilidad de anotar. Tiene que tomar la pelota y bajarla, tiene que jugar a la ofensiva; tiene que ser agresivo.

El evitar hablar palabras negativas no es suficiente. Usted tiene que ponerse a la ofensiva.

De igual manera, debe confesar confiadamente la Palabra de Dios, usando sus palabras para progresar en la vida, para que cobren vida las grandes cosas que Dios tiene preparadas para usted. La Escritura dice: "Porque con el corazón se cree para justicia, pero con la boca se confiesa para salvación".[1] Este principio es verdad también en otras áreas. Cuando usted cree la Palabra de Dios y empieza a hablarla, mezclándola con su fe, en realidad está confirmando esa verdad y haciéndola válida para su propia vida.

Si en este día usted está enfrentando alguna enfermedad, usted deberá confirmar la Palabra de Dios tocante a la sanidad. Diga algo como: "Padre, te doy gracias que tú me prometiste en los Salmos que yo viviría y no moriría y que declararía las obras del Señor". Conforme la declara con seguridad y denuedo, usted estará confirmando esa verdad en su propia vida.

Si usted está batallando en sus finanzas, en lugar de hablar del problema, deberá declarar con confianza: "¡Todo cuanto emprendo prospera y sale adelante!"

Amigo, al hacer esta clase de declaraciones audaces, el cielo entero se pone en alerta para apoyar la Palabra de Dios.

Dios no nos ha dado cientos de promesas simplemente para leerlas y disfrutarlas, nos las ha dado para declararlas audazmente, para que nos traigan victoria, salud, esperanza y vida eterna.

En 1997, Victoria y yo tuvimos la oportunidad de desarrollar el último canal de televisión de alta frecuencia disponible en Houston, el canal 55. Era una tremenda oportunidad pero también una enorme tarea. Lo único que teníamos era un permiso para construir el canal, pero no contábamos con un estudio, ni con una difusora, ni con una torre para ella; ah, ¡y no teníamos programación! Estábamos comenzando con nada, y teníamos menos de un año para salir al aire o perdíamos nuestra licencia. Realmente necesitábamos la sabiduría sobrenatural de Dios para lidiar con los detalles cotidianos de construir una estación de televisión.

Decidí hacer lo que mi mamá hacía, y cada mañana al leer mi Biblia, anotaba cada versículo o pasaje de la Escritura que tenía que ver con sabiduría o guía. Después de algunas semanas, tenía como veinte o treinta pasajes, y cada día, antes de salir de la casa, Victoria y yo leíamos esas Escrituras y las declarábamos confiadamente.

Uno de mis pasajes preferidos era: "Porque Jehová da la sabiduría, y de su boca viene el conocimiento y la inteligencia. Él provee de sana sabiduría a los rectos; es escudo a los que caminan rectamente. Es el que guarda las veredas del juicio, y preserva el camino de sus santos. Entonces entenderás justicia, juicio y equidad, y todo buen camino".[2] Decíamos: "Padre, te damos gracias que tenemos tu sabiduría sobrenatural, y que sí tenemos la habilidad de tomar decisiones correctas en cada ocasión. Padre, Tú dijiste que los pasos del justo son ordenados por el Señor, así que te damos gracias que Tú estás guiando y dirigiendo nuestros pasos". Y no le puedo decir cuántas veces, durante el desarrollo de esa estación de televisión, Dios nos protegió de una manera sobrenatural y nos detuvo de cometer errores.

Por ejemplo, un día estaba por levantar el teléfono para pedir un aparato mucho muy caro. Un aparato esencial, quizá de los aparatos más cruciales e importantes para una estación de televisión. Justo antes de hacerlo, me llamó un hombre inesperadamente y hablamos de muchos asuntos; cuando íbamos concluyendo nuestra conversación, me dijo algo que me dio nueva perspicacia y cambió completamente la decisión que estaba por tomar.

¿Qué estaba sucediendo? Dios estaba usando a aquel hombre para guiarnos; Dios nos estaba protegiendo de tomar malas decisiones, y nos estaba dando la habilidad para tomar la decisión correcta. Dios estaba viendo que se cumpliera su Palabra.

Dios desea hacer algo parecido para usted, pero no puede ser perezoso. Escudriñe las Escrituras y marque aquellos pasajes que se pueden aplicar a su situación específica. Escríbalos y tenga la costumbre de declararlos.

Dios ya ha hecho todo lo que Él va a hacer, ahora le toca a usted. Si quiere el éxito, si quiere sabiduría, si quiere prosperar y ser sano, tendrá que hacer algo más que meditar y creer; tendrá que declarar audazmente palabras de fe y victoria sobre usted y su familia.

En el próximo capítulo, ¡descubriremos cómo puede hacer precisamente eso!

CAPÍTULO 16

Hable una bendición

Como padres, podemos afectar profundamente la dirección que toman las vidas de nuestros hijos por medio de las palabras que les hablamos. Yo creo que como matrimonio podemos delinear la dirección para toda nuestra familia. Como negociante, puede ayudar a determinar la dirección para sus empleados. Con nuestras palabras, tenemos la habilidad de ayudar a moldear y formar el futuro de cualquier persona sobre quien tengamos influencia.

Y cada uno de nosotros tiene influencia sobre alguna otra persona. Usted posiblemente no considere ser un líder, pero sin embargo, sí tiene un círculo de influencia, alguna persona o grupo que le respeta. Aun y si usted es un adolescente, alguien valora su opinión. Es vital que hablemos "cosas buenas" a las vidas sobre las cuales tenemos influencia. Eso no quiere decir que nunca estaremos en desacuerdo con ellos o que nunca tendremos que confrontarles o corregirles, pero el tono general de nuestras palabras a ellos y sobre ellos deberá ser positivo.

Una madre bien intencionada constantemente regañaba a su hijo adolescente: "Eres tan flojo; ¡nunca serás algo bueno! Si no te comportas, nunca lograrás entrar a la universidad. Lo más seguro es que terminarás metiéndote en problemas".

Esa clase de palabras negativas destruirá más rápidamente a una persona de lo que se imagina. No puede hablar negativamente de alguien en un momento, y después salir y esperar que esa persona sea bendecida. Si usted quiere que sus hijos sean productivos y que tengan éxito, usted necesita declarar palabras de vida sobre ellos en lugar de predicciones de mal y desesperación. La Escritura nos recuerda que con nuestras palabras podemos bendecir o maldecir a las personas.

Las personas en el Antiguo Testamento tenían muy claro el poder que ejercía la bendición. Al acercarse el patriarca de la familia a la senilidad o a la muerte, los hijos mayores se juntaban al lado de su padre, luego él colocaba sus manos sobre la cabeza de cada hijo y hablaba palabras amorosas y llenas de fe sobre ellos y sobre su futuro. Estas frases se conocían como "la bendición". La familia estaba consciente de que eran más que el último testamento del padre; estas palabras llevaban consigo la autoridad espiritual y tenían la habilidad de traer éxito, prosperidad y salud a su futuro.

En muchas ocasiones, los hijos aun se peleaban por la bendición del padre. No se estaban peleando por el dinero que pudieran heredar, ni tampoco por el negocio familiar. No, ellos se peleaban por esas palabras llenas de fe porque sabían que si recibían la bendición de su padre, las riquezas y el éxito serían las consecuencias naturales de ella. Y más que eso, deseaban profundamente recibir la bendición de una persona a quien amaban y respetaban.

Uno de los relatos bíblicos más sorprendentes sobre el poder de la bendición nos llega a través de las vidas de Jacob y Esaú, los dos hijos de Isaac.[1] Jacob deseaba recibir la bendición de su padre, no cualquier bendición, sino una bendición que le pertenecía legítimamente al hijo primogénito de la familia. Isaac estaba viejo, cercano a la muerte, y prácticamente ciego. Un día llamó a su hijo, Esaú, y le dijo: "Esaú, ve y mata un animal y prepárame una comida, y te daré la bendición que le pertenece al hijo primogénito". Pero la madre de Jacob, Rebeca, escuchó esta conversación. Rebeca amaba a Jacob más que a Esaú, así que le dijo a Jacob que se pusiera la ropa de Esaú con la intención de engañar a Isaac para que le diera a él la bendición. Entonces preparó una de las comidas preferidas de Isaac.

Mientras Esaú andaba de cacería, ella le dijo a Jacob: "Ve a tu padre y preséntale esta comida, y él te dará la bendición que en realidad le pertenece a tu hermano".

Jacob reconoció la seriedad de este fingimiento y dijo: "Pero Mamá, ¿qué pasa si él se da cuenta que estoy mintiendo, y me maldice en lugar de bendecirme? ¡Seré maldecido por el resto de mi vida!"

Medite eso. Jacob entendía que él estaba arriesgando todo su futuro con este truco, estaba consciente de que las palabras que hablara su padre sobre él le impactarían, ya fuera para bien o mal, por el resto de su vida.

Declare el favor de Dios

Reconozcámoslo o no, nuestras palabras afectan el futuro de nuestros hijos ya sea para bien o para mal. Nuestras palabras tienen la misma clase de poder que ejercían las palabras de Isaac. Debemos hablar palabras amorosas de aprobación y aceptación, palabras que animen, inspiren y motiven a nuestros hijos a alcanzar nuevas alturas. Al hacer esto, estamos hablando bendiciones a sus vidas, estamos hablando abundancia e incremento, estamos declarando el favor de Dios en sus vidas.

Nuestras palabras afectan el futuro de nuestros hijos, ya sea para bien o para mal.

Pero en demasiadas ocasiones, nos deslizamos a hablar palabras duras que critican a nuestros hijos, constantemente encontrando alguna falta en lo que nuestros hijos estén haciendo. "¿Por qué no puedes salir mejor en tus notas? No dejaste bien el jardín. Vete a limpiar tu habitación, ¡parece una pocilga! No puedes hacer nada bien, ¿verdad?"

Palabras tan negativas causarán que nuestros hijos pierdan ese sentido de valor que Dios ha puesto dentro de ellos. Como padres, tenemos la responsabilidad ante Dios y la sociedad de entrenar a nuestros hijos, de disciplinarles cuando desobedecen, de amorosamente corregirles cuando toman malas decisiones, pero no debemos estar constantemente regañándoles. Si usted habla continuamente palabras que desaniman y desalientan, antes de mucho tiempo usted destruirá la imagen propia de su hijo; y con sus palabras negativas, abrirá la puerta, permitiendo que el enemigo traiga toda clase de inseguridad e inferioridad a su vida. Millones de adultos hoy día están todavía sufriendo los efectos de las palabras negativas que les hablaron sus padres de niños.

Recuerde que si comete el error de constantemente hablar palabras negativas sobre sus hijos, usted está maldiciendo su futuro. Además, Dios le pedirá cuentas a usted por haber destruido su destino. Con la autoridad viene responsabilidad, y usted tiene la responsabilidad como la autoridad espiritual sobre su hijo de asegurarse de que se sienta amado, aceptado y aprobado. Usted tiene la responsabilidad de bendecir a sus hijos.

Además de eso, la mayoría de los niños desarrollan sus conceptos de quién es Dios y cómo es Él de la imagen que tienen de sus padres. Si su padre es malo, criticón y áspero, inevitablemente los hijos crecerán con una manera distorsionada de ver a Dios. Si el padre es amoroso, bondadoso, compasivo y justo, el hijo entenderá mejor el carácter de Dios.

Una de las razones por las que hablo tanto de la bondad de Dios es porque vi a mi padre ejemplificarla. Ninguna persona pudo haber representado mejor a Dios ante los hijos Osteen que mi papá. Aun cuando cometíamos un error o nos desviábamos, a la vez que mi papá se mantenía firme, también era amoroso y bueno. Él nos guiaba al camino correcto inmediatamente. Nunca usó tácticas ásperas para meternos de nuevo al camino; nos amó hasta corregirnos y aunque era un hombre muy ocupado, siempre tomaba tiempo para nosotros. Nos animaba a hacer grandes cosas, a cumplir nuestros sueños. Solía decir: "Joel, no hagas lo que yo quiero que hagas. Haz lo que tú quieras hacer. Sigue tus propios sueños".

Mi papá creía en mis hermanos y en mí. Nos decía que éramos grandes, aun cuando sabíamos que no lo éramos, se refería a nosotros como bendiciones aun y cuando sabíamos que no nos estábamos comportando como bendición.

Mi mamá y mi papá criaron cinco hijos en nuestra casa. De niños, no teníamos programas para niños como hoy en día los tienen en muchas iglesias, todos nos reuníamos en el mismo auditorio. Mi hermanita, April, y yo solíamos sentarnos en la primera fila de ese antiguo edificio donde cabían unas doscientas personas. Jugábamos al "gato" (o también conocido como "cruces y círculos") durante toda la reunión. (Estoy confesando esto para que usted sepa que todavía hay esperanza para sus hijos. Yo no puse atención, y Dios me hizo un pastor. ¡Quién sabe qué hará Dios con sus hijos!)

Mi papá estaría en la plataforma, y mi mamá nos tendría a nosotros cinco en una fila, mientras alzaba sus manos, alabando a Dios con sus ojos cerrados. Sin embargo, tenía la sorprendente habilidad, con todo y sus ojos cerrados, de saber cuándo nos estábamos portando mal. Eso me asombraba muchísimo. ¡Creo que era mi primera experiencia con el poder sobrenatural de Dios! Veía a mi mamá para asegurarme que tenía cerrados los ojos antes de hacer algo para molestar a mi hermano, Paul. Sin perder un segundo, mi mamá bajaba lentamente una mano, con mucha gracia me tomaba del brazo, ¡y me daba un fuerte pellizco! Yo hubiera querido gritar pero sabía que lo mejor era no hacerlo. Y después, mi mamá levantaría de nuevo su brazo para continuar alabando al Señor.

Pensaba: *Mamá, tienes un don. ¡Eso es sobrenatural!*

Estoy bromeando (un poco), pero el punto es que mis hermanos y yo no éramos unos niños perfectos. Cometimos bastantes errores, pero mis padres nunca se fijaron demasiado en nuestras debilidades ni en los problemas. Siempre se enfocaban en las soluciones, constantemente nos decían que éramos los mejores niños del mundo, y crecimos sintiéndonos seguros, sabiendo que nuestros padres no sólo se amaban, pero nos amaban y creían en nosotros, y nos apoyarían pasara lo que pasara. Sabíamos que nunca nos criticarían ni condenarían, pero siempre creerían lo mejor de nosotros.

Como crecí con la aceptación y aprobación de mis padres, ahora, siendo padre yo, estoy practicando la misma clase de cosas con mis hijos. Estoy hablando palabras de bendición a sus vidas que pasarán de generación a generación, y yo sé que mis hijos transmitirán la bondad de Dios a sus hijos, y así sucesivamente.

Una de las primeras cosas que hago al ver a mi hijito Jonathan en la mañana, es decir: "Jonathan, eres lo mejor, hombre". Constantemente le estoy diciendo: "Jonathan, tú eres el regalo de Dios para Mamá y para mí; te amamos; estamos orgullosos de ti; siempre te apoyaremos". Le digo a nuestra hija, Alexandra, la misma clase de cosas.

Antes de que se vayan a la cama, les digo a nuestros dos hijos: "Papi siempre será tu mejor amigo". Victoria y yo siempre les estamos diciendo: "No hay nada que no puedes hacer. Tienes un futuro emocionante ante ti. Estás rodeado del favor de Dios. Todo cuanto toques prosperará".

Victoria y yo creemos que tenemos tanto una oportunidad como una responsabilidad de hablar las bendiciones de Dios a nuestros hijos ahora, mientras que están pequeños. ¿Por qué esperar hasta que sean adolescentes, o estén en sus veinte años y por casarse, para comenzar a orar que las bendiciones de Dios llenen sus vidas? No, estamos declarando las bendiciones de Dios sobre ellos todos los días de su vida. Y tenemos la plena convicción de que nuestras palabras impactarán a nuestros hijos mucho después de que hayan crecido y tengan sus propios hijos.

¿Qué está dejando usted a la siguiente generación? No es suficiente sólo pensarlo; tiene que hablarlo. Una bendición no es una bendición si no se habla y sus hijos necesitan oírle decir palabras como: "Te amo. Creo en ti. Pienso que eres especial. No hay nadie cómo tú. Eres único". Necesitan escuchar su aprobación; necesitan sentir su amor; necesitan su bendición.

Una bendición se vuelve una bendición cuando es hablada.

Sus hijos pueden estar ya grandes, pero eso no debería detenerle de tomar el teléfono para hablarles y animarles, decirles que está orgulloso de ellos. Quizá usted no practicó bendecir a sus hijos mientras crecían, pero no es demasiado tarde; comience a hacerlo ahora mismo.

Las palabras no pueden ser retiradas

Jacob se presentó ante su padre Isaac, quien estaba prácticamente ciego, pretendiendo ser su hermano Esaú. Aunque los ojos de Isaac no veían tan bien, su inteligencia seguía intacta, por lo que cuestionó: "Esaú, ¿en realidad eres tú?"

"Sí, Padre; soy yo", mintió Jacob.

Isaac no quedó convencido, así que hizo acercar a su hijo. Sólo cuando olió la ropa de Esaú se convenció al fin que era él y entonces le dio a Jacob la bendición que en realidad le pertenecía a su hermano mayor. Dijo algo como: "Que siempre tengas abundancia de grano y vino. Que las naciones se postren ante ti y las personas siempre te sirvan. Que seas señor sobre tus hermanos. Que cualquiera que te maldiga sea maldecido, y cualquiera que te bendiga sea bendecido".[2] Fíjese que Isaac declara cosas sobre el futuro de Jacob, y si estudia la historia se dará cuenta de que esas cosas sí llegan a cumplirse.

Por otro lado, poco después de haber salido Jacob de con su padre, llegó Esaú. Él dijo: "Padre, siéntese; traje la comida que le preparé".

Ahora Isaac estaba confundido y dijo: "¿Quién eres tú?"

"Papá, soy Esaú, tu hijo primogénito". En ese punto, la Biblia nos dice que Isaac comenzó a temblar violentamente, ya que se dio cuenta de que había sido engañado. Le explicó a Esaú cómo Jacob, su hermano, había llegado y con engaño se había robado la bendición.

Ahora llegamos a una parte sorprendente de esta terrible historia de traición. Esaú comenzó a llorar en voz alta, diciendo: "Padre, ¿no me puedes dar la bendición que le pertenece al hijo primogénito?"

La respuesta de Isaac fue tanto perspicaz como poderosa: "No, las palabras ya han salido, y no las puedo retirar. Dije que Jacob sería bendecido, y él siempre será bendecido".

¿Logra ver el poder de nuestras palabras? ¿Percibe el poder de declarar bendiciones sobre sus hijos? Isaac dijo: "Una vez que hayan salido las palabras, no las puedo retirar". Él le dio una bendición menor a Esaú, pero no fue tan significativa como la que le había dado a Jacob.

Tenemos que tener muchísimo cuidado con lo que permitimos salir de nuestra boca. La próxima vez que tenga la tentación de hablarle mal a alguien, de menospreciar a su hijo o degradarle, recuerde, nunca podrá retirar aquellas palabras. Una vez que las hablamos, toman una vida propia.

Use sus palabras para bendecir a las personas. Deje de criticar a su hijo y comience a declarar que tiene grandes cosas en su futuro.

No deberíamos hablar jamás palabras negativas, ni destructivas hacia nadie, en especial hacia las personas sobre quienes ejercemos autoridad o influencia. Sólo porque usted tiene su propio negocio o supervisa un gran número de empleados, eso no le da el derecho de hablarles mal y hacer que se sientan mal consigo mismos. ¡Al contrario! Dios le pedirá cuentas por lo que le dice a aquellos individuos bajo su autoridad, y Él le juzgará con un criterio más estricto. Debería de esforzarse para hablar palabras positivas que edifican y animan.

De manera similar, es importante que un esposo entienda que sus palabras ejercen tremendo poder en la vida de su esposa. Él necesita bendecirla con sus palabras, ya que ella ha dado su vida para amarlo y cuidarlo, para ser su pareja, para crear una familia juntos, y para criar a sus hijos. Si siempre está encontrando algo mal en lo que ella esté haciendo, si siempre está menospreciándola, él segará terribles problemas en su matrimonio y en su vida. Además, muchas mujeres hoy día se encuentran deprimidas y se sienten emocionalmente abusadas porque sus maridos no las bendicen con sus palabras. Una de las principales causas de crisis emocional entre mujeres casadas es el hecho de que no se sienten valoradas y una de las razones principales por las que se da esta deficiencia es porque los esposos están conscientes o inconscientemente negando dar las palabras de aprobación que tan desesperadamente desean las mujeres. Si usted desea ver una obra milagrosa en su matrimonio, comience a alabar a su pareja, comience a apreciarla y a animarla.

"Ah, mi esposa sabe que la amo", dijo un señor mayor. "No necesito decírselo, se lo dije hace cuarenta y dos años, al casarnos".

No, ella necesita oírlo una y otra vez. Cada día, un esposo debería decirle a su esposa: "Te amo. Te aprecio. Eres la mejor cosa que jamás me ha sucedido". Una esposa debería hacer lo mismo por su esposo, su relación mejoraría muchísimo si simplemente comenzara a hablar palabras amables y positivas, bendiciendo a su pareja en lugar de maldecirla.

Declare la bondad de Dios

Debe comenzar a declarar la bondad de Dios en su vida. Declare confiadamente: "El rostro de Dios está resplandeciendo sobre mí, y Él desea ser bueno conmigo". Eso no es jactarse, así es cómo Dios dice que seremos bendecidos, cuando empecemos a declarar su bondad.

Permítame hacer algunas declaraciones a su vida:

- Declaro que usted es bendecido con la sabiduría sobrenatural de Dios, y que tiene una dirección clara para su vida.
- Declaro que es bendecido con creatividad, con valentía, con habilidad y con abundancia.
- Declaro que es bendecido con una voluntad fuerte y con autocontrol y disciplina propia.
- Declaro que es bendecido con una magnífica familia, con buenas amistades, con buena salud y con fe, con favor, con satisfacción y realización.
- Declaro que es bendecido con éxito, con fuerza sobrenatural, con ascensos y con protección divina.
- Declaro que es bendecido con un corazón obediente y con una actitud positiva de la vida.
- Declaro que cualquier maldición que jamás se haya hablado sobre usted, cualquier palabra mala o negativa dicha en contra suya, será rota ahora mismo.
- Declaro que es bendecido en la ciudad; es bendecido en el campo; es bendecido cuando entra; es bendecido cuando sale.
- Declaro que todo lo que hagan sus manos prosperará y saldrá bien.
- ¡Declaro que es bendecido!

Le animo a recibir estas palabras y a que las medite; permita que penetren en lo profundo de su corazón y su mente y se hagan una realidad en su vida. Practique hacer algo parecido con su familia. Aprenda a hablar bendiciones sobre su vida, sus amigos, su futuro. Recuerde que una bendición no es una bendición hasta que es hablada. Si usted hace su parte y comienza a hablar audazmente las bendiciones sobre su vida y las vidas de los que le rodean, Dios le proveerá de todo lo que necesita para vivir la vida de abundancia que Él quiere que tenga.

**Aprenda a hablar bendiciones sobre su vida,
sus amigos, su futuro.**

PARTE 4

DEJE ATRÁS EL PASADO

Suelte las heridas emocionales

Vivimos en una sociedad a la que le encanta hacer excusas, y una de nuestras frases preferidas es: "No tengo la culpa".

"Joel, soy una persona negativa porque me crié en un ambiente familiar no muy sano", me dijo un hombre.

"Mi esposo me abandonó y he sido rechazada, por eso siempre estoy deprimida", dijo una mujer en sus cuarenta.

"Perdí a mi esposa, y simplemente no lo comprendo, por eso estoy tan enojado", dijo otro joven.

No, la verdad es que estamos amargados y resentidos porque nos permitimos permanecer así. Todos hemos vivido experiencias negativas. Si busca muy bien, con facilidad podrá encontrar razones para estar malhumorado. Cualquiera puede hacer excusas y culpar su pasado por sus malas actitudes, por sus decisiones erróneas o por su mal carácter.

Tal vez tenga razones válidas para sentirse como se siente, puede ser que haya pasado por cosas que nadie merece experimentar en la vida. Quizá fue abusado física, verbal, sexual o emocionalmente; quizá ha lidiado con una enfermedad crónica o alguna condición física irreparable o puede ser que alguien se aprovechó de usted en algún negocio y perdió todo, así como su autoestima. No estoy minimizando esas tristes experiencias, pero si quiere vivir en victoria, no puede usar heridas emocionales del pasado como excusa para los errores cometidos hoy. No se atreva a utilizar su pasado como una excusa para su mala actitud actual, o para racionalizar su falta de voluntad para perdonar a alguien. El cuarto paso hacia vivir su mejor vida hoy es *dejar atrás el pasado*.

Es tiempo de permitir que llegue sanidad a las heridas emocionales, de dejar a un lado sus excusas y dejar de sentir autocompasión. Es tiempo de deshacerse de su mentalidad de víctima.

Nadie —ni siquiera Dios— prometió que la vida sería justa. Deje de comparar su vida con la de otra persona, y deje de meditar en lo que pudo haber sido, debió haber sido o quizá hubiera sido. Deje de hacerse preguntas como: "¿Por qué esto?" o "¿Por qué aquello?" o "¿Por qué yo?"

Tome lo que Dios le ha dado y aprovéchelo al máximo.

Mejor tome lo que Dios le ha dado y aprovéchelo al máximo. Puede ser que haya sufrido mucho, sobrevivido grandes adversidades o vivido muchas cosas negativas. Es posible que tenga heridas emocionales muy profundas, pero no permita que su pasado determine su futuro. No puede hacer nada respecto a lo que le haya pasado, pero puede decidir cómo enfrentará lo que le queda por delante. No debe asirse de aquellos sentimientos de amargura y resentimiento y así permitir que envenenen su futuro. Deje ir esas heridas y dolores, perdone a las personas que le trataron mal y perdónese a usted mismo por los errores que ha cometido.

Puede ser que incluso necesite perdonar a Dios. Quizá ha culpado a Dios por llevarse a sus seres queridos, o puede ser que esté airado con Él porque no contestó sus oraciones, o tal vez alguna situación no salió como había esperado. Sin embargo, nunca podrá ser verdaderamente feliz mientras guarde amargura en su corazón. Siempre se estará revolcando en la autocompasión, siempre pensando que le tocó lo peor, pensando que la vida no ha sido justa con usted. Tiene que dejar a un lado esas actitudes negativas y el enojo que las acompaña, cambie de canal y comience a meditar en la bondad de Dios.

Cambie de canal

Todos sabemos cómo utilizar el control remoto para cambiar los canales de la televisión. Si vemos algo que no nos agrada, no hay problema, cambiamos el canal. Debemos aprender a hacer lo mismo en nuestra mente: Cambiar el canal cuando las cosas negativas lleguen a nuestra mente inesperadamente. Por desgracia, cuando algunas personas ven esas experiencias negativas en la "pantalla" de su mente, en lugar de cambiar rápidamente el canal, arriman una silla y se traen las palomitas (rosetas), como si estuvieran a punto de ver una buena película. Están muy dispuestos a revivir todas las heridas y el dolor del pasado. Y después se preguntan porque están deprimidos, trastornados o desanimados.

Aprenda a cambiar de canal. No permita que su mente o sus emociones le arrastren al desaliento. Mejor medite en las cosas buenas que Dios ha hecho en su vida.

Posiblemente usted conozca a algunas personas que viven en la autocompasión. Les encanta la atención que les trae y han vivido de esa manera por tanto tiempo que la autocompasión ha llegado a ser parte de su identidad. Puede ser que sean conocidas como la persona que pasó por alguna gran lucha, alguna terrible experiencia, o como la persona que vivió algo realmente espantoso. Es cierto que cuando alguien vive una experiencia traumática, esa persona deberá ser tratada con compasión y cuidado hasta que haya logrado recuperar su salud y su fuerza, y se haya establecido de nuevo. Pero la verdad es que algunas personas no se quieren recuperar del todo porque les gusta demasiado el hecho de tener toda la atención.

Hace quince años, el único hijo de Phil y Judy resultó muerto en un accidente inusual en el trabajo. Fue uno de esos accidentes sin sentido, inexplicables, para los cuales no existen palabras de aliento. La familia y los amigos se quedaron cerca de la pareja por varios meses, se compadecían de ellos en su pena y hacían todo por ayudarlos para volver a la normalidad de nuevo.

Sin importar los esfuerzos sensibles de sus consoladores, Phil y Judy rehusaban soltar su pena, cada vez que se hacía mención de su hijo, se les llenaban de lágrimas los ojos y comenzaba de nuevo su duelo. Lenta pero seguramente, los consoladores dejaron de llegar, las personas dejaron de hablarles por teléfono y sus familiares evitaban visitarlos.

Cuando algún pobre valiente se atrevía a animar a la pareja, se les contestaba con caras atufadas y una ola de insultos.

"Es que tú no sabes lo que es perder tu único hijo", dijo Phil.

"No, pero Dios sí sabe", alguien le respondió.

Pero Phil y Judy permanecían inamovibles. En sus mentes, nunca nadie había sentido el dolor que ellos estaban sintiendo y ningún consuelo parecía ser adecuado para sus necesidades. Siempre serían conocidos como la pareja que perdió trágicamente a su hijo. Como consecuencia, quince años después Phil y Judy seguían languideciendo en la autocompasión y el aislamiento provocado por ellos mismos. ¿Por qué? Porque no querían mejorar.

Si usted ha experimentado algo doloroso, no permita que esa experiencia sea el enfoque de su vida; deje de hablar de ello; deje de mencionárselo a sus amigos. Tiene que ir más allá pues a menos que deje ir lo viejo, Dios no podrá traerle lo nuevo. Es natural sentir tristeza y acongojarse, pero no debería estar de luto todavía cinco o diez años más tarde. Si en realidad desea estar completo, si realmente quiere estar sano, tiene que seguir adelante con su vida.

En demasiadas ocasiones seguimos reviviendo las memorias penosas del pasado, cancelando el deseo de Dios de traer sanidad porque justo cuando estamos a punto de sanar, comenzamos a hablar sobre nuestra experiencia dolorosa otra vez. Se lo mencionamos a nuestros amigos, comenzamos a revivirlo, viéndolo en nuestra imaginación, y de repente, sentimos las mismas emociones, como si estuviéramos abriendo nuevamente la antigua herida, que nunca sanará bien hasta que no aprendamos a dejarla en paz. Recuerde que sus emociones siguen a sus pensamientos, así que cuando medita en las experiencias dolorosas de su pasado, esas emociones regresan a usted, y siente aquel dolor en el presente. Usted puede volver a vivir una experiencia de nuevo en su mente y sentir hoy exactamente lo mismo que sintió cuando sucedió veinte años atrás.

Un día, algunos años después de haber fallecido mi padre en 1999, me encontraba solo en la casa de mis papás. No había estado allí en bastante tiempo, y mientras caminaba por la sala, aparentemente sin razón alguna, comencé a recordar la noche en que él falleció. Mi papá había sufrido un paro cardiaco en ese mismo lugar y en mi imaginación, podía ver cómo sucedía todo; podía ver a mi papá en el piso; al personal médico ayudándolo; podía ver su cara y en ese momento comencé a sentir las mismas emociones de desesperación, tristeza y desánimo que había conocido la noche que murió Papá.

Por unos quince o veinte segundos me quedé paralizado en aquel lugar, abrumado por mis emociones. Finalmente, me sacudí, y pensé: *¿Qué estoy haciendo? ¿Adónde está yendo mi mente? ¿Para dónde me están llevando estas emociones?*

Tomé la decisión que no iba a permitirme revivir esa noche pues sabía que no sería de provecho para mí, ya que sólo me haría sentirme mal y desanimado. En lugar de meditar en el dolor del pasado, tuve que comenzar a recordar intencionalmente todos los tiempos hermosos que mi papá y yo habíamos experimentado en la sala. Me sonreí al recordar cómo solíamos ver juntos en esa habitación uno de nuestros programas preferidos de la televisión llamado *Wheel of Fortune*. Mi papá siempre sabía la respuesta mucho antes que los concursantes. En mi mente, podía ver a mi papá jugando con mis hijos en esa sala, le encantaba tener niños a su alrededor, y a ellos les fascinaba estar con él.

Recordé cómo en ocasiones que entraba a la sala y mi papá se encontraba en su sillón preferido, él levantaría la mirada para decirme: "Joel, cuéntame todo lo que sabes, sólo te tardarás un segundo". Mi papá pensaba que era muy chistoso, y sí lo era ya que tenía un gran sentido del humor.

Al estar parado en esa sala, tuve que conscientemente tomar la decisión de no permitir que mi mente regresara a los recuerdos dolorosos de la muerte de mi padre, y en su lugar recordar los momentos gozosos de la vida de él. Sin embargo, tome nota de que no fue algo que sucedió naturalmente; fue una decisión que tuve que tomar.

Usted tiene que hacer algo similar en cuanto a las experiencias dolorosas de su pasado. Rehúse regresar emocionalmente a aquel lugar, rehúse desenterrar todos esos recuerdos emocionales negativos. No le harán ningún bien, de hecho, las emociones negativas que se experimentan fuertemente tienen el potencial de detener mucho su progreso personal.

Haga de cuenta que cada persona tiene en su mente dos archivos principales en su sistema de memoria. El primero es un archivo con todas las cosas buenas que nos han sucedido y está lleno de nuestras victorias y acontecimientos, de todas las cosas que nos hayan producido gozo y alegría al paso de los años.

El segundo archivo es exactamente lo opuesto, está lleno del dolor y las heridas del pasado, de todo lo negativo que nos haya sucedido. Está lleno de nuestros fracasos y derrotas, de cosas que nos produjeron tristeza y dolor. A lo largo de nuestra vida, escogemos cuál archivo abriremos. Algunas personas regresan vez tras vez al segundo archivo y reviven nuevamente todo el dolor. Siempre están pensando en la ocasión que alguien les trató mal, las veces que fueron heridos o cuando sufrieron un terrible dolor. Desgastan prácticamente el archivo número dos al ocuparse tanto en lo negativo que nunca llegan a explorar el archivo número uno, al grado que casi nunca piensan en las cosas positivas que les hayan pasado.

Si usted desea ser libre, si usted quiere vencer la autocompasión, tire la llave que abre el archivo número dos y no regrese más a él, mantenga su mente enfocada en las cosas buenas que Dios ha hecho en su vida.

No vaya allí

Dice una broma de hace muchos años atrás: "Si se rompe el brazo en tres lugares, ya no frecuente esos lugares". Puede ser que esa broma contenga más verdad de lo que pensamos. Cuando el dolor del pasado quiera captar su atención, no regrese allí. Mejor recuerde estas palabras: *No gracias, pensaré en lo que es de buen reporte, en las cosas que me edifiquen, y no en las que me hundan, en las cosas que me animen y me llenen de paz y alegría, no en las cosas que intenten robar mi esperanza y agoten mi espíritu.*

Levántese y siga adelante

Leemos en la Biblia de un hombre que había estado enfermo durante treinta y ocho años, quien además pasaba cada día de su vida tirado al lado de un estanque llamado Betesda, esperando un milagro.[1] Este hombre tenía una enfermedad persistente y profundamente arraigada que no se curaba.

Pienso que muchas personas hoy día tienen enfermedades persistentes. Quizá sus males no sean físicos, puede ser que sean emocionales; no obstante, son enfermedades constantes y muy arraigadas que no se van fácilmente. Pueden ser a causa de no querer perdonar, no soltando los resentimientos del pasado, culpando a éste por su comportamiento o a otras heridas emocionales. Estas enfermedades persistentes pueden afectar su personalidad, sus relaciones y su imagen propia. Así como el hombre acostado al lado del estanque, algunas personas pasan año tras año, esperando que suceda un milagro, esperando algún gran evento que mejorará todo.

Un día Jesús vio al hombre que estaba acostado allí, necesitado. Era obvio que era cojo, pero Jesús le hizo una pregunta que parecía extraña: "¿Quieres ser sano?"[2]

"¿Quieres ser sano?"

Yo creo que Dios nos está haciendo una pregunta como ésta hoy día: "¿Quieres ser sano o quieres seguir acostado sintiendo autocompasión?"

Jesús le hizo una pregunta sencilla, no complicada, pero la respuesta que le dio el hombre fue interesante. Comenzó a enumerar todas sus excusas: "Estoy solo. No tengo quién me ayude. Otras personas me han quedado mal. Otras personas siempre llegan antes que yo. No tengo oportunidades en la vida".

No nos debería sorprender que estuviera en esa condición por treinta y ocho años.

Me encanta cómo le contestó Jesús ya que ni siquiera contestó a su triste historia, ni le dijo: "Sí, amigo, estoy de acuerdo contigo, has tenido muchas dificultades. Permíteme compadecerme de ti".

No, Jesús lo miró y dijo, en efecto: "Si en verdad quieres ser sano, si en verdad quieres arreglar tu vida, si realmente quieres salir de este lío, esto es lo que tienes que hacer: levántate del suelo, toma tu cama y anda". Cuando el hombre hizo lo que Jesús le había mandado, ¡fue milagrosamente sanado!

Esto es un mensaje para nosotros hoy día. Si en verdad quiere ser sano, si realmente quiere recibir sanidad física y emocional, tiene que levantarse y seguir adelante con su vida. Ya no se vale quedarse tirado sintiendo autocompasión, tiene que dejar de entrar al archivo número dos a cada rato, tiene que dejar de hacer excusas y de culpar a las personas o a las circunstancias por su desánimo. Mejor comience a perdonar a las personas que le hayan lastimado.

Hoy puede ser el punto de cambio en su vida, un tiempo de nuevos comienzos. No malgaste más tiempo tratando de entender porqué ciertas cosas malas le han sucedido a usted o a sus seres queridos y rehúse vivir más con una mentalidad de víctima.

Puede estar diciendo: "Es que no entiendo por qué me está pasando esto. No entiendo por qué estoy enfermo. ¿Por qué murió mi ser querido? ¿Por qué se vino abajo mi matrimonio? ¿Por qué fui criado en un ambiente tan abusivo?"

Tal vez nunca tendremos la respuesta, pero no use eso como excusa para quedarse en su autocompasión. Déjelo, levántese y siga adelante con su vida pues muchos de los "por qué" que enfrentamos permanecerán como enigmas que nunca serán contestados, pero confíe en Dios, y acepte el hecho que habrá preguntas sin respuestas. Recuerde que si usted no sabe la respuesta, eso no significa que no exista una. Simplemente usted no la ha descubierto aun.

Normalmente, podemos asimilar una situación si logramos encontrar un archivo en nuestro pensamiento en el cual la podemos poner. "Se metió en problemas porque andaba con personas de mala influencia..."

¿Pero, qué sucede cuando las cosas no tienen sentido? ¿Cuándo una persona buena es afligida con una seria enfermedad? ¿O un niño nace con alguna lesión? ¿O un esposo o esposa abandona un matrimonio? ¿O qué sucede cuando la vida no cabe cómodamente dentro de nuestras categorías?

Cada uno de nosotros necesita un archivo que se llame "No lo entiendo". Cuando surge algo que no tiene ninguna razón, aparentemente, sólo colóquelo en su archivo de "No lo entiendo".

Mientras tanto, tiene que cobrar suficiente fe para decir: "Dios, no lo entiendo, pero confío en ti y no pasaré todo mi tiempo queriendo entender porqué suceden algunas cosas, confiaré en ti para sacar algo bueno de esto. Tú eres un Dios bueno, y yo sé que Tú tienes mi bien en mente pues prometiste que todas las cosas me ayudarán para bien".

Eso es fe, y esa es la actitud que Dios honra.

Mi mamá contrajo polio cuando era niña. Tuvo que usar soportes metálicos en su pierna por muchos años, y hasta el día de hoy, una pierna está más corta que la otra. Mi mamá pudiera haber dicho: "Dios, esto no es justo. ¿Por qué me pasó esto?"

Pero en lugar de decir eso, ella tomó su cama y siguió adelante con su vida. En 1981 cuando se le diagnosticó cáncer y le dijeron que se moriría, ella no se colapsó diciendo: "Pobrecita de mí. Ya lo sabía. Ya tuve polio, ahora tengo cáncer. Siempre me toca lo malo".

Mi madre no hizo eso sino que se mantuvo firme y peleó la buena batalla de la fe. No se la vivió quejando, al contrario, siempre hablaba palabras de fe y de victoria, rehusando a verse como la víctima. Ella se vio como victoriosa y Dios la sacó de esa dificultad.

Sus adversidades pueden hacerle amargo o le pueden hacer una persona mejor. Pueden hundirle y hacer que sea una persona amargada, o pueden inspirarle a alcanzar nuevas alturas.

Mi padre fácilmente pudo haber dicho: "Dios, ¿por qué permitiste que naciera en esta familia empobrecida? No tenemos ninguna posibilidad".

Pero él no usó eso como excusa para quedarse en la derrota y para sentir autocompasión. No, él se levantó y siguió adelante con su vida. Al comenzar a predicar a los diecisiete años de edad, no tenía una congregación así que predicaba en las calles, en los asilos para ancianos, en las prisiones y cárceles, en dónde podía. No tenía carro, así que caminaba o pedía que alguien le llevara a donde quiera que fuera. Él pudo haberse retirado con facilidad, diciendo: "Dios, ya hemos pasado por demasiados problemas en esta vida, por favor no me pidas hacer ninguna cosa más pues sólo somos unos pobres que inspiran lástima".

Pero no, Papá tomó su cama y se movió, y usted debe hacer lo mismo, ya que su pasado no tiene que determinar su futuro. Todos podríamos sentarnos y dar razones para quedarnos en la mediocridad, eso es fácil; todos podríamos sentarnos a dar razones por nuestra mala actitud, o por tener una imagen propia pobre. Cualquiera puede hacer eso, pero si queremos vivir en victoria, tenemos que sacudir esa actitud de autocompasión y seguir adelante con nuestra vida.

Eso fue precisamente lo que tuvo que hacer mi hermana Lisa. Ella pasó por una separación y un divorcio muy doloroso. No era justo, porque fue tratada mal e injustamente. Sin embargo, por siete años, Lisa oró y creyó que su matrimonio sería restaurado e hizo todo lo que sabía hacer, pero por alguna razón, simplemente no se dieron las cosas.

Hubiera sido fácil para Lisa amargarse, pudo haberse deprimido con facilidad, diciendo: "Dios, esto no es justo. ¿Por qué me sucedió esto a mí?"

Pero Lisa decidió que no se iba a quedar tirada al lado del estanque por treinta y ocho años sintiendo autocompasión, no se iba a quedar en aquel pozo de la depresión, sino que decidió que era tiempo de seguir adelante con su vida. No se amargó, al contrario, como persona ella mejoró, se levantó de entre las cenizas diciendo: "Dios, no entiendo esto, pero voy a confiar en ti de todas maneras. Tú conoces mi corazón y sabes que he hecho todo cuanto puedo hacer, lo estoy dejando en tus manos".

No había pasado mucho tiempo de ella haber tomado esta decisión cuando el Señor trajo otra persona a su vida, y ella y mi cuñado, Kevin, ya tienen muchos años felizmente casados.

Por favor entienda que no le estoy diciendo que debe darse por vencido en su matrimonio. Debe hacer lo que Dios le esté guiando a hacer. Lo que quiero que usted vea es que en ocasiones pasamos por cosas que simplemente no entendemos. Por encima de todo, debemos aprender a mantener una buena actitud y a confiar que Dios sigue en control de nuestra vida, aún cuando todo no va según planeábamos o esperábamos.

En la Biblia, encontramos un interesante relato de cuando el hijito del rey David estaba muy enfermo, a punto de morir.[3] David se encontraba muy turbado, oró día y noche, creyendo que Dios podía sanar a su hijo. No comía ni bebía nada, no se afeitó ni se bañó, no hizo nada de trabajo, ni hacía nada más que orar, clamando a Dios.

No obstante las oraciones tan apasionadas de David, el niño murió después de siete días. Los siervos de David no sabían cómo le iban a dar las noticias al rey que su hijito había muerto pues pensaban que iba a quedar completamente devastado, tan angustiado que no podría soportar la noticia. Pero cuando David logró averiguar lo que había sucedido, sorprendió a todos, se levantó del piso, se lavó la cara y cambió su ropa. Después les pidió a sus siervos que le trajeran comida, y se sentó a comer.

Sus siervos no entendían, y le dijeron: "David, cuando su hijo estaba vivo aún, ayunó y oró; pero ahora que se ha ido, su comportamiento es como si nada hubiera pasado".

David les contestó: "Sí, oré y ayuné cuando estaba enfermo mi hijo, pensando que Dios podría sanarlo, pero ahora que se ha ido, no puedo hacer que regrese. Él no regresará a mí, pero yo iré a estar con él". ¿Se fija en la actitud de David? No se amargó ni cuestionó a Dios, pues pudo haber dicho gruñonamente: "Dios, pensé que me amabas. ¿Por qué no contestaste mi oración?"

David no hizo eso, sino que se atrevió a confiar en Dios en medio de su desilusión, se lavó la cara y siguió adelante con su vida.

Amigo, usted y yo tenemos que aprender a hacer lo mismo. Las personas pueden haberle maltratado, alguien le pudo haber abandonado, o quizá oró fervientemente y con tenacidad, y sin embargo Dios no contestó su oración de la manera que usted hubiera querido. Eso ya se acabó, no puede cambiar el pasado, no hay nada que pueda hacer al respecto, pero tiene que tomar una decisión. ¿Se quedará al lado del estanque por treinta y ocho años, o se levantará para seguir adelante con su vida? ¿Seguirá regresando al archivo número dos, viviendo de nuevo esas experiencias dolorosas, o se mantendrá en una actitud de fe? Dios le está preguntando: "¿En realidad quieres ser sano?"

Si su respuesta es sí, tiene que dejar de vivir con cualquier atadura emocional con la que pudiera haber estado viviendo. Nadie lo puede hacer por usted, es usted quien tiene que levantarse de esas cenizas, quien tiene que perdonar a las personas que le hayan lastimado, quien tiene que dejar atrás todo el dolor y las heridas. Deje atrás el pasado. Cuando pase por situaciones que no entiende, no se amargue, no cuestione a Dios. Aprenda a hacer lo que hizo David: Lávese la cara, mantenga una buena actitud y siga adelante. Prepárese para las cosas nuevas que Dios tiene planeadas para usted.

Si usted se mantiene en una actitud de fe y de victoria, Dios ha prometido que Él tomará aquellas heridas emocionales y hará algo bueno de ellas, las usará para su bien, y usted saldrá mejor que si no se las hubieran infligido.

No permita que se arraigue la amargura

A todos nos suceden cosas injustas; es parte de la vida. Cuando estamos dolidos, podemos tomar la decisión de no soltar ese dolor y volvernos personas amargadas, o podemos decidir dejarlo ir y confiar en que Dios nos recompensará.

Escuché la estadística de que 70% de las personas hoy día están airados por alguna razón u otra. ¡Imagínese! Siete de cada diez personas con quienes se encuentre hoy estarán enojadas. ¡Y eso no incluye a las personas que lo pasen al transitar en las calles!

Muchas veces, las personas que están escondiendo enojo ni se dan cuenta de ello, pero están envenenando sus propias vidas. No estamos lastimando a la otra persona cuando no perdonamos. No le estamos causando problemas a la compañía que nos trató mal. No estamos lastimando a Dios. Sólo nos estamos lastimando a nosotros mismos.

Si usted desea vivir su mejor vida ahora, tiene que ser pronto para perdonar. Aprenda a soltar las heridas y el dolor del pasado, y no permita que la amargura eche raíz en su vida. Posiblemente algo le sucedió cuando era más joven, alguien le trató mal, una persona se aprovechó de usted. Quizá, a raíz de algún engaño, no le tocó el ascenso que le correspondía o contaron alguna mentira de usted. Puede ser que un gran amigo le traicionó, y usted tiene buenas razones por estar airado y amargado.

Por el bien de su salud emocional y espiritual, usted tiene que soltar aquello. De nada le servirá andar con odio hacia alguien, ni tampoco tiene caso quedarse enfadado por lo que alguien ya le hizo. No puede hacer nada respecto al pasado, pero sí puede hacer algo respecto al futuro. Más vale perdonar y comenzar a confiar que Dios le compensará por todo.

La Escritura dice: "Mirad bien…que brotando alguna raíz de amargura, os estorbe, y por ella muchos sean contaminados".[1] Note que la amargura se describe como una raíz. Reflexione en eso: Una raíz no se puede ver, está muy profunda en la tierra. Pero de esto puede estar seguro: Una raíz amarga producirá fruto amargo. Si tenemos amargura en nuestro interior, afectará cada área de nuestra vida.

Muchas personas intentan enterrar el dolor y la herida muy profundamente en su corazón o en su mente subconsciente. Esconden la falta de perdón y el resentimiento, y después se preguntan por qué no pueden vivir una vida completamente victoriosa, porqué no tienen buenas relaciones con los demás, por qué no pueden ser felices. No se dan cuenta que es porque sus propios corazones están envenenados. La Biblia dice que "…de él *(corazón)* mana la vida".[2] En otras palabras, si hay amargura dentro de nosotros, terminará contaminando todo lo que sale de nosotros, contaminará nuestra personalidad y nuestras actitudes, así como nuestro trato hacia los demás.

Una raíz amarga producirá fruto amargo.

Muchas personas intentan mejorar su vida tratando con el fruto externo. Hacen la lucha de cambiar malos hábitos, malas actitudes, el mal humor o personalidades negativas y amargas. Están tratando con el fruto de su vida, queriendo cambiar esas cosas, y eso es algo noble, pero la verdad es que si no llegan a la raíz del asunto, nunca lograrán cambiar el fruto porque mientras esté creciendo una raíz amarga por dentro, aquel problema persistirá y surgirá vez tras vez. Usted quizá logre controlar su comportamiento por un tiempo o consiga mantener una buena actitud por un corto plazo de tiempo, pero, ¿nunca se ha preguntado por qué no logra ser realmente libre de eso? ¿Por qué no puede superar ese hábito destructivo?

Es porque tiene que ir más profundo, tiene que descubrir por qué está tan airado, porqué no tiene buenas relaciones con otras personas, por qué siempre es tan negativo. Si usted se escudriña y logra llegar a la raíz, entonces podrá tratar con el problema, conquistarlo y comenzar a cambiar en verdad.

El veneno del pasado

Recuerdo a una joven que llegó con mi padre para pedir ayuda espiritual. Se había casado y por varios años no pudo tener una relación normal con su marido. Por alguna razón, no se podía dar por completo a este hombre; lo amaba, pero no soportaba que se le acercara ni que tuviera intimidad con él. Como se puede imaginar, este problema estaba destruyendo su relación.

Ella quería cambiar, pero simplemente no podía hacerlo, así que dijo: "Dios, ¿qué me pasa? ¿Por qué me comporto de esta manera? ¿Por qué no puedo ser una esposa normal?"

Un día, ella tuvo un sueño, y éste le recordó algo que le había sucedido estando todavía muy chica. En este sueño, se veía en un lago, nadando, y varios muchachos llegaron y la asaltaron sexualmente. Ella sintió tanta ira y se llenó de tanto odio hacia estos niños que comenzó a gritar a voz en cuello: "¡Los odio! ¡Los odio! ¡Nunca permitiré que otro hombre me toque por el resto de mi vida!"

Al despertar, se dio cuenta que todavía traía todo ese enojo y odio en su corazón hacia esos muchachos. Se encontraba profundamente enterrado en su interior, y le estaba afectando en su relación con su esposo muchos años después. Ella sabía que no sería fácil, pero reconoció su necesidad de tratar con esa falta de perdón, o nunca gozaría de una relación sana. Tomó la decisión de soltar todo ese dolor y las heridas al decir: "Dios, Tú sabes que fue una injusticia lo que me pasó. Tú sabes lo que me hicieron, pero ya no lo quiero; no voy a permitir que el dolor del pasado envenene y contamine mi presente y mi futuro. Dios, yo perdono a esos muchachos en este mismo momento".

Es interesante que desde ese momento, ella logró disfrutar de una relación sana con su esposo. No había podido cambiar tratando con el fruto, tuvo que llegar hasta la raíz, y una vez que esa raíz amarga ya no estaba, ella se pudo librar de su pasado.

No significa que usted tendrá que volver a vivir cada experiencia negativa, recordando todas las memorias dolorosas del pasado. De ninguna manera, pero sí debe examinar su corazón para asegurarse de que no tiene ira o falta de perdón escondidos dentro. Si usted tiene áreas de su vida donde constantemente está luchando, tratando de cambiar pero sin éxito, usted necesita pedirle a Dios que le muestre lo que le está deteniendo de ser libre. Pídale a Dios que le muestre si tiene raíces de amargura que necesitan ser desarraigadas y removidas. Si Dios trae algo a su mente, trate con eso inmediatamente, tenga la disponibilidad de cambiar y no permita que los venenos del pasado continúen contaminando su vida.

Años atrás, hubo una epidemia en un pequeño poblado en una parte remota de África. Tanto niños como adultos se enfermaban y eran sobrecogidos por la náusea. Pasaron algunas semanas, y la enfermedad se esparció más, y las personas comenzaron a morir. La noticia de la epidemia llegó hasta la ciudad principal de la región, y se mandaron expertos para tratar de averiguar qué causaba el problema. Pronto descubrieron que el agua estaba contaminada. El pueblo usaba el agua de un riachuelo que provenía de un manantial montañés, así que los expertos decidieron seguir corriente arriba para encontrar la fuente de la contaminación. Viajaron por días y por fin llegaron al principio del río, pero al ver la superficie, no encontraron nada. Perplejos, decidieron mandar unos buceadores para investigar la apertura de la fuente.

Lo que encontraron los buceadores sorprendió a los expertos. Una cerda y sus cerditos estaban atorados justo en la salida del agua. Era obvio que se habían caído, ahogado, y atorado de alguna manera en ese sitio. Ahora toda aquella agua cristalina y pura estaba contaminada al fluir sobre los restos de esos cerdos muertos. En poco tiempo, habían removido aquella contaminación, y el agua comenzó a fluir limpia y pura de nuevo.

Algo similar puede suceder en nuestra vida. A todos nos han sucedido cosas negativas, posiblemente la semana pasada, el mes pasado, o hace diez años atrás alguien nos lastimó. Y en demasiadas ocasiones, en lugar de soltarlo y dárselo a Dios, lo hemos guardado, no hemos perdonado, y así como aquellos cerdos contaminaron esa agua cristalina, de igual manera nuestras propias vidas han sido contaminadas. La raíz de amargura se ha arraigado.

Peor aún, al paso del tiempo, aceptamos aquello. Hacemos lugar en nuestro corazón para esa amargura, aprendemos a vivir con ella. "Bueno, es que yo soy una persona airada. Es mi personalidad. Siempre soy así. Siempre estoy amargado. Es quién soy."

No, con todo respeto, ese no es quién es usted. Usted necesita desacerse del veneno que está contaminando su vida. Usted fue hecho una corriente cristalina y Dios le creó a su imagen. Él quiere que usted sea feliz, y esté saludable y completo. Dios quiere que disfrute de la vida al máximo, no viviendo con amargura y resentimiento, contaminado y podrido usted, y contaminando a todos con quienes tiene influencia.

Imagine que usted es una corriente cristalina. No importa qué tan contaminado esté el río en este momento, ni cuánto lodo y suciedad tenga el agua de su vida hoy. Si comienza a perdonar a las personas que le hayan ofendido, y suelta todas las heridas y dolor, esa amargura se irá y usted comenzará a ver una vez más el agua cristalina. Comenzará a experimentar el gozo, la paz y la libertad que Dios tiene para usted.

Quizá por eso David pidió que Dios lo examinara para ver si había algo que entristeciera a Dios. Debemos escudriñar nuestro corazón para asegurarnos de que no hemos permitido entrar ninguna raíz de amargura.

Puede ser que lo que esté contaminando su corriente no sea algo muy grande. Quizá su pareja no está pasando tanto tiempo con usted como a usted le gustaría, y usted puede sentir que sube el resentimiento. Es impaciente con su pareja; sarcástico, misterioso u hostil. Se está volviendo más difícil, intencionalmente.

¡Cuidado! Esa raíz de amargura está contaminando su vida, mantenga pura su corriente, y no permita que se contamine su corazón. La Biblia habla de ser prontos para perdonar, y entre más tiempo pasa, más difícil será. Entre más tiempo guardamos el resentimiento, más profunda crece la raíz.

En ocasiones, en lugar de perdonar rápidamente, soltando las heridas y el dolor del pasado, quietamente lo enterramos muy profundo en nuestro corazón y mente. No queremos hablar del asunto, ni queremos pensar en él; queremos ignorarlo y esperar que se desaparezca.

No lo hará. Así como los cerdos fueron atrapados debajo del agua, un día esa contaminación aparecerá en su vida, y será un desastre. Le causará aún más dolor y tristeza, y si rehúsa tratar con ella, la amargura le podría matar.

Hace algunas décadas, varias compañías americanas, con la autorización del gobierno estadounidense, intentaron enterrar restos de químicos tóxicos en el suelo. Llenaron grandes contenedores metálicos con el desperdicio químico y otros productos dañinos, sellaron los contenedores y los enterraron muy profundo. Pensaron que era el fin del cuento. Al poco tiempo, sin embargo, a muchos de los contenedores les comenzaron a brotar fugas y los productos tóxicos comenzaron a supurar hasta la superficie, causando toda clase de problemas. En algunos lugares, mató la vegetación y echó a perder su agua. Las personas se tuvieron que salir de sus hogares. En una sección cerca de las Cataratas del Niágara, conocida como el Canal del Amor, había un índice demasiado alto de personas muriendo de cáncer y otras enfermedades debilitantes. Muchas comunidades todavía están sufriendo los efectos de esos entierros tóxicos hasta el día de hoy.

¿Qué pasó? Intentaron enterrar algo que era demasiado tóxico y que no podía ser contenido. Pensaban poder enterrarlo y deshacerse de ello de una vez por todas, pero nunca se imaginaron que los elementos que habían enterrado eran tan potentes y demasiado tóxicos para ser contenidos en unos tambos de hierro. Jamás se imaginaron que algún día esos contaminantes aparecerían de nuevo, y que tendrían que lidiar con aquello otra vez. Si hubieran tratado correctamente con ellos desde la primera ocasión, no hubieran tenido este terrible problema.

Es igual con nosotros. Cuando alguien nos lastima, o alguien nos hace algún daño, en lugar de soltarlo y confiar que Dios nos compensará los daños, lo enterramos muy profundo en nuestro interior. Intentamos colocar la falta de perdón, el resentimiento, el enojo y otras reacciones destructivas en nuestro contenedor "a prueba de fugas". Sellamos esas tapaderas y luego lo ponemos a un lado diciendo: "Bien, no tendré que tratar con eso; me deshice de él una vez por todas".

Pero lamentablemente, así como ese desperdicio tóxico vuelve a la superficie, un día aquello que puso en el fondo de su subconsciente o en su corazón llegará a la superficie y comenzará a contaminar su vida. No podemos vivir con veneno dentro de nosotros y esperar que no cause, tarde o temprano, algún daño.

Tiene que enfrentarlo. Usted no tiene suficiente fuerza como para contener todo lo tóxico en su vida, necesita ayuda de parte de alguien más grande y fuerte que usted. Por eso es que debe dar aquella amargura, resentimiento u otros contaminantes a Dios. El perdón es la clave para ser libre de la amargura tóxica. Perdone a las personas que le hayan lastimado. Perdone al jefe que le trató mal. Perdone al amigo que lo traicionó. Perdone al padre que le trató mal cuando era niño. Deshágase de todo aquel veneno y no permita que crezca más profunda esa raíz de amargura y continúe contaminando su vida.

¿Cómo es el desperdicio tóxico en nuestra vida? Para algunas personas, se sale en forma de enojo; en otras personas huele a depresión; para otras más, hiede a baja autoestima. Puede aparecer en muchas formas diferentes, algunas veces ocasionando algún daño antes de darnos cuenta que ha reaparecido.

El boxeador famoso James "Lights Out" Toney era conocido por su agresividad en el cuadrilátero de boxeo. Boxeaba como un hombre poseído, contaba con un tremendo golpe, y por muchos años, él fue el campeón de peso medio del mundo. Un día, después de una de sus victorias, le preguntó un reportero: "James, ¿qué te hace tan bueno? ¿Por qué peleas con tan tremenda agresividad y pasión en el ring?"

El reportero esperaba una respuesta como todas las demás, algo como: "Bueno, pues, es que soy competitivo; es como soy; me encanta el boxeo".

Pero eso no fue lo que Toney dijo. "¿En realidad quieres saber por qué boxeo con tanto enojo y agresividad?", preguntó el boxeador. "Es porque mi padre me abandonó cuando era niño. Nos dejó a mis hermanos y a mí solos, sin padre, para ser criados por mi mamá sola. Y ahora, al entrar en el ring de boxeo, me imagino que la cara de mi oponente es la de mi padre, y tengo tanto odio, tanta ira hacia él, que exploto."

A Toney lo impulsaba su ira. Había permitido que una raíz de amargura creciera profundamente en él, y estaba envenenando y contaminando su vida. Sí, se estaba ganando los aplausos del público, la aclamación del mundo deportivo, pero era miserable por dentro. Usted puede tener éxito por afuera, pero si está amargado por dentro, afectará y echará a perder cada victoria. Tiene que tratar con el interior primero, tiene que ir a la raíz del problema; entonces podrá ser verdaderamente feliz. Entonces podrá experimentar una verdadera victoria en su vida; una victoria inmaculada y pura.

Usted puede estar pensando: *Joel, no lo puedo hacer, es demasiado difícil. No puedo perdonar, ellos me lastimaron demasiado.*

¡Espere un segundo! Usted no está perdonando por el bien de *ellos*, usted está perdonando por su bien. Está perdonando para que el veneno no continúe contaminando su vida. Si alguien le ha hecho un gran daño, no permita que le sigan lastimando al no querer soltar aquello. Usted no les está lastimando para nada, sólo se está lastimando a sí mismo.

Recuerdo una ocasión estando pequeño, en que mi papá y yo íbamos a comer con un señor. Él iba manejando, y nos fijamos que no estaba tomando la ruta más corta hacia el restaurante. Mi papá comentó inocente y cortésmente: "Sabe que hay una ruta más corta".

El señor que iba conduciendo contestó: "Ay no, nosotros no nos vamos por allá. Hace años, alguien que vive por esa calle le hizo un daño a mi familia, y ahora ya no pasamos por su casa".

Yo no dije nada, pero hasta con mis diez años de edad, yo le quería preguntar: "¿En realidad piensa que está lastimando a aquel hombre? ¿En realidad piensa que él está parado en la ventana, viendo hacia afuera, deprimiéndose porque usted no pasa?"

¿A quién creemos estar engañando? Cuando no soltamos el veneno del pasado, sólo nos estamos lastimando a nosotros mismos, no estamos lastimando a ninguna otra persona. Debemos perdonar para ser liberados. Perdone para ser sanado.

Perdone para ser libre

Hace poco, vi un programa de la televisión sobre Rudy Tomjanovich, el antiguo entrenador del equipo de básquetbol, los Houston Rockets. El programa habló sobre un acontecimiento del 1973, cuando a sus robustos veinticinco años, Rudy jugaba para los Rockets. En un juego muy reñido, comenzó un pleito a media cancha y Rudy corrió a toda velocidad, para detener el pleito. Al llegar, un jugador dio la vuelta y sin fijarse, tiró un golpe con todas sus fuerzas. Lamentablemente, el golpe dio con la cara de Rudy. Después se dijo que fue el golpe que se escuchó alrededor del mundo. Le fracturó el cráneo, rompiéndole la nariz y los pómulos, y casi lo mató. Aunque Rudy no pudo jugar durante meses después del devastador golpe, eventualmente sí se recuperó.

Un día después de haberse recuperado Rudy, un reportero le preguntó: "Rudy, ¿has perdonado al jugador que te hizo esto?" Sin titubear, Rudy dijo de inmediato: "Absolutamente, lo he perdonado por completo".

El reportero meneó la cabeza como si estuviera confundido. "Anda, Rudy, ese hombre casi te mató. Te causó todo este dolor, te robó parte de tu carrera. ¿Me estás diciendo que no sientes nada de enojo, odio o amargura hacia él?"

Rudy sonrió. "No siento nada de eso."

Ese reportero lo miró con incredulidad. Al final preguntó: "Rudy, dime, ¿cómo lo lograste? ¿Cómo es posible que hayas perdonado al hombre que tanto te lastimó?"

Rudy contestó: "Yo sabía que si quería seguir adelante con mi vida, tenía que soltarlo. No lo hice por él, lo hice por mí, lo hice para ser libre".

Ese es un buen consejo. Necesita perdonar para ser libre usted, perdonar para poder ser feliz, perdonar para lograr salir de aquella atadura. Tenemos que recordar que cuando perdonamos, no lo hacemos simplemente por la otra persona, lo estamos haciendo por nuestro propio bien. Cuando nos aferramos a no perdonar y vivimos con rencor en nuestro corazón, lo único que estamos haciendo es edificar paredes de separación. Pensamos que nos estamos protegiendo a nosotros mismos, pero no es cierto. Sólo estamos edificando paredes para mantener afuera a las personas. Llegamos a estar solos, distorsionados y prisioneros de nuestra propia amargura. Esas paredes no sólo mantendrán afuera a las personas; esas paredes le están aprisionando a usted.

¿Se da cuenta de que esas paredes también prevendrán que las bendiciones de Dios sean derramadas sobre su vida? Esas paredes pueden detener el fluir del favor de Dios. Las paredes de la falta de perdón harán que sus oraciones no sean contestadas, que sus sueños no sean cumplidos. Tiene que derribar esas paredes, y perdonar a las personas que le han lastimado para poder salir de la prisión. Nunca será libre de otra manera. Deje atrás las heridas que recibió y saque esa amargura de su vida. Esa es la única forma en que será verdaderamente libre. Le sorprenderá lo que puede suceder en su vida cuando deja ir todo aquel veneno.

Cuando estaba creciendo, había en nuestra iglesia un hombre que había sido ministro en la iglesia metodista. Sus manos estaban tan lisiadas por la artritis que casi no las podía usar. Parecía que se habían encogido y eran deformes. No podía abrir la puerta de un auto, tampoco podía estrechar la mano de alguien ni nada por el estilo. Desde que lo había conocido, sus manos habían estado así. Pero un día llegó con mi papá y le mostró sus manos: ¡Estaban perfectamente normales! Podía moverlas como cualquiera de nosotros, casi como si hubiera recibido un nuevo par de manos.

Mi papá estaba sorprendido, pero muy contento también. Le dijo: "Hombre, ¿qué te pasó?"

"Bueno, es una historia muy interesante", dijo el señor. "Hace algunos meses, estabas hablando de la falta de perdón. Estabas hablando de cómo obstruye el fluir del poder de Dios en nuestra vida, y cómo hace que nuestras oraciones no sean contestadas. Al escuchar, comencé a pedirle a Dios que me mostrara cualquier área de falta de perdón y resentimiento en mi vida. Y Dios comenzó a tratar conmigo. Sacó a la luz varias situaciones que me habían sucedido a lo largo de los años y en las que algunas personas me habían hecho mucho daño. Ni siquiera estaba consciente de ello, pero todavía tenía ira y resentimiento en mi corazón hacia esas personas. Eso es lo raro; no me había dado cuenta que cargaba con ello, pero en cuanto lo logré ver, tomé la decisión de perdonarles y soltar completamente todo aquello. Y luego comenzó a suceder algo muy asombroso. Uno por uno, mis dedos comenzaron a enderezarse. Pasó una semana y este dedo sanaba. La siguiente semana este otro sanaba. La siguiente semana aún otro dedo sanaba. Conforme seguí escudriñando mi corazón y eliminando toda la amargura y el resentimiento, Dios me trajo completa sanidad, y ahora mira mis manos. ¡Estoy completamente normal!"

Usted también se asombrará con las cosas que comenzarán a suceder en su vida cuando se deshaga de la amargura y el resentimiento. ¿Y quién sabe? Quizá experimentará, al igual que el ministro metodista, una genuina sanidad física y emocional conforme escudriñe su corazón y se disponga a perdonar. Tal vez vea el favor de Dios de una manera fresca y nueva. Posiblemente vea contestadas más rápidamente sus oraciones conforme deje atrás el pasado y se deshaga de todo el veneno que ahora tiene almacenado.

Cuando mi mamá descubrió que estaba enferma de cáncer en 1981, una de las primeras cosas que hizo fue asegurarse de que no tenía falta de perdón en su corazón. Se sentó a escribirles una carta a cada miembro de su familia y sus amigos, pidiéndonos perdón si en algún momento nos hubiera hecho algún daño. Se quería asegurar de que su corazón estuviera puro, y de que ninguna cosa que estuviera haciendo o hubiera hecho estorbara el fluir del poder sanador de Dios en ella.

Puede ser que usted se encuentre en una encrucijada en su vida. Posiblemente tenga que tratar con algunos asuntos o con personas que tiene que perdonar. Puede dirigirse en una de dos direcciones. Puede ignorar lo que ahora sabe como la verdad y seguir encubriendo esa amargura en su vida, empujándola más profundo y permitiendo que envenene y contamine tanto a usted como a los que tiene a su alrededor. O, puede hacer una decisión mucho mejor de sacarla al aire libre y pedirle a Dios que le ayude a perdonar completamente y dejar todo eso atrás.

"Pero, Joel", escucho a algunos. "No sabes lo que ellos me hicieron."

Es cierto, no lo sé, pero tiene que dejar ese asunto en las manos de Dios. Él le recompensará. Dios rectificará los males y traerá justicia a su vida. No sea testarudo y duro, y no se pierda de lo mejor de Dios. Tenga la disposición de cambiar.

Escuché la antigua historia del capitán de un barco que estaba navegando en una noche oscura y sin luz. De repente, el capitán vio una luz directamente frente a él, y supo que su barco iba a chocar con esa luz. Corrió a la radio y mandó un mensaje urgente, demandando que el otro buque cambiara su curso diez grados hacia el este.

Unos segundos más tarde, recibió una respuesta. El mensaje decía: "No lo puedo hacer. Cambie su curso diez grados hacia el oeste".

l capitán se molestó y mandó otro mensaje corto: "Soy capitán marinero. Exijo que cambie su curso."

Recibió unos segundos después la respuesta que decía: "Soy marinero segunda clase, no puedo hacerlo. Cambie su curso".

El capitán ahora estaba furioso. Mandó un último mensaje diciendo: "Soy un acorazado, y, ¡no cambiaré mi curso!"

Recibió este mensaje de vuelta. Decía: "Soy un faro. La decisión es suya, señor".

Muchas veces, somos como aquel capitán marinero, podemos ser testarudos e intratables. Podemos pensar en todas las razones por las cuales no cambiaremos: *Me lastimaron demasiado, me hicieron demasiado daño, y no perdonaré.*

Este libro es su faro personal, alumbrando su vida con la verdad, diciéndole que debe cambiar su curso. El perdón es una decisión, pero no es una opción. Jesús lo dijo de esta manera: "Mas si no perdonáis a los hombres sus ofensas, tampoco vuestro Padre os perdonará vuestras ofensas".[3] Cuando se aferra a no perdonar, se dirige hacia problemas. Se encuentra en un camino de destrucción, y Dios le está diciendo que debe cambiar su curso.

El perdón es una decisión, pero no es una opción.

Si usted quiere ser feliz, si quiere ser libre, saque esa porquería de su vida. Deje de aferrarse a eso, déjelo ir. No permita que la raíz de amargura siga envenenando su vida, escudriñe su corazón. Cuando Dios saque a la luz asuntos, trate prontamente con ellos. Mantenga pura su corriente. Amigo, si usted hace su parte y saca el veneno de su vida, gozará del favor y la bendición de Dios de una manera nueva.

¿Quiere que Dios traiga justicia a su vida? ¿Le gustaría que Dios restaurara todo lo que le haya sido robado? Venga; le mostraré cómo puede suceder eso.

Permita que Dios traiga
justicia a su vida

Dios ha prometido que si ponemos nuestra confianza en Él, nos pagará por todo lo injusto que nos haya sucedido.[1] Quizá fue defraudado en un negocio y perdió mucho dinero; quizá alguien le mintió, y por esa información incorrecta no le dieron un ascenso, o quizá un amigo cercano le traicionó.

Es cierto que estas clases de pérdidas dejan cicatrices, produciendo el deseo en usted de no soltar su dolor. Lo lógico sería buscar venganza y muchas personas hasta le animarán a hacer precisamente eso. El dicho: "¡No te enojes, véngate!", es un principio aceptado por todo mundo en mi país hoy día.

Pero ese no es el plan de Dios para usted. Si usted desea vivir su mejor vida ahora, tiene que aprender a confiar en que Dios es quien trae justicia a su vida. La Biblia nos dice que Dios es justo y Él dará el pago y la venganza.[2] Eso significa que usted no tiene que ocuparse en vengarse de todo y contra todos pues Dios es quien vindica. Usted necesita permitir que Dios pelee sus batallas por usted, que Él resuelva sus casos. Dios ha prometido que si deja todo en sus manos y permite que Él haga las cosas a su manera, Él corregirá los males en su vida y le traerá justicia.

Confíe en que Dios hace justicia en su vida.

Puede ser que alguien en su vida no le esté tratando bien. Quizá estén diciendo algo de usted que no es verdad, hablando rumores maliciosos, contando mentiras, intentando arruinar su reputación. Si es como la mayoría de la gente, tiene la tentación de ir y corregir el asunto. ¡Y lo más probable es que tiene la tentación de devolvérsela a todos!

Requiere fe para creer que Dios desea vindicarle, pero es verdad. No cometa el error de bajarse al nivel de su ofensor, discutiendo y peleando. Sólo empeorará la situación, déjeselo a Dios y decida responder con amor, y vea lo que Dios hará. Si lo hace conforme a la manera de

Dios, Él no sólo peleará por usted, sino a final de cuentas, usted saldrá de esa situación mejor que como estaba antes.

Dios mantiene buenos archivos

A veces Dios permite que pasemos por ciertas cosas para probarnos. Si hay alguien ahora en su vida que no le está tratando bien, esa situación podría muy bien ser una prueba de su fe. A Dios le interesa ver cómo responderá usted. ¿Se pondrá negativo, amargado o airado? ¿Desarrollará una actitud vengativa, siempre intentando pagarles a todos por lo que le hicieron? O, ¿se lo dará a Dios, confiando en que Él corregirá los males? ¿Pasará usted esa prueba para poder ser ascendido por Dios?

Quizá su jefe no le está tratando bien. Usted está haciendo todo el trabajo, pero parece que nunca recibe el crédito por ello. Todos los demás reciben ascensos en la compañía menos usted. Puede sentirse tentado a andar cabizbajo con una mala actitud, con una mentalidad de "Pobrecito de mí".

Pero, usted deberá cuidar su actitud y comenzar a confiar que Dios le recompensará. Tiene que entender que usted no trabaja sólo para esa persona, no es simplemente empleado de aquella compañía. ¡Usted trabaja para Dios! Y Dios ve cada injusticia que le hayan hecho porque está manteniendo buenos archivos y está vigilando su situación, y Él dijo que Él le pagaría. Y amigo, cuando Dios da una recompensa, siempre da una muy abundante.

Cuando Dios quiere que reciba una promoción, no importará si usted le agrada a su jefe o no; su futuro no depende de lo que haga o no haga su jefe. Dios está en control. La Biblia nos enseña que la promoción no llega del norte, sur, este u oeste. En otras palabras, la promoción no llega de parte de su jefe, su supervisor o su compañía. No, la verdadera promoción llega de parte del Dios Todopoderoso, y cuando Él dice que es tiempo de que suba la escalera, todas las fuerzas de maldad no podrán detenerle, usted será ascendido.

Además, Dios no permitirá que alguien le maltrate de continuo. Si usted hace su parte, mantiene una buena actitud, y deja sus circunstancias en las manos de Dios, tarde o temprano Dios traerá justicia a su vida. A veces, cuando no percibimos ningún cambio mes tras mes, quizá aún año tras año, nos sentimos tentados a ser manipuladores, intentamos resolver la situación nosotros mismos. Cuando hacemos eso, nos arriesgamos a interferir con los planes y propósitos de Dios, creando un mayor problema que entonces Él tiene que arreglar, y es posible que incluso, lleguemos a detener a Dios de hacer lo que realmente desea en esa situación.

"Pero, Joel, todos están mucho más avanzados que yo", se lamentó Darla. "¿Cuándo será mi turno? Todos mis amigos se están casando, todos mis compañeros de la universidad están ganando mucho dinero y viviendo cómodamente; todos están recibiendo ascensos en mi compañía *menos yo*".

Usted puede tener preocupaciones similares a las de Darla, pero entienda que Dios es un Dios sobrenatural. Un toque de su favor puede reponer cualquier atraso, y darle mucho más todavía. Un toque del favor de Dios puede hacer llegar la persona indicada a su vida o ponerle al frente de toda la empresa.

Un toque del favor de Dios puede hacer llegar la persona indicada a su vida.

Hace poco, conocí a un señor que trabajaba como mecánico en un negocio grande de reparación y mantenimiento de camiones de carga. Me dijo que durante muchos años, a él no le habían dado un buen trato en su lugar de empleo. Era un ambiente sumamente negativo, y sus compañeros de trabajo muy seguido se burlaban de él porque no salía a las fiestas ni bebía con ellos. Año tras año, él soportó toda clase de injusticia y burla. Él era uno de los mejores mecánicos allí, consecuentemente producía más que los demás, pero por siete años, él nunca recibió un aumento de su salario, no recibió ningún bono, ni recibió ninguna clase de incremento, porque él no le agradaba a su supervisor.

Ese mecánico pudo haberse amargado, pudo haber dejado su trabajo para buscar otro empleo, pudo haber fomentado una mala actitud y estado airado con todo el mundo, pero en lugar de hacer eso, continuó haciendo su mejor esfuerzo. Trabajó duro y cerró la boca, sabiendo que Dios era su vengador. Él no estaba trabajando para complacer a su supervisor, él estaba trabajando para complacer a Dios.

Un día, inesperadamente, le llamó el dueño de la compañía. Este dueño no estaba involucrado en la operación cotidiana del negocio, así que el mecánico nunca lo había conocido antes, pero el dueño le dijo que se quería jubilar, y estaba buscando quién podía tomar el negocio. "Me gustaría que usted lo tomara", le dijo el dueño al mecánico.

"Sabe, señor, me encantaría tomarlo", dijo el mecánico, "pero no tengo suficiente dinero para comprar el negocio".

"No, no me está entendiendo", explicó el dueño. "No necesita dinero, yo tengo dinero. Estoy buscando a una persona que pueda tomar el negocio, una persona confiable para continuar el trabajo que yo comencé. Quiero *darle* la empresa".

Hoy día, ¡el mecánico es dueño de esa compañía!

Durante nuestra conversación, le pregunté: "¿Qué ocasionó que el dueño te hablara a ti?"

Él dijo: "Joel, hasta la fecha no sé cómo consiguió mi nombre, ni sé porqué me escogió a mí. Lo único que sé es que casi de un día para otro, de ser la persona con el menor rango, ¡llegué a ser la persona a cargo de toda la empresa!" Se rió y dijo: "Sabes una cosa, Joel, ya no se burlan de mí…"

Amigo, ése es un bueno ejemplo de la justicia traída por Dios a la vida de un hombre, eso es Dios pagándole por todos esos males. Dios resolvió su caso, rectificó sus males, y Él quiere hacer lo mismo para usted.

Tal vez usted diga: "Joel, eso me suena un poco raro".

Entienda que servimos a un Dios que puede hacer más de lo que podemos pensar o imaginar. No importa cómo le estén tratando los demás, siga haciendo lo correcto; no se ofenda; no se deje irritar; no intente hacerles pagar, regresando mal por mal.

Mejor siga dando perdón, siga respondiendo en amor. Si hace eso, cuando después llegue el tiempo para ser ascendido, Dios se asegurará de que así sea. ¡Él se asegurará de que usted reciba todo lo que merece, y más!

Entrégueselo a Dios

La clave es que tiene que entregárselo a Dios y permitir que Él lo haga a su manera. La Escritura dice: "No os venguéis vosotros mismos… dejad lugar a la ira de Dios…".[3] Fíjese que si usted quiere hacer pagar a las personas, está cerrando la puerta para que Dios lo haga por usted. Puede hacerlo como Dios quiere, o lo puede hacer a su manera. Si permite que Dios se encargue, no puede tener la actitud de: *Les mostraré qué tan fuerte es mi carácter*. Eso impedirá que Dios haga justicia a su manera. Si quiere mantener abierta la puerta para que Dios traiga verdadera justicia a su vida, tendrá que entregarle la situación completamente.

Alguien puede estar diciendo cosas feas a sus espaldas. Su actitud deberá ser: *No es gran cosa, Dios me está cuidando y Él me recompensará por ello.*

Si alguien le defrauda una cantidad de dinero: *No es gran cosa, Dios me ha prometido el doble; ellos no me deben nada. Dios, les doy ese dinero porque yo sé que Tú me puedes reponer con el doble de eso. No me preocuparé; lo suelto en este momento.*

Si alguien invita a todos sus amigos a cenar pero a usted lo excluyen, su actitud deberá ser: *No es la gran cosa, Dios sabe lo que necesito y traerá nuevos amigos a mi vida.*

¡Qué manera tan libertadora de vivir! Cuando realmente entiende que no es su tarea arreglar todo lo malo que le sucede, no se tiene que frustrar e intentar pagarle a alguien por lo que le hicieron, o no. No se tiene que preocupar ni debe intentar manipular la situación. Al saber que Dios está peleando por usted, y que Él ha prometido tornar en bien los males vividos, puede andar con una nueva confianza, con un salto en su paso, una sonrisa en su boca y un canto en su corazón. ¡Es libre!

Cuando usted tiene esa clase de actitud, está dejando abierta la puerta de par en par para que Dios le pague. Y recuerde que Dios siempre paga generosamente.

Hace algunos años, hubo una persona en la vida de Victoria y mía que nos hizo mucho daño en un trato de negocios. Esta persona no cumplió con su parte del acuerdo, hizo algunas cosas moralmente cuestionables y terminó por defraudarnos con una cantidad fuerte de dinero.

En muchas ocasiones nuestra tentación fue pelear en nuestra propia fuerza. Victoria y yo teníamos la tentación de hacerlo pagar y que su vida fuera muy incómoda. Ya que él nos había hecho sufrir; ¿por qué no hacerlo a él sufrir un poco? Era difícil, pero nos esforzamos e hicimos lo correcto, que era dejar la situación en las manos de Dios.

Dijimos: "Dios, Tú viste lo que sucedió, Tú sabes que hemos sido maltratados, Tú sabes que lo que hizo este hombre era malo, pero Dios, no intentaremos hacerle pagar ni intentaremos vengarnos. Vamos a dejar abierta la puerta, confiando en que Tú nos compensarás".

Este proceso duró algunos años, y no veíamos ningún cambio. Tuvimos que hacer memoria que Dios es un Dios de justicia. *Dios nos pagará por hacer lo correcto, Dios resolverá nuestro caso.*

Un día, inesperadamente, Dios obró de una manera sobrenatural y cambió esa situación. No tan sólo removió a ese hombre de nuestra vida, sino también restauró abundantemente todo lo que había tomado. Lo triste es que el hombre que quiso defraudarnos terminó perdiendo su familia, su negocio, su reputación, todo. Y ciertamente no le deseo eso a nadie, pero esa, también, es la justicia de Dios. No puede vivir haciendo de continuo lo malo, defraudando a las personas y sembrando mala semilla y esperar que algún día todo eso no le alcanzará. Segaremos exactamente lo que hemos sembrado.

Victoria y yo estuvimos platicando hace poco de cuánto nos ha compensado el Señor. No lo digo con arrogancia, pero Dios nos ha bendecido abundantemente, nos ha prosperado a través de varias ventas de bienes raíces y vivimos en una hermosa casa, y contamos con todas las cosas materiales que necesitamos. Nos ha bendecido con dos hijos maravillosos y una familia fantástica; nos ha promovido y nos ha dado posiciones de liderazgo. Ha hecho más de lo que podemos pedir o pensar, pero si no hubiéramos aprendido a pasar esa clase de prueba, verdaderamente no creo que estaríamos donde nos encontramos hoy día. Si hubiéramos sido testarudos, insistiendo en pelear con aquel hombre que nos hacía mal, o si nos hubiéramos amargado o airado, o guardado rencor en nuestro corazón hacia ese hombre, Dios no nos hubiera ascendido.

Si usted deja su situación en las manos de Dios, a final de cuentas saldrá mucho mejor pues se encontrará mucho más avanzado de donde hubiera estado al intentar resolver todo con sus propias fuerzas. Dios verdaderamente puede traer justicia a nuestra vida.

Tal vez usted ha estado lidiando con una situación y tiene mucho tiempo haciendo lo correcto: Ha tomado el mejor camino y ha perdonado a alguien una y otra vez; sigue ignorando sus faltas; sigue mordiéndose la lengua cuando le tratan descortésmente; ha mantenido una buena actitud aun y cuando le han maltratado. Quizá esto tiene un mes así, o quizá sucede año tras año, y ahora tiene la tentación de desanimarse pues se está preguntando: *¿Jamás cambiará Dios esta situación? ¿Jamás hará justicia Dios? ¿Le importa siquiera lo que estoy experimentando?*

¡No se dé por vencido! Siga haciendo lo correcto, Dios está fortaleciendo su carácter, y usted está pasando esa prueba. Recuerde que entre mayor sea la lucha, mayor será la recompensa.

La Escritura dice: "No nos cansemos, pues, de hacer bien; porque a su tiempo segaremos, si no desmayamos".[4] No se canse; Dios traerá justicia a su vida.

Tenemos que confiar en que Dios traerá justicia en su tiempo, no en el nuestro. A veces, no sucede de un día para otro; a veces tendrá que amar a alguien que es difícil de amar por un largo período de tiempo; a veces tendrá que hacer lo correcto cuando lo incorrecto le esté sucediendo a usted, y puede pasar mucho tiempo antes de ver algún cambio. Posiblemente requerirá de una voluntad muy fuerte de su parte, y una determinación de confiar a pesar de las probabilidades.

Cuando David era sólo un joven, fue ungido por el profeta Samuel para ser el próximo rey de Israel. Al poco tiempo de eso, derrotó al gigante Goliat, y en un instante llegó a ser un héroe en todo el país. La gente lo amaba, y era sumamente popular, pero el Rey Saúl, el gobernante de Israel en esa época, sintió muchísimos celos, y comenzó a hacerle toda clase de injusticias a David.

En ocasiones Saúl se enfermaba, y David le tocaba su arpa, calmando así su mente y ayudándole a sentirse mejor. Sin embargo, un día en que David le estaba tocando su arpa, Saúl levantó inesperadamente su lanza y, ¡la aventó a la cabeza de David! Casi le atina, por lo cual David corrió del cuarto, temiendo por su vida. Cuando se dio cuenta que Saúl buscaba matarle, huyó a las montañas para esconderse y vivió huyendo mes tras mes, corriendo de una cueva a otra.

Imagínese, David no había hecho nada malo, había tratado a Saúl con respeto y honor, sin embargo Saúl le pagó intentando matarle. Hubiera sido tan fácil que David se amargara, ya que pudo haber dicho con facilidad: "Dios, ¿por qué me quiere lastimar este hombre? Yo no le hice nada. Señor, pensé que me habías escogido a mí para ser el rey. ¿Qué está pasando aquí?"

Pero David no hizo eso. Mantuvo una buena actitud, siempre rehusando dañar a Saúl, aun cuando tuvo oportunidad de hacerlo, y aunque Saúl no le estaba tratando bien, David todavía respetaba la posición de autoridad que ocupaba Saúl.

Una persona con autoridad sobre usted—un jefe, un supervisor, un padre o alguien en una posición de liderazgo—le puede estar tratando injustamente. Usted sabe que lo que están haciendo está mal, y quizá ellos también lo saben. Como resultado, usted podrá tener la tentación de tratar con desprecio y sin respeto a aquella persona, es fácil racionalizar o justificar una mala actitud hacia ella. Al fin y al cabo, *Mi jefe es descortés, es mundano, y no lo tengo que tratar con respeto*. O, *Mis padres siempre están peleando, no los obedeceré*. O, *Mi pareja no viene a la iglesia conmigo, ¿cómo podré respetar una persona así?*

La verdad es que Dios espera que mostremos honor a su posición de autoridad, se esté o no comportando correctamente la persona. No haga excusas ni trate de justificar en su mente porqué tiene la libertad de hablar o comportarse sin respeto hacia ella. Si usted se niega a vivir bajo autoridad, Dios nunca le ascenderá a una posición de mayor autoridad.

Es fácil respetar a aquellos en posiciones de autoridad siempre y cuando sean buenos con nosotros o estemos de acuerdo con esa persona, pero la verdadera prueba llega cuando hay un "Saúl" en su vida, cuando alguien lo trata injustamente sin ninguna razón aparentemente.

Como David, muchas personas han sido escogidas hoy por Dios para hacer algo grande. Dios las quiere poner en posiciones de honor, en posiciones de liderazgo, pero por alguna razón nunca logran pasar la prueba. En lugar de confiar en Dios, siempre están queriendo manipular las circunstancias para hacer justicia por ellos mismos. En lugar de soltar las ofensas, perdonar al que les ofendió y confiar que Dios rectificará lo malo, siempre están tratando de hacerles pagar a los "Saúles" de su vida. Sin embargo, hay una mejor manera de hacer las cosas.

En la década de los cincuenta, mi papá tenía todo a su favor. Era el pastor de una iglesia que estaba prosperando y creciendo en Houston, y la congregación acababa de construir un hermoso edificio nuevo. Papá era miembro del comité estatal de su denominación, y todos veían a John Osteen como un líder ascendente, camino arriba en la jerarquía de la iglesia, pero en 1958, mi papá comenzó a desear cosas más profundas de Dios. No estaba satisfecho con el estancamiento en su jornada espiritual, y tampoco quería que la iglesia se volviera complaciente.

Conforme estudiaba las escrituras, mi padre se iba dando cuenta que Dios deseaba hacer por su pueblo más de lo que la mayoría de la gente acostumbraba recibir. A mi papá le emocionó lo que estaba aprendiendo de la Biblia, y comenzó a compartir sus nuevos conocimientos con la iglesia. Le dijo a la congregación que él veía con más claridad que Dios era un Dios bueno, un Padre celestial, en lugar de un juez exigente e imposible de complacer. Mi padre enseñó a la gente que Dios deseaba que fueran felices, que estuvieran sanos y completos, y comenzó a orar por la sanidad de las personas enfermas o necesitadas de alguna otra manera.

Para sorpresa de mi papá, muchos de los miembros de la congregación no valoraban sus nuevos descubrimientos pues se encontraban estancados en sus tradiciones, y como resultado de las predicaciones apasionadas y emotivas de mi padre se sintieron incómodos con este nuevo estilo. Aunque mi papá les estaba enseñando directamente de la Biblia, se molestaron porque el Dios sobrenatural que mi padre describía no cabía dentro de los parámetros de la denominación.

La congregación votó para ver si querían que mi padre se quedara o no. Cuando fueron contados los votos, mi papá recibió bastantes votos a favor de que se quedara, pero a lo largo de los meses siguientes algunas de las personas le trataron tan mal y le faltaron tanto al respeto que él sabía que lo mejor para la iglesia sería que él se fuera. Naturalmente, él estaba desilusionado y angustiado, debido a que había vertido su corazón y alma en ese lugar, y ahora tendría que comenzar de nuevo.

No era justo, no era correcto; la congregación no le trató como él merecía, y mi papá con facilidad pudo haberse ido amargado o pudo haber guardado enojo y resentimiento en su corazón hacia algunas de esas personas, pero mi papá dejó ir esas ofensas. Su actitud fue: *Dios, yo sé que tú me pagarás por esto, sé que tú me harás prosperar a dónde quiera que vaya, y tú harás justicia en mi vida.*

Mi papá tomó la decisión de seguir adelante con Dios, y en 1959 dejó la seguridad y comodidad de esa iglesia grande y bien establecida, y se fue a una desgastada y vieja bodega de alimentos para ganado llamada *East Houston Feed & Hardware*. Era un edificio desgastado y sucio con hoyos en el piso, pero mi papá y aproximadamente noventa personas más lo limpiaron, y en el Día de las Madres, comenzaron lo que llamaron "Lakewood Church".

Los pesimistas y críticos dijeron: "Nunca perdurará, John; todo está en su contra, nadie llegará". Incluso dijeron: "Esto se acabará".

Sin embargo, estuvieron equivocados. Este movimiento llegó a toda la ciudad y hoy está llegando al mundo entero. Más de cuarenta y cinco años más tarde, Lakewood Church sigue en pie, todavía viendo los milagros, las bendiciones y el favor de Dios, todavía tocando a las personas alrededor del mundo.

Dios sabe traer justicia a su vida también. Si usted deja sus preocupaciones en las manos de Dios, Él resolverá sus asuntos, Él rectificará sus males, Él ha prometido tomar lo malo y usarlo a su favor. No importa cuánto le haya lastimado alguien, o cuánto le hayan perjudicado sus acciones o palabras, Dios puede tomar la situación y cambiarla, compensándole por todo, ¡y aún más!

Dios rectificará sus males.

Déjele todo a Dios, viva una vida de perdón y no se la viva intentando vengarse con todos, pagándoles por lo que le hicieron. Dios ve cada injusticia que se le ha hecho, cada persona que le ha lastimado. Él tiene el archivo, y la Escritura dice que si usted no se venga, Dios le recompensará, le pagará. Y amigo, no sólo le pagará, Él le pagará *abundantemente.*

Venza las desilusiones

Una de las claves más importantes para vivir su mejor vida ahora, así como para progresar hacia el gran futuro que Dios tiene para usted, es *aprender a sobreponerse a las desilusiones de la vida*. Como las desilusiones pueden representar obstáculos tan imponentes al momento de dejar atrás el pasado, debe asegurarse de que usted ha tratado con esta área antes de tomar el siguiente paso para vivir a su máxima potencial.

Seamos honestos, todos enfrentamos la desilusión de vez en cuando. No importa cuánta fe tenga o qué buena persona sea, tarde o temprano, algo (¡o alguien!) sacudirá su fe hasta sus fundamentos. Puede que sea algo sencillo, como no recibir un ascenso que verdaderamente deseaba, no lograr concluir una venta grande que tenía tiempo organizando, no obtener el préstamo para comprar la casa de sus sueños. O, quizá sea algo más serio: una relación matrimonial que se deshace, la muerte de un ser querido, una enfermedad incurable y debilitante. Cualquiera que sea, esa desilusión contiene, potencialmente, la habilidad de desviarle y destruir su fe. Por eso es tan importante que usted sepa reconocer, desde ahora, que las desilusiones llegarán, y que usted tiene que aprender a mantenerse sobre el camino y tratar con ellas cuando lleguen.

Muy seguido, vencer las desilusiones y soltar el pasado son dos lados de la misma moneda, especialmente cuando usted está desilusionado consigo mismo. Cuando hace algo equivocado, no lo guarde ni se castigue por ello, sino reconózcalo, pida perdón y siga adelante. Sea pronto para soltar sus errores y fracasos, sus heridas, su dolor y sus pecados.

Sin embargo, las desilusiones que nos afectan más, usualmente son las que son provocadas por otras personas. Muchos de los individuos que han sido heridos por los demás se están perdiendo de sus nuevos comienzos porque siguen abriendo las antiguas heridas, cuando lo que necesitamos hacer es soltar y dejar atrás aquello, sin importar lo que fue, sin importar qué injusto fue ni cuánta desilusión sentimos.

Una persona se pudo haber marchado; alguien le pudo haber hecho un gran daño; quizá usted oró fervientemente que se salvara la vida de un ser querido, y sin embargo murió. Deje eso con Dios y siga adelante con su vida, la Biblia dice que "las cosas secretas pertenecen a Jehová nuestro Dios".[1] Déjelas allí.

La desilusión casi siempre acompaña una contrariedad. Claro que experimentará emociones muy fuertes al sufrir una pérdida. Nadie espera que sea una roca impenetrable o una isla inaccesible en el mar, y ni Dios espera que sea tan duro que sencillamente ignore las desilusiones de la vida, sacudiéndoselas como si fuera imposible ser afectado por el dolor. No, cuando experimentamos fracaso o pérdida, es natural sentir tristeza o remordimiento, así nos creó Dios. Si usted pierde su trabajo, lo más probable es que experimentará un sentir muy fuerte de desilusión. Si está pasando por el rompimiento de una relación, eso le causará dolor. Si ha perdido en algún momento a un ser querido, hay un tiempo para luto, un tiempo de tristeza. Eso es normal y de ser esperado.

Pero si todavía está en luto y sintiendo tristeza por una desilusión que sucedió hace un año o más, ¡algo no está bien! Usted está estorbando su futuro, y tiene que tomar la decisión que seguirá adelante. No sucederá automáticamente, tendrá que levantarse y decir: "No me importa qué tan difícil sea esto, no me importa qué desilusionado esté, no permitiré que esto me gane, seguiré adelante con mi vida".

Al enemigo le fascina engañarnos hasta el punto de tenernos sumidos en la autocompasión, la preocupación o el resentimiento. "¿Por qué me pasó esto? Dios no me ha de amar. No contesta mis oraciones. ¿Por qué terminó en divorcio mi matrimonio? ¿Por qué se vino abajo mi negocio? ¿Por qué perdí a mi ser querido? ¿Por qué no se dieron las cosas en mi vida?"

No puede separar huevos revueltos.

Esas preguntas posiblemente puedan ser legítimas, y aun podría ser ventajoso considerarlas por un tiempo. Pero después de ello, deje de desperdiciar su tiempo tratando de entender algo que no puede cambiar. No puede separar huevos revueltos, lo que pasó, pasó. Deje que el pasado sea el pasado, y siga adelante; así que si sufrió contrariedades, no recibió lo que había pedido en oración, o las cosas no salieron como esperaba, amigo, no está solo. Muchas personas muy buenas y de buen nombre han experimentado algo similar.

No se deje atrapar por el pasado

Mi padre se casó siendo muy joven —quizá no fue una de las mejores decisiones que jamás haya tomado— y, aunque entró a la relación con la mejor intención, desafortunadamente, no salieron bien las cosas. El matrimonio fracasó y mi padre terminó devastado y angustiado, seguro de que su ministerio había terminado y de que las bendiciones de Dios habían dejado su vida. Pensó que no podría dar jamás otra predicación, mucho menos tener una familia. Tratar con su divorcio fue la hora más oscura en la vida de mi padre. Hubiera sido muy fácil para él perderse en el hoyo negro de la depresión, y estoy seguro que fue tentado a sentir culpa y condenación. Sin lugar a dudas, fue tentado a voltear la culpa hacia sí mismo y no querer aceptar el perdón de Dios, y pudo haber permitido que las desilusiones estorbaran el que cumpliera su destino.

Pero años después, mi papá me contó cómo tuvo que sacudirse su abatimiento, cómo tuvo que dejar de lamentarse por lo que había perdido y comenzar a recibir la misericordia y el amor de Dios.

La Biblia dice que las misericordias de Dios son nuevas y frescas cada día.[2] Dios sabe que cometeremos errores, sabe que no somos perfectos, así que Él nos da misericordia y gracia nueva y fresca cada día. Dios no condona nuestro pecado, no ignora cuando hacemos algo malo, pero Dios tampoco nos condena automáticamente. La Biblia dice que "El Señor…es paciente para con nosotros, no queriendo que ninguno perezca, sino que todos procedan al arrepentimiento".[3]

Si usted desea evitar ser atrapado en su pasado, tiene que aprender a perdonarse a sí mismo. Tiene que estar dispuesto a aceptar la misericordia de Dios, no puede criticarse tanto que no pueda recibir lo que Dios le está ofreciendo.

Quizá tomó algunas malas decisiones, y ahora está intentando rectificar lo que hizo mal. Eso es noble, y hasta donde le sea posible hacer restitución por cualquier daño que usted haya infligido sobre otros, deberá hacerlo, pero tiene que entender que no siempre podrá reparar cada pieza rota de su vida o de la vida de otra persona; no puede arreglar cada error o rectificar cada embrollo que haya causado. Puede ser que esté intentando pagar una deuda que es imposible pagar, quizá sea el momento de simplemente recibir la misericordia de Dios y su perdón para que pueda seguir adelante con su vida.

Espero que no me entienda mal pues no estoy sugiriendo que tome la salida fácil, ignorando o renunciando a toda responsabilidad por sus acciones. Al contrario, hasta donde pueda, usted deberá buscar el perdón de parte de, y hacer restitución a aquellos que lastimó, pero muchas veces, poco se puede hacer para corregir el pasado. Cuando sabe que la situación ya está terminada, lo mejor que puede hacer es seguir adelante.

Mi padre decidió que él no iba a permitir que su pasado envenenara su futuro. Aceptó el perdón y la misericordia de Dios, y poco a poco, Él comenzó una nueva obra en su vida, restaurando su fuerza espiritual así como su ministerio. Mi papá comenzó a predicar una vez más, y a hacer lo que Dios quería que él hiciera; comenzó a cumplir con el destino que Dios tenía para su vida.

Sin embargo, mi papá nunca se imaginó que algún día se pudiera casar de nuevo y lograra tener una familia. Entonces un día, mi padre conoció a una atractiva joven con un nombre poco usual—Dodie— que estaba trabajando como una enfermera estudiante en uno de los hospitales locales dónde mi papá solía visitar a los miembros enfermos de su iglesia.

Mi papá se enamoró locamente de esta mujer, y comenzó a buscar cualquier razón para ir a ese hospital a verla. Digo, ¡él visitaría al primo de la tía de su vecino si se lo pedía! Casi *anhelaba* que los miembros de su congregación se enfermaran para ir al hospital.

La joven estudiante de enfermería no percibió lo que estaba pasando, pero mi papá iba tanto al hospital que ella le comentó en una ocasión a una de sus amigas: "¡Ese ministro tiene la congregación más enfermiza que jamás he visto!" No se daba cuenta que estaba allí para verla a ella.

Probablemente ya se imaginó que mi papá se casó con Dodie Pilgrim, y Dios bendijo su unión con cuatro hijos extraordinarios y un hijo excepcional, ¡llamado Joel!

Dios no tan sólo restauró el ministerio de mi papá, lo aumentó ya que viajó por todo el mundo durante más de cincuenta años, ministrando a millones de personas. Fundó Lakewood Church en Houston durante finales de los cincuenta y pastoreó esa congregación por más de cuarenta años.

Dios también le dio una nueva familia a mi papá. Hoy, sus cinco hijos están activos en el ministerio, llevando adelante la obra que Dios comenzó en él desde hace años atrás, pero estoy convencido de que nada de eso hubiera sucedido si mi papá se hubiera enfocado en sus desilusiones, rehusando soltar el pasado.

Dios quiere hacer más de lo que puede pensar o pedir para usted también. Él desea restaurarle lo bueno en abundancia, y si se enfoca en las cosas correctas, Dios tomará lo que para usted es su peor pesadilla y lo cambiará en su sueño más bello.

No estoy diciendo que deberá tomar la salida fácil y simplemente salirse de un matrimonio o alguna otra situación difícil. Mi padre pasó por el infierno aquí en la tierra. Si supiera las circunstancias que rodearon el divorcio que él experimentó, entendería que no tomó la salida fácil, pero tampoco se permitió estancarse en el pasado. Deje atrás las desilusiones, los fracasos y pecados de su pasado. Dios quiere hacer algo nuevo, quiere restaurarle abundantemente todo lo que el enemigo le robó. Deje de reflexionar sobre esas desilusiones, lamentando algo que perdió, y, ¡comience a creer que Dios tiene un futuro fantástico para usted!

Muy a menudo me piden oración individuos que están orando por la restauración de una relación. Algunos están orando que su matrimonio sea restaurado; otros le están pidiendo a Dios que sane una situación de negocios o un pleito entre compañeros del trabajo. Yo animo a las personas a perseverar, a continuar orando y creer que algo bueno sucederá, pero también tenemos que entender que Dios no cambiará la voluntad de una persona. Él le ha dado a cada ser humano libre albedrío para escoger el camino que quiera seguir, malo o bueno. En ocasiones, y sin importar cuánto oremos o cuánto tiempo nos mantengamos confiando con fe, las cosas no se darán como nosotros esperábamos.

Dios no cambiará la voluntad de una persona.

Puede ser que usted esté angustiado a causa de una relación fracasada o por un negocio quebrado, pero le reto a que no se quede en la angustia. No cargue con todo el dolor y las heridas año tras año; no permita que el rechazo crezca en su interior, envenenando su futuro; déjelo ir, Dios tiene algo nuevo para usted.

Cuando Dios permite que una puerta se cierre, Él abrirá otra puerta para usted, revelando algo mejor y mayor. La Biblia dice que Dios tomará lo malo que el enemigo trae a nuestra vida, y si mantenemos la actitud correcta, lo usará para nuestro bien,[4] pero tiene que entender que para experimentar todo eso bueno en su futuro tiene que estar dispuesto a soltar el pasado.

No puede poner un signo de interrogación donde Dios ha puesto un punto.

Usted no puede poner un signo de interrogación donde Dios ha puesto un punto. Evite la tendencia de pensar en lo que pudo haber hecho, a cuál universidad debió haber asistido, cuál carrera debió haber ejercido o aquella persona con la que quisiera haberse casado. Deje de vivir con una mentalidad negativa, pensando en lo que ya terminó y se acabó, y vea lo que *sí* puede cambiar, en lugar de ver lo que no puede cambiar. No permita que remordimiento por el pasado destruya las esperanzas y los sueños del mañana.

Claro que todos podemos mirar atrás y ver cosas en nuestra vida que quisiéramos haber hecho de otra manera, pero la Biblia nos enseña que debemos aprovechar al máximo cada día. Ayer ya se fue; mañana quizá no llegue; tiene que vivir para hoy. Comience justo donde se encuentra, no puede hacer nada al respecto de lo que ya se fue, pero puede hacer mucho respecto a lo que queda por delante.

Es posible que usted haya tomado unas malas decisiones que le han causado terrible angustia y dolor; quizá siente que ha echado a perder todo, que su vida es un desastre y no tiene remedio; tal vez siente que ha quedado descalificado para recibir lo mejor de Dios, convencido que tiene que contentarse con la mediocridad por el resto de su vida a causa de las malas decisiones que usted tomó. Pero amigo, ¡Dios desea verle restaurado todavía más de lo que usted lo desea! Si usted puede soltar el pasado y comienza a vivir cada día con fe y expectación, Dios restaurará todo lo que el enemigo le ha robado.

Plan de contingencia

Seamos honestos; en ocasiones, nos perdemos del "plan A" de Dios para nuestra vida a causa de malas decisiones, desobediencia o pecado. Las buenas nuevas son que Dios tiene un "plan B", un "plan C", y lo necesario para llevarnos a su destino final para nuestra vida.

Peor aún, es posible que usted no sea la persona que tomó una mala decisión, sino la decisión necia de otra persona le ha provocado una terrible aflicción y dolor. Sin embargo, usted debe dejar de reflexionar sobre eso, deje que el pasado esté en el pasado, perdone a la persona que le causó tantos problemas y comience de nuevo donde se encuentra hoy día. Si continúa pensando en las desilusiones del pasado, estorbará las bendiciones que Dios tiene para su vida ahora. Sencillamente no vale la pena.

El profeta Samuel sufrió una terrible desilusión en su relación con el primer rey de Israel, un hombre llamado Saúl.[5] De joven, Saúl era humilde y tímido. Luego, bajo la dirección de Dios, Samuel lo escogió entre una multitud y declaró que él sería el primer rey de Israel. Samuel hizo todo lo posible para ayudar a Saúl ser un rey que agradara a Dios.

Lamentablemente, Saúl decidió vivir en desobediencia hacia Dios, y la consecuencia fue que Dios lo rechazó como el rey. Imagínese cómo se ha de haber sentido Samuel. Quizá usted ha invertido mucho tiempo, esfuerzo, dinero, emociones y energía en una relación, e hizo todo lo posible para sacarla adelante, pero por alguna razón, las cosas se desviaron, y ahora siente que algo le ha sido robado.

Así se ha de haber sentido Samuel; asolado; angustiado; desilusionado, pero cuando Samuel se encontraba lamentando su herido corazón, Dios le hace una pregunta muy importante: "Samuel, ¿cuánto tiempo llorarás a Saúl?" Dios nos hace una pregunta similar hoy; "¿Cuánto tiempo llorarás esa relación fracasada? ¿Cuánto tiempo llorarás tus sueños rotos?" Ese es el problema con el exceso del lamento, porque cuando nos enfocamos en nuestras desilusiones, no permitimos que Dios traiga nuevas bendiciones a nuestra vida.

Dios siguió hablando con Samuel de esta manera: "Llena tu cuerno de aceite, y ven, te enviaré a Isaí de Belén, porque de sus hijos me he provisto de rey".[6] En otras palabras, Dios dijo: "Samuel, si dejas de lamentar y te levantas, te mostraré un principio nuevo y mejor".

Recuerde que Dios siempre tiene otro plan. Sí, Saúl había sido la primera opción de Dios, pero cuando Saúl no caminó en obediencia, Dios no dijo: "Bueno, Samuel, lo siento mucho, Saúl fracasó y eso echa a perder todo". No, Dios siempre puede sacar otro plan. Si deja de sentir autocompasión y comienza a hacer lo que la Biblia dice, su futuro podrá ser mejor que nunca.

Fíjese en lo que Dios le dijo a Samuel: *Llena tu cuerno de aceite…* Tenga una nueva actitud, ponga una sonrisa sobre su boca, siga su camino con un paso contento y alegre.

Samuel bien pudo haber dicho: "Dios, no puedo hacer esto; estoy demasiado acongojado, di tanto de mí mismo en esta relación y ahora todo se ha echado a perder, fue en vano".

Pero si Samuel no hubiera confiado en Dios en ese momento, posiblemente se hubiera perdido del Rey David, uno de los reyes más grandes de la Biblia. De igual manera, si nosotros nos quedamos estancados en nuestras desilusiones, nos arriesgamos a perdernos de las cosas nuevas que Dios quiere hacer en nuestra vida. Es hora de levantarse y seguir adelante, Dios tiene otro plan para usted. ¡Y es mejor de lo que se pueda imaginar!

Mi hermana Lisa, y su esposo Kevin, intentaron durante años concebir y dar a luz, pero Lisa no podía concebir. Ella y Kevin deseaban tener un hijo, así que Lisa se hizo toda clase de procedimiento médico, soportando un proceso largo que incluyó varias intervenciones, todo sin ningún resultado positivo. Finalmente, le dijo su doctor: "Lisa, intentemos una cirugía más y esperamos que en esta ocasión, esto te ayude a quedar embarazada". Así que se sometió también a eso, y ella y Kevin intentaron durante un año o más, pero todavía no lograba concebir.

Después de todo el proceso, Lisa había quedado exhausta, tanto emocional como físicamente. Regresó una vez más con el doctor para ver si había alguna posibilidad de quedar embarazada, y el doctor no le pudo ofrecer ninguna ayuda. "Lisa, me pesa decirte esto", le dijo él, "pero hemos hecho todo lo posible; es imposible que puedas tener un hijo".

Lisa estaba angustiada. Pensó: *Dios, hemos soportado esto por tanto tiempo, y nos ha costado mucho esfuerzo. Hemos orado y creído, hemos gastado todo este dinero. Dios, nada valió la pena. Parece ser tan injusto.*

En ocasiones, no entendemos por qué algunas cosas no salen bien. Yo no le puedo decir por qué una persona sana y otra no, cuando las dos han orado y creído y estado firmes en su fe, pero tenemos que llegar al punto donde confiemos en Dios, aun cuando no le entendamos. A veces ni siquiera deberíamos de tratar de entender; deberíamos dejarlo y seguir adelante pues Dios está en control. La Biblia dice que los caminos y pensamientos de Dios son más altos y mejores que los nuestros.[7] Dios sabe lo que está haciendo, sabe lo que es mejor para nosotros, y siempre tiene otro plan. Si sólo deja de pensar tanto en sus desilusiones, Dios le mostrará ese plan.

Eso fue exactamente lo que hicieron Kevin y Lisa. Al fin llegaron al punto donde dijeron: "Dios, estamos poniendo esto en tus manos completamente, hemos hecho todo lo que sabemos hacer. Sí, estamos tristes, pero no nos dejaremos atrapar por el pasado, seguiremos adelante con nuestra vida, sabiendo que tú estás en control. Eres un Dios bueno, y tú tienes algo bueno para nosotros".

Unos meses más tarde, recibieron una llamada telefónica de una querida amiga nuestra, Nancy Alcorn. Nancy es fundadora y presidente de *Mercy Ministries of America (*Ministerios de Misericordia de América), un ministerio que cuida a mujeres en problemas, incluyendo aquellas que estén enfrentando embarazos fuera del matrimonio. Cuando una joven da a luz a un bebé y desea darlo en adopción, *Mercy Ministries* le ayuda a encontrar una familia cristiana para su bebé.[8]

"Lisa, ni sé por qué te estoy hablando", dijo Nancy. "Normalmente no haría esto, pero aquí hay una adolescente que está por dar a luz a gemelas, y nos preguntábamos si tú y Kevin estarían interesados en adoptarlas, aunque quizá no se pueda arreglar pues aunque yo sé que tú y Kevin reúnen todos los requisitos, la madre está pidiendo que la pareja que adopte a sus hijas tenga antecedentes de gemelos en su familia".

Nancy no se imaginaba que Kevin, el esposo de Lisa, tiene una hermana gemela, y siempre había sido su sueño criar a un par de gemelos algún día. Dios contestó la petición muy específica de la joven que daba a sus bebés en adopción, ¡mientras cumplía un sueño de Kevin y Lisa al mismo tiempo! Unos meses después, Lisa y Kevin pudieron adoptar, al momento de nacer, dos niñas hermosas. ¡Dios tenía otro plan!

Pero si Lisa no hubiera estado dispuesta a dejar a un lado su propio plan, si no hubiera tenido la disposición de sobreponerse a su desilusión, estoy convencido que el nuevo plan de Dios para ella y Kevin no se hubiera presentado.

Quizá usted ha invertido mucho tiempo, esfuerzo y recursos para lograr su plan; ha orado al respecto, ha creído. Quizá ha gastado mucho dinero, y ahora puede percibir que la puerta definitivamente se está cerrando, y usted está desilusionado. Dirá: "Dios, ¿cómo podré soltar esto? Será una pérdida enorme de tiempo, invertí tanto, y lo único que puedo ver es un fracaso".

En ese preciso lugar es en donde debe atreverse a confiar en Dios, sabiendo que Él tiene otro plan, un mejor plan. Él quiere hacer algo nuevo en su vida, y deberá soltar lo viejo para estar preparado para recibir el nuevo plan de Dios para usted pues Él hará mucho más de lo que usted aun pudiera pedir o pensar.

Hace poco, Kevin y Lisa adoptaron otro bebé, un varoncito. Lisa bromeó: "¡Qué le parece! Dios me ha dado tres hijos hermosos, y, ¡no tuve que pasar ni siquiera un mes embarazada!"

Todos enfrentamos circunstancias que pueden causar que seamos negativos, o que estemos amargados o desilusionados con nosotros mismos o con Dios. Pero me encanta lo que dijo el apóstol Pablo: "…olvidando ciertamente lo que queda atrás, y extendiéndome a lo que está delante, prosigo a la meta, al premio del supremo llamamiento de Dios en Cristo Jesús".[9] En otras palabras, Pablo estaba diciendo: "No me estancaré en las desilusiones de ayer o en mis fracasos del pasado, no pensaré en lo que hubiera hecho o debí haber hecho; estoy dejando todo eso atrás, y estoy mirando hacia delante para ver todo lo bueno que Dios tiene para mí". Nosotros también deberíamos tener esa clase de actitud.

Cada mañana al despertar, decida que no reflexionará sobre lo malo que hizo el día anterior, rehúse pensar demasiado en las desilusiones de ayer. Levántese cada día sabiendo que Dios es un Dios amoroso y perdonador, y Él tiene grandes cosas para usted.

Pablo dijo: "Me extiendo hacia delante, prosigo a la meta". Esas palabras implican un gran esfuerzo. No siempre es fácil pasar algunos de los baches en el camino, esas desilusiones y desánimos porque se requiere de una voluntad muy fuerte. En ocasiones, hará falta ser valiente; otras, sólo una firme determinación y fe en Dios lograrán sacarle al otro lado. Sin embargo, usted puede decir: "No seré atrapado en el pasado; no permitiré que mi pasado destruya mi futuro; prosigo a la meta; me estoy extendiendo, sabiendo que Dios tiene grandes cosas para mí".

Cuando cometa un error —y todos lo hacemos— humíllese y reciba el perdón y la misericordia de Dios. Tenga además, la disposición de perdonarse a sí mismo, y no viva con remordimiento pues esto sólo estorbará su fe. La fe tiene que estar siempre en el presente, no puede ser un distante recuerdo. Dios cambiará para bien esas desilusiones, tomará sus cicatrices y las hará como unas estrellas para su gloria.

PARTE 5

MANTÉNGASE FIRME CONTRA LA ADVERSIDAD

CAPÍTULO 21

Levántese en su interior

Muchas personas se dan por vencidas demasiado fácilmente cuando las circunstancias no salen a su manera o cuando enfrentan algún tipo de adversidad. En lugar de perseverar, se molestan, y al poco tiempo están cabizbajas y desanimadas. Eso se puede entender, especialmente si hemos luchado con un problema o debilidad durante mucho tiempo, y no es raro llegar al punto donde nos resignamos. Sencillamente lo aceptamos y decimos: "Bueno, siempre he tenido esta enfermedad, supongo que nunca estaré sano". "Mi matrimonio está seco y aburrido desde hace años; ¿por qué esperar que cambie ahora?" "Ya van varias ocasiones que no logro avanzar en mi compañía; obviamente, ya llegué a mi límite."

Pero, si usted quiere vivir su mejor vida ahora, tiene que tener más determinación que eso. El quinto paso para vivir a su máxima potencial es *encontrar fuerza en la adversidad*. Nuestra actitud deberá ser ésta: *Tal vez he sido tumbado algunas veces en mi vida, pero no me quedaré abajo; tengo la determinación de vivir en victoria. Estoy decidido a tener un buen matrimonio; estoy decidido a hacer el esfuerzo de salir de estos problemas*.

Todos enfrentamos retos en la vida, todos tenemos cosas que vienen en nuestra contra. Es posible que eso nos tumbe por fuera, pero la clave para vivir en victoria es aprender a levantarnos por dentro.

Escuché la historia de un niño pequeño que estaba en la iglesia con su mamá, y tenía tanta energía, que no se podía sentar en paz. De hecho, seguía parándose arriba del asiento, por lo que su madre le dijo: "Siéntate, hijo".

Se sentaba durante algunos segundos, pero luego estaría parado nuevamente, así que la mamá de nuevo reprendía suavemente a su hijo: "Hijo, ¡te dije que te sentaras!"

Esto sucedió varias veces, y luego el pequeño se paró y no accedió a sentarse. Su mamá colocó su mano sobre la cabecita del niño, y de esta manera lo empujó hasta sentarlo en la silla. El niño se quedó sonriendo, luego, miró a su mamá y dijo: "Mami, puede ser que esté sentado por fuera, ¡pero por dentro sigo parado!"

En ocasiones, tenemos que hacer lo mismo en nuestra vida. Nuestras circunstancias nos pueden forzar a sentarnos durante un tiempo, pero no nos podemos quedar allí. Aun cuando por fuera estemos sentados, ¡en nuestro interior, debemos vernos parados!

Aun cuando por fuera estemos sentados, ¡en nuestro interior, debemos vernos parados!

Tal vez usted recibió un mal reporte de parte del doctor; quizá perdió su mejor cliente en el trabajo; quizá se acaba de enterar que su hijo se encuentra en problemas o puede estar enfrentando un problema serio, y siente que su vida se le está cayendo encima, tumbándole y aplastándole.

Sin embargo, las buenas nuevas son que no se tiene que quedar allí. Aun cuando no se pueda levantar por fuera, ¡levántese por dentro! En otras palabras, tenga la mentalidad y actitud de una persona victoriosa, manténgase en una actitud de fe y no se permita caer en una manera negativa de pensar, quejándose o culpando a Dios. Esfuércese y diga: "Dios, quizá no entienda esto, pero yo sé que Tú todavía estás en control. Tú has dicho que todas las cosas me están ayudando para bien, y también dijiste que tomarías este mal y lo cambiarías y lo usarías a mi favor; así que, Padre, ¡te doy gracias que Tú me llevarás a través de esto!" No importa lo que usted enfrente en la vida, si usted sabe cómo levantarse en su interior, las adversidades no le podrán mantener abajo.

Manténgase firme

La Escritura dice: "…para que podáis resistir en el día malo, y habiendo acabado todo, estar firmes".[1] Se puede encontrar hoy en una situación donde usted ha hecho su mejor esfuerzo, ha orado, ha creído y ha plantando firmemente su fe en la verdad de la Palabra de Dios, pero parece que nada está sucediendo. Ahora tiene la tentación de decir: "¿De qué me sirve? Nada cambiará".

¡No se dé por vencido! Siga firme, siga orando y creyendo, siga firme en su fe. "No perdáis, pues, vuestra confianza, que tiene grande galardón".[2] ¡Me gusta eso! ¡*Grande* galardón! Amigo, Dios le dará un grande galardón si se mantiene parado por dentro. Puede estar en el hospital, o tirado en la cama en su casa, pero aunque no se pueda parar físicamente, nada le podrá detener de pararse por dentro, en su interior. Esa enfermedad lo puede tener abajo físicamente, pero no tiene que estar abajo espiritual o emocionalmente. Usted puede seguir erguido en su corazón, en su mente y en su voluntad.

Tal vez usted trabaja con personas que siempre lo menosprecian, maltratándole, haciéndole sentirse menos. No permita que esa basura entre a su mente, que entre por un oído y salga por el otro. Pueden intentar tumbarle por afuera, pero no le pueden tumbar en su interior; no permita que tales personas le roben el gozo, ni permita que ese problema o adversidad le haga estar desanimado o deprimido. Siga parado en su interior.

Hace poco, tuve una conversación con un hombre que acaba de perder su trabajo. Él había estado ganando un buen salario trabajando en una posición de prestigio, pero de repente lo despidieron. Cuando al principio me contó lo que había sucedido, yo estaba seguro que estaría muy molesto y aturdido, pero estaba equivocado. Cuando me vino a ver, estaba muy contento, tenía una gran sonrisa en su rostro, y me dijo: "Joel, acabo de perder mi trabajo, ¡pero estoy ansioso por ver lo que Dios tiene para mí!"

Había sido tumbado por circunstancias fuera de su control, pero seguía parado en su interior. Tenía la mentalidad de un victorioso pues su actitud era: *Esto no me derrotará ni se robará mi gozo. Dios abrirá una puerta mejor y mayor.*

Su actitud debería ser parecida. Usted puede decir: "Aunque el enemigo me dé con todo, su todo nunca será suficiente; él me puede tumbar, pero no me puede destruir. Cuando todo haya terminado, cuando el humo y el polvo se limpien, seguiré erguido y fuerte". La Biblia nos dice que ningún hombre puede tomar su gozo. Eso quiere decir que nadie puede hacerle vivir con una actitud negativa. Ninguna circunstancia, ninguna adversidad le pueden obligar a vivir abatido. Como solía decir Eleanor Roosevelt, esposa del hombre forzado a estar en silla de ruedas, Presidente Franklin D. Roosevelt: "Nadie le puede hacer sentirse inferior sin su permiso".

Sin importar lo que esté viviendo o lo difícil que parezca ser, usted puede seguir de pie en su interior. Requerirá valor; seguramente requerirá determinación, pero usted lo puede hacer si lo decide. Tiene que actuar según su voluntad, no sólo según sus emociones.

Antes de llegar a ser el rey de Israel, David y sus hombres salieron a hacer lo que Dios les había mandado hacer un día: cuidar las fronteras, pero mientras andaban fuera, unos bandidos atacaron su ciudad. Los embestidores quemaron todas las casas, se robaron todas sus posesiones y raptaron a todas las mujeres y los niños. Al regresar David y sus hombres, se sintieron angustiados y lloraron hasta más no poder, pero David tomó una decisión estando sentado entre las ruinas, mirando el humo y las cenizas que llenaban el aire, y fue una decisión que cambió su destino. Él había sido tumbado en el exterior, pero decidió levantarse en el interior, y comenzó a levantarse ese espíritu victorioso dentro de él. En lugar de sentarse a lamentar todo lo que había perdido, la Biblia dice que David "se fortaleció en Jehová su Dios".[3] En otras palabras, se levantó por dentro y les dijo a sus hombres: "Pónganse de nuevo su armadura. Iremos a atacar al enemigo", e hicieron precisamente eso. David y sus hombres perseveraron, y Dios, sobrenaturalmente, les ayudó a recuperar todo lo que había sido robado. Aunque no creo que nada de eso hubiera sucedido si David no se hubiera levantado primero en su interior.

Es probable que usted esté sentado esperando que Dios cambie sus circunstancias. *Entonces* será feliz, *entonces* tendrá una buena actitud, *entonces* le dará alabanza a Dios. Pero Dios está esperando que se levante en su interior. Cuando usted haga su parte, Él comenzará a cambiar todo y a obrar en su vida de una manera sobrenatural.

¿Está pasando por un tiempo oscuro en su vida? Quizá alguien le defraudó, se aprovechó de usted o lo maltrató, y ahora tiene la tentación de lamentar todo lo que ha perdido, pensando qué injusto es, y cómo nunca será igual su vida. Necesita cambiar su actitud, tiene que pararse por dentro. Desarrolle una mentalidad de victorioso y vea lo que Dios comenzará a hacer.

En el Nuevo Testamento, leemos en el libro de Hechos sobre dos de los primeros misioneros de la Iglesia Primitiva: Pablo y Silas. Un día se encontraban enseñando sobre Dios y tratando de ayudar a la gente; sin embargo, algunos de los líderes religiosos no aprobaban lo que Pablo y Silas hacían, así que los acusaron falsamente con las autoridades de estar incitando problemas. Las autoridades los arrestaron, los golpearon y echaron a la cárcel.

¿Comenzaron Pablo y Silas a murmurar y quejarse? ¿Comenzaron a culpar a Dios y a tener autocompasión? No, en medio de su adversidad, la Biblia dice que "cantaban himnos a Dios".[4] En otras palabras, se mantenían erguidos por dentro. Cuando usted alaba a Dios y se mantiene en una actitud de fe en medio de sus adversidades, el poder milagroso de Dios aparecerá. La Biblia dice que a la medianoche mientras cantaban alabanzas a Dios, de repente hubo un terremoto, las puertas de la prisión se abrieron y se les cayeron las cadenas a Pablo y Silas.[5]

Amigo, su circunstancia también puede cambiar repentinamente, especialmente cuando se encuentra de pie en su interior. Cuando enfrente una adversidad, no sea un llorón, no se queje ni sienta autocompasión, mejor tenga la actitud de un campeón.

Puede estar cansado y agotado, desgastado y listo para tirar la toalla. Puede estar diciendo: "Nunca lograré romper con esta adicción, la he tenido por tanto tiempo y ni siquiera sé vivir sin ella". O también: "Mi salario es tan bajo, y tengo tantas deudas; no veo cómo podrá mejorar jamás mi situación económica". O quizá: "He orado por años, pero al parecer, mis hijos nunca servirán al Señor". "Ya no puedo aguantar más."

No se dé permiso de alzar la bandera blanca indicando que se rinde, tiene que salirse de esa mentalidad de derrota y comenzar a pensar y creer positivamente. Esta debería ser su actitud: *¡Saldré de esto! Puede ser que tengo mucho tiempo enfermo, pero yo sé que esta enfermedad no llegó para quedarse, pronto se irá. Tal vez he luchado durante años con esta adicción, pero yo sé que el día de mi liberación viene. Mis hijos no andan bien, pero yo y mi casa serviremos al Señor".*

Con la ayuda de Dios, usted se puede levantar por dentro. Le tiene que mostrar al enemigo que tiene más determinación que él; grite en voz alta de ser necesario: "¡Me mantendré en fe aunque lo tenga que hacer toda mi vida! No me daré por vencido, ni estaré contento con la mediocridad, seguiré creyendo en algo mejor y seguiré de pie en mi interior, no me importa cuánto tiempo se tome".

Dios quiere verle ganar, no lloriquear.

Dios quiere que usted gane, no que lloriqueé. No hay ninguna razón para que constantemente usted esté "debajo de las circunstancias", siempre abajo, siempre desanimado. No importa cuántas veces ha sido tumbado, siga levantándose, Dios ve que está resuelto, ve su determinación, y cuando haya hecho todo lo que le es posible hacer, ahí es cuando Dios entrará para hacer lo que usted no puede hacer.

Aprenda a ser feliz

El héroe del Antiguo Testamento, David, es de mis personajes preferidos de la Biblia, pero David no era perfecto. Cometió errores, se desanimó, pero oró así: "... renueva un espíritu recto *(perseverante, estable)* dentro de mí".[6] Usted quizá necesita orar algo semejante: "Dios, por favor ayúdame a deshacerme de esta actitud negativa, ayúdame a deshacerme de la autocompasión, y a no darme por vencido. Dios, renueva un espíritu recto dentro de mí".

Amigo, la vida es demasiada corta como para pasarla deprimido y derrotado. No importa qué ha venido en contra de usted o qué le está causando resbalarse y caer, no importa quién o qué quiere hundirle, necesita seguir levantándose por dentro. Si quiere que le dé un ataque nervioso a su enemigo, ¡aprenda a tener una buena actitud aun cuando todo va mal! Aprenda a estar contento aun cuando las cosas no salen como usted desearía.

Al enfrentar la adversidad, muchas personas permiten que sus dudas oculten su determinación, y como resultado su fe es debilitada. No perseveran; no mantienen una buena actitud. La ironía es que mientras no estén bien en su espíritu, permanecerán más tiempo del necesario en las situaciones malas. La ciencia médica nos dice que personas con un espíritu luchador y determinado normalmente se mejoran con más rapidez que una persona negativa y desanimada. Es porque Dios nos creó para tener determinación y no para vivir en depresión y derrota. Un espíritu negativo le chupa la energía, debilita su sistema inmunológico; por eso muchas personas viven con enfermedades físicas o ataduras emocionales, porque no están de pie en su interior.

La Biblia nos dice que muchos de los santos murieron en fe, pero usted sólo muere en fe si ha vivido una vida llena de fe. Cuando sea mi tiempo para irme con el Señor, quiero pasar mi último día sobre la tierra lleno de gozo, lleno de fe y lleno de victoria. He decidido que viviré mi mejor vida ahora, y cuando mis días hayan terminado, moriré parado por dentro.

Tiene que tomar la decisión de hacer lo mismo. Deje atrás esa mentalidad que dice que no puede lograrlo, que no puede estar feliz, que tiene demasiado que sobrellevar. Todo eso es mentira del enemigo porque usted puede ser feliz si así lo desea y se puede mantener firme si en su espíritu está determinado y decidido. Usted puede hacer todo lo necesario. Cuando enfrente la adversidad, recuérdese que está lleno del poder de Dios que dice "sí puedes". Usted puede vencer, puede vivir en victoria, puede pararse por dentro. Aprenda a usar el poder de Dios que mora en usted, en lugar de darse por vencido en la cara de la adversidad.

No retroceda

Cuando estaba creciendo, mi familia tenía un perro llamado "Scooter". Él era un pastor alemán muy grande, y era el rey del vecindario. Scooter era fuerte y veloz, siempre correteaba las ardillas de aquí para allá, siempre muy activo y todo mundo sabía que no debían meterse con Scooter.

Un día mi papá andaba en su bicicleta en el vecindario, y Scooter iba corriendo a su lado. Mi papá echó una mirada a Scooter y sonrió, pues estaba muy orgulloso de ese perro. Podía ver sus músculos al correr, parecía capaz de luchar contra un tigre. En ese instante, un perro Chihuahua, muy pequeñito, salió de una de las casas ladrando, como a unos quince o veinte metros más delante. Ese valiente Chihuahua corrió directo hacia Scooter, ladrando con toda su fuerza.

Mi papá pensó en ese momento: *Pobrecito perrito, te estás metiendo con el perro equivocado, porque Scooter te pondrá una pata encima, ¡y hasta ahí quedaste!* Pero aquel perrito siguió avanzando a toda velocidad, ladrando y ladrando, por lo que mi papá se preocupó de que Scooter acabaría rápidamente con él.

Pero, cuál fue la sorpresa de mi papá que entre más se acercaba el perrito, más bajaba la cabeza Scooter como todo un cobarde. Cuando finalmente llegó el perrito frente a Scooter, ¡Scooter simplemente se tiró al suelo, dio la vuelta y alzó las cuatro patas al aire! Obviamente, Scooter no era tan grande por dentro como lo era por fuera.

¿Nunca ha hecho usted algo parecido? Aunque sabemos que contamos con todos los recursos de Dios a nuestra disposición, cuando llega la adversidad ladrando, en demasiadas ocasiones retrocedemos, nos tiramos boca arriba, y permitimos que el que tenga la voz más fuerte y la personalidad más enojosa tome el control. Tenemos en nuestro interior la fuerza más poderosa del universo. Estamos llenos del poder acertado de Dios y fuimos creados para ser más que vencedores, pero en demasiadas ocasiones, igual que Scooter, cuando llegan los problemas retrocedemos y no usamos lo que Dios nos ha dado. Simplemente nos dejamos vencer y decimos: "No puedo hacer esto porque es demasiado difícil para mí".

Es hora de levantarse en su interior, de usar el poder de Dios. Quédese firme y pelee la buena batalla de la fe; recuerde, si es tumbado, no quedarse allí. Levántese y no sea como Scooter; no se tire en la cara de la adversidad; aprenda a hacer lo que David hizo y anímese, fortalézcase en el Señor su Dios.

Dios lo ha destinado a tener una vida de victoria, pero usted tiene que hacer su parte. Tome una decisión firme que no importando lo que venga en contra de usted en la vida, usted se mantendrá parado en su interior.

Confíe en el tiempo de Dios

La naturaleza humana tiende a querer todo ahora mismo. Siempre tenemos prisa. ¡La mayoría de nosotros nos impacientamos cuando perdemos nuestro lugar en la puerta giratoria! Cuando oramos que nuestros sueños se cumplen, queremos que se cumplan inmediatamente, pero hay que entender que Dios tiene un tiempo asignado para contestar nuestra oración y para cumplir nuestros sueños. Y la verdad de eso es que no importa cuánto deseemos que esa petición se cumpla antes, no importa cuánto oremos o le roguemos a Dios, eso no cambiará el tiempo que Él ha ordenado y las cosas se darán según su horario.

Debido a que ocasionalmente no entendemos los tiempos de Dios, vivimos frustrados y trastornados, preguntándonos cuándo hará Él algo. "Dios, ¿cuándo cambiarás a mi esposo?; ¿cuándo me traerás a mi pareja? Dios, ¿cuándo será un éxito mi negocio? ; ¿cuándo se cumplirán mis sueños?"

Sin embargo, cuando entienda los tiempos de Dios, no vivirá todo frustrado, o estresado; se podrá relajar sabiendo que Dios está en control, y que en el tiempo perfecto Él lo hará. La Escritura dice: "Aunque la visión tardará aún por un tiempo, mas se apresura hacia el fin, y no mentirá; aunque tardare, espéralo, porque sin duda vendrá, no tardará".[1] Una traducción dice: "No llegará ni un segundo tarde". Podrá ser la semana que entra, el próximo año o en diez años, pero cuando sea, puede estar seguro de que será en el tiempo perfecto de Dios.

Me encantaría decirle que si orara lo suficiente, y si tuviera la fe suficiente, sus oraciones siempre serían contestadas dentro de las veinticuatro horas siguientes, pero eso no es la verdad. Dios no es como el cajero automático, donde mete los códigos correctos y recibe lo que ha pedido (¡asumiendo que haya hecho un depósito!). No, todos tenemos que esperar pacientemente pues eso es parte de aprender a confiar en Dios. Lo importante es, ¿*cómo* esperaremos? ¿Cuál será nuestra actitud física, emocional y espiritual? ¿Esperaremos con una buena actitud y con expectativa, sabiendo que Dios tiene grandes cosas para nosotros? ¿O estaremos trastornados, frustrados y quejándonos? "Dios, tú nunca contestas mis oraciones. ¿Cuándo cambiará mi situación?"

Considere esto: Si usted sabe que de cualquier forma tendrá que esperar, ¿por qué no decidir gozar de la vida mientras espera? ¿Por qué no estar contento mientras Dios se encuentra en el proceso de cambiar las cosas? Después de todo no hay nada que podamos hacer para acelerar el proceso, así que más vale relajarnos y disfrutar de nuestra vida, sabiendo que en el tiempo designado de Dios, su plan se llevará a cabo.

Vea que no tiene que luchar, no se la tiene que vivir preguntándose porque Dios está o no, haciendo cierta cosa. No, cuando está confiando en Dios, usted puede tener paz sabiendo que en el momento indicado, Él cumplirá su promesa. Sucederá, y las buenas nuevas son que no llegará ni un segundo tarde! ¡Imagínese cuánta presión eso puede quitarle de encima!

Si usted no está casado y está pidiendo y creyendo por su pareja, no se tiene que preocupar, no le tiene que rogar a Dios constantemente, ni tiene que orar cada quince minutos recordándole que le tiene que mandar su pareja. No, usted se puede relajar sabiendo que precisamente en el momento indicado, Dios traerá a la persona perfecta a su vida, y él o ella no llegará ni un segundo tarde.

De la misma manera, si usted está confiando que miembros de su familia desarrollarán una relación con Dios, usted no tiene que citarles escrituras en cada reunión familiar como si estuviera disparando una ametralladora. No tiene que forzarles a leer o escuchar de la Biblia, no se tiene que molestar porque no le acompañen a la iglesia las veces que a usted le gustaría. Puede relajarse y vivir su vida ante sus parientes, hablando con naturalidad de su relación con Dios, sabiendo que en el tiempo designado Dios hablará a sus familiares.

Quizá tenga áreas en su propia vida que necesitan cambiar, áreas dónde necesita mejorar, y usted ha sido muy duro consigo mismo porque no está creciendo tan rápido como piensa que debería. Permita que Dios le cambie a su tiempo. Todos quisiéramos cambiar de un día para otro, pero la Biblia nos dice que Dios nos cambia poco a poco. Puede dejar de luchar, de preocuparse, y simplemente hacer su mejor esfuerzo para amar a Dios y vivir para Él, amar a otros y permitir que Dios le cambie a su manera y en su propio tiempo.

¿Ve qué libertador es comprender la idea de los tiempos de Dios? Cuando de verdad está viviendo por fe, se puede relajar en lo que la Biblia llama el "descanso" de Dios. Es un lugar donde no está preocupado, no está luchando, no está tratando de entender todo, preguntándose por qué algo está o no, sucediendo. El descanso de Dios es un lugar de completa confianza y cuando usted se encuentra en él, sabe que en el tiempo perfecto, Dios hará todo lo que Él ha prometido; Él lo creará.

¿Por qué no está obrando Dios en mi vida?, pudiera estarse preguntando. *He estado orando, creyendo y esperando, pero al parecer, Dios no está haciendo nada al respecto de mi matrimonio. Esa situación difícil en el trabajo no ha cambiado. Ninguno de mis sueños se ha realizado.*

Tiene que entender que Dios está obrando en su vida, ya sea que logre ver algo externamente, o no. De hecho, uno se podría arriesgar a aseverar que Dios en muchas ocasiones obra más cuando menos lo podemos ver o sentir. Usted posiblemente no vea ningún progreso, su situación podría estar igual que hace tres meses o aún que hace tres años, pero usted debe tener la seguridad de que Dios esta obrando profundamente en su vida.

En muchas ocasiones, Dios está obrando más cuando menos lo vemos o sentimos.

Más allá de eso, detrás del escenario, Él está colocando todas las piezas, está preparando todo y un día, en el tiempo asignado, usted verá la culminación de todo lo que Dios ha estado haciendo. De repente, su situación cambiará, mejorará.

A su tiempo

David tenía un sueño muy grande para su vida, deseaba hacer algo trascendente, pero de jovencito pasó muchos años como pastor, cuidando las ovejas de su padre. Estoy seguro de que en muchas ocasiones fue tentado a pensar que Dios se había olvidado de él. Debió haber pensado: *Dios, ¿qué estoy haciendo aquí? No hay ningún futuro en este lugar. Quiero hacer algo grande para ti. ¿Cuándo cambiarás esta situación?* Pero David entendía que todo tendría su tiempo. Él sabía que si era fiel siendo desconocido, Dios le ascendería en el momento indicado y haría que sus sueños fueran una realidad a su tiempo. David declaró: "Mas yo en ti confío, oh Jehová…en tu mano están mis tiempos…".[2] Estaba diciendo: "Dios, estoy confiando en ti. Aunque vea que no sucede nada, tú estás trabajando detrás del escenario, y en el momento indicado, tú cambiarás esta situación".

Usted conoce la historia: Dios sacó a David de esos campos, derrotó a Goliat y terminó siendo el rey de Israel.

Quizá usted tenga un sueño muy grande en su corazón —un sueño de lograr un mejor matrimonio, un sueño de tener su propio negocio, un sueño de ayudar a personas dolidas— pero al igual que David, usted no ve cómo se podría cumplir su sueño, humanamente hablando.

¡Le tengo buenas noticias! Dios no está limitado por las maneras humanas, naturales de hacer las cosas. Si usted sigue confiando en Dios y mantiene una buena actitud, siendo fiel en el lugar que está ahora, y no se impacienta intentando hacer que suceda algo a la fuerza, en el tiempo designado, Dios le ascenderá. Él hará que sus sueños se hagan realidad.

Si no está viendo que Dios se mueve en su vida ahora mismo, necesita considerar una de dos posibilidades: O sus peticiones no son lo mejor que Dios tiene para usted y probablemente nunca se cumplirán cómo a usted le gustaría, o no debe ser el tiempo indicado. Si Dios contestara su oración de la manera que usted esperaría, podría estorbar el plan ideal que Él tiene para usted.

Dios ve todo el panorama

Hoy día, nuestro programa de televisión se ve en canales a través de todo Estados Unidos y en muchos países alrededor de todo el mundo. Para mí, eso ha sido un sueño hecho realidad. Me encantaba transmitir el programa de mi papá alrededor de todo el mundo, pero en los últimos años de su vida, mi papá no quería hacer demasiado de eso. Sólo quería descansar y servir a la iglesia.

En una ocasión, yo había conseguido que una gran cantidad de estaciones de radio transmitieran nuestro programa semanal y le dije: "Papá, si vienes al estudio por quizá una hora por semana, podemos hacer todos estos programas radiales".

Para mi consternación, mi papá replicó: "Joel, no quiero hacer eso. Tengo setenta y cinco años de edad, y no estoy buscando otras cosas que hacer".

Me sentí muy desilusionado, y pensé: *Dios, estoy joven y tengo todos estos sueños de tocar al mundo; tengo mucha energía; no quiero hacer menos. ¡Quiero hacer más!*

Pero escuchaba algo en mi interior que me decía: *Sé paciente. No es el tiempo*.

Tomé la decisión de mantener una buena actitud y honrar a mi padre. No me apresuré, no me frustré ni comencé a batallar y tratar de hacer que las cosas pasaran en mi propia fuerza o en el tiempo que yo quería. No, simplemente seguí fiel y seguí haciendo mi mejor trabajo.

En ese momento, parecía que Dios no estaba haciendo nada para cumplir el sueño de mi papá o el mío de transmitir un mensaje de esperanza por todo el mundo, pero unos años después, cuando mi papá se había ido con el Señor, pude ver todo claramente. Nunca me imaginé que yo sería el pastor, nunca soñé que algún día yo sería la persona que estaría frente a la cámara. Pero ahora veo que Dios puso esos sueños en mi corazón para mi propia vida, para mi propio ministerio, no sólo el de mi papá. Si no hubiera sido paciente esperando el tiempo perfecto de Dios, no creo que estaría donde estoy hoy.

No siempre entendemos los métodos que Dios usa, no siempre tiene sentido para nosotros su manera de hacer las cosas, pero tenemos que reconocer que Dios ve el panorama completo. Considere esta posibilidad: Posiblemente, usted esté listo para lo que Dios tiene para usted, pero no está lista otra de las personas que tomarán parte. Dios tiene que hacer una obra en otra persona o en otra situación antes de poder contestar su oración según la voluntad de Dios para su vida. Todas las piezas se tienen que unir en el momento indicado, en el tiempo de Dios.

Nunca dude que Dios está preparando todo en su vida, posiblemente no lo sienta; quizá no lo vea. Su situación podrá verse como se ha visto por los últimos diez años, pero un día, en un segundo, Dios acomodará todo. Cuando es el tiempo de Dios, todo el poder de la oscuridad no lo puede detener; cuando es el tiempo designado, ningún hombre puede impedirlo; cuando es su tiempo, Dios lo cumplirá.

De repente, las cosas cambiarán. En un segundo, ese negocio prosperará. Repentinamente, su esposo deseará una relación con Dios. De repente, aquel hijo desviado llegará a casa. En un momento, Dios cumplirá sus deseos y sueños.

Shelby era una mujer con treinta y tantos años de edad que realmente deseaba casarse. Ella oró y oró, pero nunca había tenido siquiera una relación seria con un hombre. De hecho, me dijo que ni siquiera había salido con un hombre en dos o tres años. Tenía la tentación de desanimarse, asumiendo que nada estaba sucediendo y que era muy posible que pasaría el resto de su vida como soltera.

Un día en que iba rumbo a casa del trabajo, se le desinfló un neumático de su auto y tuvo que salirse de la carretera. Unos segundos más tarde, se arrimó otro carro, y salió un hombre muy bien parecido de él. No sólo le cambió la llanta a Shelby, sino también la invitó a cenar. Se casaron como un año después, y hoy viven muy felices y enamorados.

Ahora, piense en las probabilidades de que algo así suceda. Obviamente no fue un accidente ni una coincidencia, fue la obra de Dios en las vidas de dos adultos jóvenes. Piense en la coordinación necesaria para que ellos se conocieran: Su neumático se tuvo que desinflar en el momento preciso, y tuvo que haber la cantidad justa de automóviles en la carretera. Si hubieran habido demasiados autos, él habría llegado demasiado tarde; si hubieran sido muy pocos, él habría llegado temprano. Aquel joven tuvo que haber tomado el elevador correcto al salir de su oficina; pararse en la cantidad correcta de semáforos. Todo tuvo que estar planeado hasta el último segundo para que su auto estuviera inmediatamente detrás del de Shelby cuando se le desinfló un neumático.

Nunca piense que Dios no está obrando en su vida pues Él está haciendo algo aún cuando usted no se da cuenta de ello. Sólo manténgase en una actitud de fe y aprenda a confiar en los tiempos de Dios.

Algunos años después de haber cumplido veinte años de edad, tuve una experiencia similar a la de Shelby. Nunca había salido mucho siendo adolescente, ni joven adulto. Era fanático de los deportes, y estaba ocupado jugando béisbol cuatro o cinco noches por semana. En realidad no tenía tiempo para desarrollar una vida social, pero después de un período me cansé de pasar todo mi tiempo con esos hombres tan feos, así que decidí encontrarme a una persona más bien parecida.

Oré que Dios me llevara con la persona correcta, diciendo: "Padre, yo sé que tú ya has escogido a alguien para mí, así que estoy confiando que nos juntarás cuando sea el tiempo indicado".

Dos o tres años pasaron y nada estaba sucediendo, pero no me aceleré ni quise forzar las cosas. No me molesté, diciendo: "Dios, ¿por qué no estás haciendo algo?" No, hice todo por permanecer en el descanso de Dios y le dije: "Padre, yo sé que tú estás en control y aunque yo no vea que sucede nada, yo sé que tú está trabajando detrás del escenario a mi favor".

Un día me fijé que mi reloj se había detenido. Mi amigo Johnny y yo íbamos rumbo al gimnasio para hacer ejercicio, así que decidí entrar a una joyería que quedaba en mi ruta para comprarle una pila nueva. ¡Al entrar en aquella tienda conocí a la muchacha más hermosa que jamás había visto! Pensé: *Dios, ¡acabas de contestar mi oración!*

Comenzamos a platicar, y descubrí que era una mujer que amaba a Dios y lo conocía como su Salvador. Pensé: *¡Qué bueno, porque de no ser así, pronto sí serías cristiana!*

Ella no sólo me vendió una pila nueva para mi reloj, ¡me vendió un reloj nuevo! Y ha estado gastando mi dinero desde entonces.

Piense en todos los factores que tuvieron que acomodarse para que yo conociera a Victoria. La pila de mi reloj se tuvo que acabar porque debía tener una razón para entrar a una joyería, y no a una tienda cualquiera. Después, tuve que entrar en esa joyería específica donde Victoria estaba trabajando, recordando que hay cientos de ellas en la ciudad de Houston. Luego, ella tuvo que estar trabajando cuando yo entré, pudo haber descansado ese día, u otra persona me pudo haber atendido. Sin embargo, todas las piezas encajaron perfectamente bien, porque Dios estaba en control.

Para vivir su mejor vida ahora, tiene que aprender a confiar en el tiempo de Dios. Podrá pensar que Él no está obrando, pero puede estar seguro de que ahora mismo, detrás del escenario, Dios está acomodando las piezas para que se reúnan para cumplir su plan para su vida.

Posiblemente esté pasando momentos difíciles en su vida, y quizá sus circunstancias parecen haber estado estancadas e inmóviles por mucho tiempo. Usted probablemente no se imagina cómo cambiará su situación, pero necesita saber que Dios tenía la respuesta a su oración aún antes de que tuviera usted la necesidad. Dios ha estado acomodando las cosas a su favor mucho antes de que usted se encontrara con el problema.

El pastor de una iglesia muy grande aquí en los Estados Unidos lamentablemente se salió del camino y tomó algunas decisiones muy malas, lo cual provocó su renuncia. Fue algo desgarrador para su familia, y él salió del ministerio. Fue una situación muy triste y al parecer, no tenía un futuro muy prometedor. Pasaron algunos años, y el pastor intentaba componer su vida; todavía tenía el deseo de servir a las personas, así que decidió viajar a Sudamérica para ayudar a unos misioneros en ese lugar. Estando en Brasil, visitó una iglesia pequeñita, y al conocer al pastor sucedió algo muy extraño: El pastor brasileño mostró una extrema sorpresa y luego se soltó en llanto. El pastor tomó al estadounidense de las manos y comenzó a orar en portugués.

Conforme oraba el pastor por él, el estadounidense sintió una presencia extraña que le envolvía, casi como un calor resplandeciente que le limpiaba de todas sus heridas y dolor. Dijo: "Por primera vez en varios años, sentí que podría soltar el pasado, me sentí completamente libre y totalmente restaurado".

Al terminar la oración, el estadounidense le preguntó a su intérprete: "¿Quién es ese señor? Y, ¿por qué oró por mí de esa manera?"

Por medio del intérprete, el pastor de Brasil dijo: "Hace veinte años, estaba orando y de repente apareció su cara en mi mente, y Dios me dijo que un día yo ayudaría a traer sanidad y restauración al hombre que veía. Hoy es ese día, y usted es ese hombre".

Ahora, esto es lo verdaderamente sorprendente de esta historia: Veinte años antes del acontecimiento, el estadounidense ni era cristiano, mucho menos un pastor, ni estaba sirviendo a Dios, pero Dios sabe el final de la historia antes de escribir la primera palabra. Veinte años antes, Él había puesto una visión en el corazón de un hombre tocante a otra persona; luego por dos décadas, Dios organizó los eventos en las dos vidas para reunirlos sobre aquella plataforma en esa pequeña iglesia en Brasil, para que un hombre lograra ver que su sueño se cumpliera, y otro hombre pudiera recibir reafirmación del amor y perdón de Dios.

Dios ya ha contestado algunas de sus peticiones de la misma manera, antes de que tenga la necesidad, Él ya ha acomodado todo a su favor. Quien sabe si hace cinco o diez años atrás, Dios le habló a alguien sobre la situación que está pasando usted en este momento, y Él está acomodando todo para que sus caminos se crucen. No se puede falsificar ese tipo de encuentro, y sería necio intentar manipular esa clase de evento. No, Dios está en control. Usted puede pensar que nada está sucediendo, pero recuerde que Dios muchas veces obra cuando menos lo podemos ver o sentir. Aprenda a confiar en su tiempo; no se apure; no se vuelva impaciente; no trate de abrir las puertas a la fuerza. No intente hacer las cosas con su poder, y permita que Dios lo haga a su manera.

Permita que Dios lo haga a su manera.

Recuerdo las numerosas ocasiones en las que mi papá quiso comenzar a construir un nuevo edificio para Lakewood Church porque la congregación era demasiada grande para el edificio donde estábamos, por lo que a través de un período de cinco años, mi papá pidió que diferentes arquitectos le hicieran unos planos para un nuevo edificio. Sin embargo, justo cuando estaban por empezar, mi papá sentía luz roja de parte de Dios, y no sentía que deberían de seguir adelante pues no tenía paz en su corazón tocante al asunto, así que ponía todo en pausa.

Mi papá, para esto, tenía sesenta y tantos años de edad, y varios ministros en otras partes del país, más jóvenes que él, estaban construyendo grandes auditorios. Mi papá se sentía presionado a edificar antes de que fuera demasiado tarde, y se emocionaba con comenzar un proyecto. En dos o tres ocasiones le anunció a la congregación: "Este otoño, ¡comenzaremos a edificar nuestro edificio nuevo!"

Llegaba el otoño, y mi papá estaría al frente de la iglesia diciendo: "Cambié de opinión, no es el tiempo, y no siento paz al respecto". Fíjese que mi padre tuvo la suficiente sabiduría como para saber que él necesitaba estar en el tiempo perfecto de Dios, y la congregación tenía la suficiente confianza en él como para respetar y obedecer las convicciones de mi papá.

La triste realidad es que si usted presiona suficiente, y se es tan testarudo como para insistir en hacer las cosas a su manera, a veces Dios le permitirá emprender un proyecto sin su bendición y en el tiempo equivocado. El problema con eso es que, obviamente, cuando comienza algo en su propia fuerza y en su propio tiempo, tendrá que terminarlo y sostenerlo con su propia fuerza. Cuando permite que Dios comience algo, Él lo terminará por usted, y Él le proveerá de todo lo que necesite.

Cuando tratamos de forzar las puertas y hacer que las cosas sucedan en nuestra propia fuerza, el resultado es una tensión constante y el agotamiento de nuestros recursos. La vida se vuelve una lucha constante con casi todo el gozo, la paz y la victoria disminuyendo en su vida. Ese no es un lugar de contentamiento y satisfacción.

Si se encuentra en un lugar así hoy día, usted necesita hacer todo lo posible por salirse de allí. Ahora, yo no estoy sugiriendo que debería de destrozar su matrimonio o renunciar a contratos empresariales ya que eso sólo empeoraría el problema, pero si usted está haciendo algo que no está produciendo fruto o resultados, y le están causando constante dolor de cabeza o problemas, es muy probable que Dios no comenzó esa empresa o relación. O podría ser, también, una parte del plan de Dios para su vida, pero usted se encuentra fuera de su tiempo, y por lo tanto usted está avanzando con su propio poder y según su propio horario.

¡Tenga cuidado! Si Dios no está en lo que usted está haciendo, necesita hacer cambios. Aquí es donde muchas personas se pierden del favor de Dios: Saben que Dios les ha hablado, Él ha puesto un sueño en su corazón, pero luego ellos se lanzan a cumplir con el plan de Dios en su propia fuerza. Tenemos que estar conscientes del hecho que si nos salimos del tiempo de Dios, es lo mismo que salirnos de la voluntad de Dios. Tenemos que ser pacientes y permitir que Dios cumpla con su plan en el momento indicado.

Eso no significa que debemos de sentarnos a esperar pasivamente que Dios haga todo. No, debemos perseguir agresivamente nuestros sueños, pero si una puerta no se abre, no trate de hacer las cosas con su propia fuerza.

Mi papá tuvo el valor de levantarse a decirle a la congregación: "Me equivoqué, pensaba que éste era el tiempo que debíamos comenzar a edificar, pero no lo es. Simplemente no es el tiempo indicado".

Lo increíble es que cuando Dios sí le dijo que era el tiempo de edificar, era durante lo que pareciera ser el peor tiempo posible. Eran dos semanas antes de Navidad, y mi papá acababa de salir del hospital después de una operación del corazón. Además, la economía de Houston estaba muy mal ya que la ciudad se encontraba inmersa en una de las peores recesiones que jamás habíamos visto, con más de doce mil negocios terminados en bancarrota durante el año anterior. Según toda la lógica empresarial, comenzar a construir un edificio—pagado por donaciones—parecía ser un error enorme. Tanto los cínicos como los amigos le dijeron a mi papá: "Más vale no comenzar ahora, nunca lograrás recaudar los fondos necesarios. Ese edificio nunca será terminado".

Mi padre les agradeció sus opiniones, pero cuando es el tiempo de Dios, no importan cómo sean las circunstancias que nos rodean. No importa lo que la gente le esté diciendo porque si Dios dice que es hora, entonces Él lo llevará a cabo.

Mi papá inició el programa del edificio nuevo, y en menos de un año, ¡la congregación había donado suficiente dinero para construir el edificio sin deudas! Si mi padre hubiera tratado de hacerlo con su propia fuerza, en su tiempo, aunque hubiera estado muy bien la economía, de todos modos habría sido una lucha constante.

Tiene que entender que cuando no está en el tiempo de Dios, se está saliendo de su favor. Cuando se sale de su favor, usted está operando por sí solo en la oscuridad. No estoy diciendo que cuando hacemos algo para Dios no enfrentaremos oposición, pero pelear la buena batalla de la fe fuera del tiempo de Dios le puede dejar con una lucha constante, sin ver nunca que las cosas estén a su favor, sin sentir nunca gozo. En cambio, cuando sí está en el tiempo de Dios, podrá encontrarse en medio del reto más grande de su vida, y de todos modos ser lleno de gozo. Dios le dará toda la gracia que usted necesita. Si usted aprende a confiar en su tiempo, Él ha prometido que en el momento indicado hará realidad sus sueños y contestará sus oraciones. La respuesta llegará, y será en el momento indicado.

El propósito de las pruebas

Habrá tiempos cuando, sin importar cuánto éxito hayamos gozado, todos enfrentaremos retos, luchas y ocasiones cuando las cosas no saldrán como nosotros quisiéramos. Cuando suceden calamidades, algunas personas de inmediato piensan que ellos han hecho algo equivocado, que seguramente Dios debe estar castigándoles. No entienden que Dios tiene un propósito divino para cada reto que llega a nuestra vida y aún cuando no nos manda los problemas, en ocasiones Él nos permite atravesarlos.

¿Por qué sucede eso? La Biblia dice que las tentaciones, las pruebas y las dificultades deben llegar porque de esa manera ejercemos nuestros músculos espirituales y nos hacemos más fuertes al tener adversidades que conquistar y ataques que resistir. Además, en los tiempos difíciles de la vida es cuando vemos de qué estamos hechos. La presión revela y expone cosas que debemos tratar—cosas como actitudes incorrectas, motivaciones equivocadas, áreas donde hemos entrado en mediocridad. Por muy raro que eso le parezca, las pruebas pueden ser beneficiosas.

Por medio de los tiempos difíciles de la vida, nos damos cuenta de qué estamos hechos.

La Escritura dice: "Amados, no os sorprendáis del fuego de prueba que os ha sobrevenido, como si alguna cosa extraña os aconteciese...".[1] Si se fija, la prueba tiene como propósito probar su calidad, probar su carácter, probar su fe. En otras palabras, usted enfrentará diversas pruebas, y aunque no las disfrute, Dios usará esas pruebas para refinarle, para limpiarle y purificarle. Está tratando de cambiarlo y moldearlo en la persona que Él quiere que sea; si usted aprende a cooperar con Dios y a ser pronto para cambiar y corregir las áreas que Él trae a su atención, entonces usted pasará la prueba y pronto será promovido a un nuevo nivel.

Pruebas de fe

He descubierto que cuando me encuentro en las luchas de la vida, Dios se interesa más en cambiarme a mí que en cambiar mis circunstancias. No estoy diciendo que Dios no cambiará las circunstancias ya que Él lo puede hacer y muy frecuentemente sí lo hace, pero en la mayoría de los casos, soy probado en las áreas en las que soy más débil.

Es probable que usted haya experimentado algo similar. Si usted tiene un problema con la envidia, parecerá que cada persona que conoce tiene más o mejores posesiones materiales que usted, usted nota que su mejor amigo porta un traje nuevo a cada rato. La persona que trabaja al lado de usted, que gana la mitad de lo que usted gana, llega en un automóvil nuevo. ¡Su pariente que casi ni conoce le habla para decirle que acaba de ganarse la lotería!

¿Está pasando la prueba? Usted mantendrá una buena actitud y se regocijará con los que se gozan y estará realmente contento por lo que les haya sucedido, o se pondrá negativo y amargado diciendo: "Dios, yo trabajo más duro que ellos, y nunca me sucede nada bueno. Asisto a la iglesia cada domingo. ¿Por qué no puedo tener un carro nuevo?"

Esa es una prueba de su fe, Dios está sacando a la luz las impurezas en su carácter y de esa manera, Él está intentando refinarle. Si aprende a cooperar con Dios, y a soltar la envidia, se sorprenderá por las bendiciones y el favor y la victoria que llegarán a su vida.

Yo soy una persona de mucho enfoque y orientado hacia las metas. Cuando tengo algún proyecto que hacer, me gusta hacerlo en ese mismo momento, así he sido toda mi vida. En la primaria, cuando un maestro nos daba una tarea el lunes que teníamos que entregar el viernes, yo llegaba a mi casa el lunes por la tarde, ¡y terminaba con todo el proyecto esa misma noche! No quería tener ningún pendiente.

Cuando llego a un restaurante, antes de recibir el menú, ya he pedido mi comida. Estoy diciéndole de una manera amable que en ocasiones soy impaciente, no me gusta esperar, no me gustan las inconveniencias. Sin embargo, he descubierto que entre más impaciente soy, me encuentro en más situaciones que requieren que espere. Si tengo mucha prisa y quiero salir pronto del supermercado, inevitablemente me formo en la fila donde se encuentra la cajera nueva, en su primer día de trabajo, ¡y la persona enfrente de mí tiene como veintitrés cosas sin la etiqueta del precio!

En la casa, me he fijado que entre más impaciente me sienta, más se tarda Victoria en arreglarse para salir. Es irónico que cuando no tengo prisa y no siento impaciencia, Victoria se arregla antes que yo, esperándome en el carro con los niños, pero cada vez que estoy impaciente, una y otra cosa nos demoran: Alexandrita se habrá llevado el maquillaje de Victoria; la plancha no está funcionando bien; mi esposa no puede encontrar los zapatos de nuestra hija. ¿No se le hace interesante? ¡Victoria ni sabe que Dios la está usando para hacer algo en mí cuando se está arreglando!

Dios usa estas situaciones intencionalmente para hacerme ver el problema que tengo y para que aprenda a tratar con él, está haciendo algo en mí para poder subir a otro nivel y ser la persona que Él realmente quiere que sea.

Dios usará las personas en su vida de esa misma manera, su propio esposo o esposa, sus suegros o sus propios hijos pueden inconscientemente ser espejos que Dios usa para revelar las áreas que usted necesita cambiar.

"Joel, no soporto mi jefe, me irrita demasiado. No sé por qué tengo que trabajar con él día tras día. ¿Cuándo cambiará Dios a ese hombre?"

¿Nunca ha considerado que quizá Dios le quiera cambiar a *usted*? Él pudo haberle puesto intencionalmente cerca de esa persona que le irrita. Tal vez le esté enseñando que debe amar a sus enemigos, o quizá Él le esté haciendo más fuerte y enseñando un poco de resistencia, para que no corra cada vez que algo se ponga difícil, incómodo o inconveniente.

Un esposo se queja: "Dios, ¿por qué me pusiste con esta mujer? No puede hacer nada bien, no puede hacer un rico guisado, ni siquiera puede cocinar y ni el pan tostado le sale bien. Dios, ¿cuándo la vas a cambiar?"

Lo más probable es que ella seguirá cocinando de esa manera hasta que usted no aprenda a sobrellevarlo, tenga una mejor actitud y comience a valorar que por lo menos está intentado hacer algo por usted.

Un padre se queja: "Dios, estos niños me están volviendo loco. Si tan sólo hicieras que se comportaran, entonces sería feliz".

Dios no cambiará a ninguna de las personas con las que esté lidiando sin antes cambiarlo a usted.

Dios no cambiará a ninguna de las personas con las que esté lidiando sin antes cambiarlo a usted. Él las cambiará si usted deja de quejarse de todo mundo y comienza a ver de cerca su propio corazón y coopera con los cambios que Dios quiere hacer en usted. Examine su propio corazón y vea si hay algunas actitudes o motivos que necesiten cambiar.

Un día iba conduciendo hacia la iglesia, e iba un poco atrasado para una junta muy importante. Sabía que si lograba evitar algún embotellamiento, llegaría a tiempo, justo apenas. Sin embargo, me tuve que parar en cada semáforo al salir de mi fraccionamiento, ¡hasta me paré en un semáforo que jamás había visto ponerse en rojo en toda mi vida!

Comencé a orar al ir conduciendo, pero entre más oraba, más me tardaba para pasar por todos los semáforos. Por fin, entré en la carretera y me disparé a todo lo que daba hacia la iglesia, orando todo el rato que Dios me diera discernimiento para saber dónde se habían escondido los policías. Apenas me ajustaba el tiempo para llegar a mi junta.

Pero, cuál va siendo mi mortificación cuando de pronto comenzó a disminuir la velocidad de todos los autos que íbamos sobre la autopista. Pensé: *¡Ay, no! ¿Qué está pasando?* Entonces, el tráfico se detuvo por completo. Pensé: *Dios, tengo que llegar a esta reunión, tú me tienes que ayudar.* Después de unos minutos, el carril junto a mí comenzó a avanzar, pero sin importar lo que hiciera para lograr entrar, no podía. Nadie se disponía a darme paso aunque puse mi señal, estaba sonriendo y saludando, traía dinero en la mano, daba besos, hacía de todo, ¡pero nadie me dejaba entrar!

Por fin, una linda ancianita tuvo la cortesía de darme el paso. Pensé: *¡Bien! Por fin, ¡puedo avanzar!* Pero justo cuando aceleré, el fluir del tráfico también se detuvo por completo, y tuve que poner rápidamente los frenos. Y ahora, el carril donde había estado antes, ¡comenzó a avanzar! A estas alturas, me sentía tan frustrado que ni siquiera quise pensar en meterme de nuevo en el otro carril.

No me daba cuenta que Dios me estaba probando en el área de mi paciencia. Estuve por diez minutos parado, frustrándome más y más, y cuando finalmente el tráfico comenzó a avanzar, vi cuál había sido el problema. Un carro se había detenido y una grúa lo había sacado a la acera derecha.

Al acercarme a las luces, la compasión hacia aquel conductor era lo más lejano de mi mente. Mi pensamiento era: *Quisiera que ya no anduvieras con esa carcacha en el camino; aquí estás estorbando a todo mundo, ¡e hiciste que perdiera mi cita!* Mi actitud estaba sumamente mal, y en ese momento, miré el vehículo descompuesto y vi lo que parecía ser una calcomanía de Lakewood Church. Y así era, cuando iba pasando, bajé la velocidad y miré, vi un señor que me sonreía y saludaba. Le sonreí y saludé como si fuera su mejor amigo. Pensé: *¡Si sólo supiera la verdad!*

En ese momento, discerní que quizá Dios estaba queriendo enseñarme algo, quizá Dios estaba usando el embotellamiento para sacar a la luz las impurezas de mi carácter pues de esta manera Dios me mostraba las áreas en las que necesitaba mejorar.

Con frecuencia, Dios también le permite a usted pasar por situaciones para sacar a la luz esas impurezas en su carácter. Puede reprender hasta no poder reprender más; puede orar, puede resistir, puede atar, puede soltar, puede cantar y gritar, puede hacer todo, ¡pero no le servirá de nada! Dios está más interesado en cambiarlo a usted, de lo que está en cambiar sus circunstancias, y entre más rápidamente pueda aprender a cooperar con Dios, más pronto saldrá de ese lío. Mientras más aprisa aprenda su lección y comience a tratar con esas malas actitudes y a gobernar sus emociones, más pronto se irá al próximo nivel en su jornada espiritual. Tenemos que reconocer el propósito que tienen las pruebas de refinarnos, porque no podemos huir de todo lo dificultoso que pueda haber en nuestra vida.

Quizá se encuentra en una prueba, y está haciendo lo que yo hice; está orando que Dios le libre de esa situación negativa. Esa es una oración legítima, pero quizá se está perdiendo de la razón por la que se encuentra en este tiempo de prueba. Reconozca que Dios quiere hacer una obra en usted, le está moldeando y refinando, pero usted está tan ocupado evadiendo la dificultad que la obra no se está llevando a cabo. Está tan enfocado en todas las circunstancias y todas las personas a su alrededor que no se ha tomado el tiempo de ver muy dentro de usted mismo y tratar con los asuntos que Dios está sacando a la luz.

Quizá usted se llena de temor y preocupación cuando las cosas importantes no salen como a usted le gustaría. ¿Nunca ha pensado que Dios posiblemente esté permitiendo esos eventos para enseñarle a confiar en Él y para ver si se mantendrá en paz en medio de la tormenta?

¿Ha considerado que Dios puede permitir esas situaciones para enseñarle a gobernar sobre sus emociones? Posiblemente esté haciéndole más fuerte, para ayudarle a desarrollar firmeza y estabilidad en su vida.

Muy seguido oramos: "Dios, si cambias mis circunstancias, entonces yo cambiaré". No, funciona al revés. Tenemos que estar dispuestos a cambiar nuestras actitudes y tratar con los asuntos que Dios hace resaltar y luego Dios cambiará esas circunstancias.

Dios le ama demasiado como para permitirle vivir su vida en mediocridad. Con frecuencia, Él permitirá la aplicación de presión sobre su vida para probarle, y sólo conforme pase esas pruebas logrará avanzar. Colocará a personas y circunstancias en su camino para limarle como papel para lijar, pero Él removerá sus lados ásperos. No siempre será algo placentero, posiblemente tenga el deseo de huir, aún de resistirlo, pero Dios seguirá haciendo surgir el asunto una y otra vez, hasta que logre superar el examen.

Una obra en progreso

Recuerde que la Biblia dice: "Porque somos hechura suya".[2] Eso significa que somos una obra en progreso, no un producto terminado. Dios hará las cosas a su manera, de una manera u otra. Usted puede aprender por las malas, así como yo lo hice en el embotellamiento, y decir: "Bueno, Dios, lo haré a Tu manera, entiendo, me calmaré y seré paciente"; o lo puede hacer de una manera más fácil: cuando lleguen a su vida las dificultades, escudriñe su corazón y sea pronto para cambiar. Tenga la disposición de tratar con los asuntos que Dios hace resaltar y coopere con Él en su proceso de refinación en lugar de pelear contra Él.

La Escritura dice que nosotros somos el barro. El barro funciona mejor cuando está suave, maleable y moldeable, pero si usted es duro y sin la disposición de cambiar, Dios tendrá que tratar duramente con eso hasta que salgan todas las bolas duras y ásperas.

Claro que a nadie le gusta pasar por luchas, pero tiene que entender que su lucha podrá ser una oportunidad para ser promovido y ascendido. Aquello que usted está resistiendo con tanta tenacidad podría ser lo que puede lanzarle a un nuevo nivel de excelencia. Sus retos podrían llegar a ser sus características más ventajosas.

Hace muchos años, la pesca de bacalao en el noreste de este país había llegado a ser un negocio muy lucrativo. La industria pesquera vio que existía un buen mercado para el bacalao en todas partes de los Estados Unidos, pero tenían un problema muy grave con la distribución del producto. Al comienzo, sólo congelaban el pescado, así como lo hacían con todos sus productos, y lo mandaban a todos los rincones del país, pero por alguna razón, al ser congelado, el bacalao perdía su sabor. Así que los dueños decidieron transportar los peces en tanques llenos de agua de mar, pensando que de seguro eso resolvería su problema, pero para su consternación, este proceso sólo empeoró la situación, ya que al estar inactivos en el tanque, los peces se volvían flácidos y nuevamente perdían su sabor.

A alguien se le ocurrió un día meter a algunos peces "bagres" en el tanque con los bacalaos. Los bagres son enemigos naturales del bacalao, así que al ser transportados a lo largo del país, el bacalao tenía que mantenerse alerta y activo para cuidarse de su enemigo. Era sorprendente cómo llegaban a su destino tan frescos y sabrosos como salían del océano en el noreste.

Así como aquel bagre, sus adversidades pueden haber sido puestas allí con un propósito, posiblemente para retarle, para fortalecerle, para agudizarle, para mantenerle fresco, para mantenerle vivo y activo, y creciendo. Es cierto que en ocasiones sentirá que en lugar de un bagre, en su tanque tiene un gran tiburón, pero la adversidad que esté enfrentando muy bien podría ser algo que Dios está usando para impulsarle y retarle a sacar lo mejor de usted, pues ésta es una prueba de su fe, su carácter y su resistencia. No se dé por vencido, no se detenga ni se queje diciendo: "Dios, ¿por qué me está sucediendo todo esto a mí?"

La adversidad es una prueba de su fe, su carácter y su resistencia.

En lugar de eso, manténgase fuerte y pelee la buena batalla de la fe. Dios le dará la oportunidad de avanzar porque la lucha es lo que nos fortalece y sin oposición o resistencia, no existe el potencial para progresar. Sin ninguna resistencia del aire, un águila no puede remontarse; sin la resistencia del agua, un barco no puede flotar; sin la resistencia de la gravedad, usted y yo no podríamos ni siquiera caminar.

Sin embargo, nuestra tendencia humana es querer todo fácil. "Dios, ¿no me puedes enseñar paciencia sin tener que pasar por este embotellamiento? Dios, ¿no me puedes enseñar a amar y a confiar en ti sin tener que atravesar un problema?"

Lamentablemente no existen atajos; no existe una manera fácil de madurar física, emocional o espiritualmente. Tiene que tener determinación y trabajar con Dios. Por eso la Biblia nos dice: "...ocupaos en vuestra salvación...".[3] La salvación es más que una oración que se hace en una ocasión, es una constante cooperación con Dios, tratando con los asuntos que Él le presenta y manteniendo una buena actitud, peleando hasta lograr conseguir la victoria.

En un viaje al espacio se llevaron en una ocasión algunas abejas para estudiar el efecto de la falta de gravedad sobre ellas. Al igual que los humanos, las abejas flotaron con mucha facilidad, ni siquiera tenían la necesidad de usar sus alas. Parecía que estaban muy bien en ese ambiente sin gravedad, sin trabajo, sin luchas ni adversidades, pero al final del tercer día, murieron todas las abejas. El reporte que se escribió sobre el experimento decía lo siguiente: "Les gustó el paseo, pero no sobrevivieron". Las abejas no fueron creadas para pasar su vida sin ninguna resistencia, sin usar sus alas. De igual manera, ni usted ni yo fuimos creados para vivir nuestra vida sobre unos lechos de rosas.

Dios nunca nos prometió que no tendríamos retos. De hecho, Él dijo exactamente lo opuesto pues su Palabra dice: "...vosotros os alegráis..." que "...tengáis que ser afligidos en diversas pruebas, para que sometida a prueba vuestra fe, mucho más preciosa que el oro, el cual aunque perecedero se prueba con fuego, sea hallada en alabanza, gloria y honra cuando sea manifestado Jesucristo...".[4]

Al pasar por tiempos difíciles, asegúrese de que pase la prueba. No sea testarudo y obstinado, reconozca que Dios le está refinando, quitando algunos de sus lados ásperos. Manténgase firme y pelee la buena batalla de la fe porque Dios nos ha llamado a ser campeones; está destinado a ganar. Si coopera con Dios y mantiene una buena actitud, entonces no importará lo que venga en contra de usted, la Biblia dice que todas las cosas—no sólo las cosas buenas de la vida, sino todas las cosas—le ayudarán a bien.[5]

CAPÍTULO 24

Confíe en Dios cuando la vida no tenga sentido

En 1958, cuando el futuro de mi papá se veía tan prometedor en la denominación donde era miembro, nació mi hermana Lisa con una condición similar a una parálisis cerebral, y los doctores les dijeron a mis padres que ella nunca sería normal, nunca caminaría y probablemente necesitaría cuidado veinticuatro horas al día. Mis padres se sintieron completamente devastados.

Fue una de las horas más oscuras en la historia de mi familia, y mis padres con facilidad se pudieron haber amargado, pudieron haber dicho: "Dios, no es justo. ¿Por qué nos está sucediendo esto? Nos encontramos haciendo todo para servirte fielmente, y tú permites que algo como esto suceda".

Pero no, mi papá sabía que la adversidad podía ser un puente para algo mayor. Él sabía que Dios no permitiría una prueba sin tener un propósito para ella. En lugar de volverse negativo y huir de Dios, mi papá corrió hacia Él escudriñando la Escritura como nunca antes, y descubrió al Dios de la Biblia de una nueva manera, descubrió que era un Dios amoroso, un Dios restaurador, y, sí, un Dios que hace milagros. Mi papá regresó a su iglesia y predicó con un fuego y entusiasmo nuevos, y aún mejor, él y mi mamá comenzaron a creer que Lisa sanaría.

Mi papá estudió la Biblia y comenzó a predicar mensajes sobre la esperanza, la sanidad y la vida victoriosa. Con toda sinceridad, él pensó que la congregación estaría muy feliz con un mensaje sobre todas las cosas buenas que Dios deseaba hacer para su pueblo, al fin y al cabo, ¿quién se atrevería a discutir eso?

Sin embargo, algunas personas se molestaron y mi papá se vio forzado a dejar su puesto como pastor de esa iglesia. En esa hora tan oscura, nació la iglesia Lakewood Church, y vimos cómo Dios usó la adversidad para ampliar la visión de mi papá, impulsándolo a una época completamente nueva de su ministerio. Lo que el enemigo quiso para mal, Dios lo tomó y lo usó para su bien, y en medio de toda la lucha, sanó el cuerpo de Lisa. Mi hermana está sana hasta hoy, pero no creo que nada de esto hubiera sucedido si mi papá no hubiera tratado correctamente con sus adversidades.

En lugar de creer que Dios puede hacer algo bueno con su situación, muchas personas tienen una reacción negativa ante las adversidades y los problemas. No estoy diciendo que Dios mande los problemas, pero sí digo que Dios usará la adversidad que enfrenta para llevarle a un nivel más alto si tan sólo hace su parte y se mantiene firme y fuerte.

Dos clases de fe

Yo he descubierto dos clases de fe en mi vida: una fe que *libera* y una fe que *sostiene*. La fe que libera es cuando Dios cambia su situación y cuando eso sucede es magnífico, pero creo que se requiere de una mayor fe y un caminar más profundo con Dios para tener la fe que sostiene. Esa fe es la que, cuando las circunstancias no cambian de inmediato, dice: "Dios, no me importa lo que venga en contra mía, no me importa cuánto tiempo se tarde, esto no me derrotará. No seré tumbado por esta prueba porque yo sé que Tú estás a mi lado y mientras seas por mí, es lo único que importa". La fe que sostiene es la que le hace atravesar esas noches oscuras del alma cuando no sabe a dónde ir o qué hacer, y al parecer, no puede soportar un día más… pero a causa de su fe en Dios, lo hace.

Cuando tiene esa clase de actitud, el adversario no logrará vencerle; además, normalmente las adversidades no son la causa de nuestros problemas sino más bien, la manera cómo respondemos a nuestras adversidades. Puede tener un pequeño problema y éste le derrota; sin embargo, he visto a personas lidiando con enormes problemas (muertes trágicas en la familia, enfermedades incurables, divorcio, bancarrota y toda clase de calamidad) llenas de gozo y paz. Están viviendo en una actitud de fe; están creyendo que las cosas cambiarán; ¡tienen la determinación de vivir en victoria!

Al enfrentar una adversidad, usted deberá recordarse que lo que esté atacándole muy bien podría ser lo que Dios usará para promoverle. Por ejemplo: Cuando mi papá falleció en enero, 1999, Dios puso un deseo muy fuerte en mi corazón de ser el pastor de Lakewood Church, pero todos los críticos decían que nunca lograríamos sobrevivir como iglesia y lo decían con algo de razón debido a que yo nunca había predicado antes. ¡*Nunca*!

Un corazón dispuesto

Había pasado diecisiete años detrás del escenario en Lakewood, supervisando la producción de nuestro programa de televisión. Al paso de los años, Papá quiso, en muchas ocasiones, impulsarme a hablar en público, pero nunca había tenido el deseo de hacerlo ya que estaba cómodo y contento trabajando detrás de la escena. Una semana antes de la muerte de mi padre, él y mi mamá estaban en casa de Kevin y Lisa cenando y mi papá les dijo: "Voy a hablarle a Joel para pedirle que predique este domingo".

Mi mamá se rió y dijo: "John, sólo estás perdiendo el tiempo, Joel no se levantará a hablar enfrente de nadie".

(¡Gracias por tu confianza, Mamá!)

Mi papá no hizo caso de lo que decían y me habló a mi casa, y justo como había predicho mi mamá, yo le contesté: "Papá, no soy un predicador, ni sé cómo predicar; tú eres el predicador". Me reí y le dije, así como lo había hecho en muchas ocasiones anteriores: "Tú levántate a predicar, y te prometo esto: Haré que te veas muy bien".

Nos reímos, colgué el teléfono y me senté a comer.

Mientras comíamos Victoria y yo, las palabras de mi padre seguían llenando mi mente, y sin ninguna otra provocación, comencé a sentir un deseo enorme de predicar. Realmente no lo entendía en ese momento, pero sabía que tenía que hacer algo. Recuerde que yo nunca había preparado un sermón, mucho menos me había parado ante miles de personas para hablar; sin embargo, le hablé a mi papá en ese momento y le dije: "Papá, cambié de opinión. Creo que sí lo haré".

¡Creo que mi papá casi se desmaya allí mismo!

Estudié durante toda la semana, el domingo siguiente compartí en Lakewood Church por primera vez, y el mensaje fue bien recibido por la congregación. Claro que ninguno nos hubiéramos imaginado antes que ese sería el último domingo de vida para mi papá. Murió el viernes por la noche, cinco días más tarde.

Tuvimos la reunión el domingo y, como era de esperar, la congregación estaba lamentando la pérdida de mi padre, su pastor y amigo; sin embargo, había un ambiente de confianza en el edificio. El lunes por la mañana, tres días después de la muerte de mi papá, me encontraba en mi casa contemplando todos los eventos transcurridos y pasando un poco de tiempo en oración. Más tarde en la semana, estábamos planeando un servicio especial para honrar la memoria de mi padre.

De repente, sentí de nuevo el deseo abrumador de hablar una vez más, y le hablé a mi mamá para preguntarle quién estaba programado para hablar el domingo.

Ella dijo: "Ay, bueno, Joel, no sé. Simplemente tendremos que estar orando y creer que Dios mandará a la persona indicada".

"Bueno, es que estaba pensando que… quizá me gustaría a mí hacerlo".

Fue todo lo que necesitaba oír mi mamá. Mi madre tiene un hábito medio interesante y es que cuando está hablando por teléfono y termina con su parte de la conversación, ella simplemente cuelga el teléfono. No le da tiempo a uno de responder; así que, cuando yo dije: "Estoy pensando que quizá yo quiero predicar", ella me interrumpió y dijo: "Ay, Joel, eso sería magnífico, estoy emocionada por decirle a la congregación. Luego nos vemos".

Clic. Ya no había nadie en la línea.

"¡Oye, espera un momento!", le dije. "Dije que estaba considerando predicar, no dije que sí lo haría".

Era demasiado tarde; mi mamá ya había colgado.

Bueno, sólo es mi mamá, pensé. *Luego le puedo hablar de nuevo, no se sentirá conmigo y me perdonará.*

Dos días después, en el servicio para honrar a mi papá, y enfrente de ocho mil personas, Mamá dio la media vuelta y dijo: "Me da mucho gusto anunciarles que mi hijo Joel estará predicando este domingo".

Y yo pensé: *¡Dios mío! ¡Ya no me podré zafar de esto!*

Más tarde esa noche, estaba viendo un reportaje en el noticiero sobre mi papá. Los noticieros de Houston hablaron muy bien de mi papá al informar su muerte, y estaba por apagar la televisión para irme a dormir cuando escuché que el reportero dijo una cosa más sobre el servicio en memoria de mi papá: "Por cierto, el hijo de Osteen, Joel, estará predicando este domingo".

Yo dije: "Está bien, Dios, ya entendí. Lo haré."

Así que no me sorprendió que después de la muerte de mi papá, casi cada reportaje después del evento hablara de la improbabilidad de que Lakewood Church sobreviviera. Hablaban de cómo nunca lograríamos sobrevivir, y eran prontos para decir que una iglesia grande con un líder fuerte y dinámico como lo había sido mi papá, jamás había logrado sobrevivir la muerte de su líder. Un artículo dijo lo siguiente: "Lo peor que podría pasar es que uno de los hijos tome su lugar".

Bromeando con Victoria, dije: "La verdad, lograría entenderlo si conocieran a mi hermano, Paul, pero, ¡ni siquiera me conocen a mí!"

Por mucho que quise hacer menos los reportajes, las palabras sí me lastimaban. Estaba esforzándome y animándome para predicar, intentando fortalecer mi confianza, ¡y aquí tenía a los reporteros prediciendo el fracaso de nuestra iglesia!

Yo sabía que tenía que hacer una decisión: ¿Le creería a Dios o me creería los reportes negativos? Decidí que no haría mucho caso de la opinión de la gente ni de ninguna encuesta. Rehusé permitir que los reportajes negativos envenenaran mi mente y corazón, y decliné escuchar a cualquiera que pareciera estar tratando de disuadirme de cumplir con mi destino. Cuanto más, sabía que Dios había levantado a Lakewood Church como un lugar que había impartido esperanza por más de cuarenta años, y Él no dejaría que todo se viniera abajo simplemente porque mi papá se había graduado al cielo.

Se me hace interesante que los críticos predijeran que si manteníamos todo como había estado siempre, estaríamos bien, pero Dios tenía otros planes porque Lakewood continuó creciendo, y en 2003, la revista *Forbes* nombró a Lakewood Church como "la iglesia más grande de Estados Unidos", con unas veinticinco mil personas asistiendo cada fin de semana. ¡Y seguimos creciendo!

Si usted trata con la adversidad de la manera correcta, Dios ha prometido que Él tomará sus retos y los hará puentes hacia la promoción. Dios quiere hacer algo nuevo y diferente en nuestra vida, y busca a personas que estén dispuestas a confiar en Él con todo su corazón y que no lo limitarán con su manera apocada de pensar.

Dios ha prometido tomar sus retos y convertirlos en puentes hacia la promoción.

Quizá usted diga: "Joel, soy una persona muy normal y no sé cómo me podría usar Dios. ¿Qué podré hacer?"

Amigo, Dios usa personas ordinarias como usted y como yo para hacer cosas extraordinarias porque Dios no está buscando más poder, Él no está buscando más educación. Dios simplemente está buscando un corazón dispuesto, no está buscando habilidad, sólo busca disponibilidad. Sólo necesita entregarle a Dios lo que tiene, y Él hará más en su vida de lo que jamás pudiera haber soñado. El plan de Dios para su vida es mucho más grande y mucho mayor de lo que usted se puede imaginar.

Estoy convencido que un día miraremos hacia atrás a lo que habíamos visto como lo peor que nos pudo haber sucedido, y nos daremos cuenta que Dios usó aun aquel tiempo de adversidad para refinarnos, moldearnos, cambiarnos y prepararnos para lo bueno que nos queda por delante. Es interesante, ¿no cree? La adversidad, en muchas ocasiones, nos impulsa hacia nuestro destino divino.

La adversidad, en muchas ocasiones, nos impulsa hacia nuestro destino divino.

En ocasiones, ¡necesitamos un empujoncito! Si Dios no me hubiera sacado de mi zona de comodidad, probablemente todavía estaría detrás del escenario hoy día. Dios quiere que constantemente estemos creciendo, y en ocasiones Él usa un poco de adversidad o tensión para impulsarnos hacia delante. Él permitirá que la presión le empuje, le estire, y le saque de su zona de comodidad pues sabe precisamente cuánto puede soportar, y en su momento de angustia, recuerde que Dios le está engrandeciendo. La lucha le está fortaleciendo, Él sabe de lo que es capaz, y hará todo lo necesario para hacerlo cumplir con su destino divino. Se sorprenderá mucho de lo que logrará cuando Dios aplique un poco de presión y usted logre salirse de su zona de seguridad y entre a la zona de *fe*.

PARTE 6

¡VIVA PARA DAR!

El gozo que produce el dar

Uno de los retos más grandes para vivir nuestra mejor vida ahora es la tentación de vivir egoístamente. Como creemos que Dios desea lo mejor para nosotros, que Él quiere que prosperemos, que contamos con su favor, y que Él tiene mucho más para nosotros, es fácil caer en la trampa muy sutil del egoísmo. Cuando *vive para dar*, usted no sólo evitará esa trampa, sino que experimentará más gozo del que jamás habría soñado que sería posible. *Vivir para dar* es el sexto paso hacia vivir a su máxima potencial.

La sociedad nos enseña que debemos cuidar al número uno. "¿Qué provecho existe para mí? Te ayudaré pero, ¿qué recibiré a cambio?" Fácilmente reconocemos que esta generación es la generación del "yo", y ese mismo narcisismo contamina nuestra relación con Dios, con nuestras familias y con los demás.

Muchas personas hoy día están viviendo desvergonzada y abiertamente para ellos mismos. No les interesan las otras personas, y no tienen tiempo para ayudar a otro en necesidad. Su enfoque es solamente sobre lo que ellos quieren, lo que ellos necesitan, lo que ellos sienten que sería de más beneficio para ellos. Es irónico porque esta actitud egoísta los condena a vivir una vida sin profundidad ni recompensa o gozo, ya que, no importa cuánto acumulen para ellos mismos, nunca están satisfechos.

Amigo, si usted quiere experimentar un nuevo nivel del gozo de Dios, si usted quiere que derrame de su bendición y favor en su vida, entonces tendrá que dejar de pensar sólo en usted mismo. Tiene que aprender a ser una persona que da y no sólo una que recibe. Deje de pensar lo que todos pueden hacer por usted, y comience a ver lo que usted puede hacer para otros porque no fuimos creados para ser personas envueltas en nosotros mismos, pensando sólo en nosotros mismos. No, Dios nos creó para ser dadores, y usted nunca se sentirá verdaderamente realizado como persona hasta que no aprenda el secreto tan sencillo de cómo dar su vida.

Tiene que aprender a ser una persona que da y no sólo una que recibe.

Cuando soy tentado a frustrarme o a preocuparme, o cuando pierdo el gozo, la primera cosa que me pregunto es: "¿Sobre qué estoy enfocado? ¿Dónde está mi énfasis? ¿Sobre qué estoy pensando?" Nueve de cada diez veces estoy pensando en mis problemas; estoy pensando en alguna frustración o preocupación en mi vida; estoy pensando en lo que tengo que hacer mañana. Cuando estoy tan involucrado con *"yo"*, es como activar una fórmula para la depresión y el desánimo. Tenemos que aprender a cambiar el enfoque de nuestra vida. El fallecido cantante cristiano, Keith Green, lo dijo muy bien: "Es tan difícil ver cuando mis ojos están puestos en mí".

Fuimos creados para dar

Tal vez no se ha fijado qué egoísta es andar siempre pensando en sus problemas, siempre viendo lo que usted necesita y quiere, sin ver las muchas necesidades que tienen las personas que se encuentran a su alrededor. Una de las mejores cosas que puede hacer si usted está teniendo algún problema es ayudarle a alguien resolver el suyo. Si usted quiere que sus sueños se realicen, ayude a alguien a hacer realidad los suyos. Comience a sembrar algunas semillas para que Dios le pueda traer una cosecha porque cuando nosotros suplimos las necesidades de otras personas, Dios siempre suple nuestras necesidades.

Conocí a un hombre hace poco que se encontraba a disgusto en extremo con su vida, estaba desilusionado de Dios y de sí mismo porque aunque había tenido mucho éxito, debido a una serie de malas decisiones, había perdido su negocio, su familia, su casa y todos sus ahorros y ahora estaba básicamente viviendo en su automóvil.

Se encontraba profundamente deprimido, así que intenté animarle y entusiasmarle. Al terminar mi oración por él, le di un consejo práctico: "Oiga, señor, tiene que quitar su mente de sus problemas", le dije, "si usted quiere estar realmente feliz, si de veras quiere ser restaurado, tiene que cambiar su enfoque y salir a ayudar a otra persona necesitada; tiene que sembrar algunas semillas."

"Usted sabe que por muy grande que esté su problema hoy, alguien tiene un problema más grande, ¿verdad? Usted puede hacer la diferencia en la vida de alguien porque usted puede aligerar la carga de otro, puede alegrar a alguien, y puede infundirles con nueva esperanza".

El hombre prometió tomar mi consejo y se juntó con un grupo de hombres en Lakewood que ayudan a las personas a vencer adicciones. En lugar de quedarse todo triste en su carro, pensando en el gran fracaso que había vivido, comenzó a pasar su tiempo ayudando en el cuidado de esos drogadictos. Se hizo amigo de varios de ellos, escuchando sus luchas, animándolos, orando por ellos y retándolos a creer en una vida mejor. Él se convirtió en un dador.

Se apareció en la iglesia unas semanas más tarde, y nunca olvidaré verlo caminar por la entrada de la iglesia: Se veía radiante de gozo, tenía una sonrisa de un lado a otro. Le dije: "Oye, te ves muy bien. ¿Qué está pasando?"

Él me dijo: "Joel, he pasado las últimas dos semanas cuidando a algunos adictos a la cocaína, y nunca he sentido tanto gozo en toda mi vida". Se limpió las lágrimas y continuó: "Nunca me he sentido tan realizado, he vivido toda mi vida viviendo para mí mismo, avanzando en mi carrera, haciendo lo que yo quería hacer, cualquier cosa que pensaba que me traería alegría, pero ahora veo lo que verdaderamente es importante".

Fuimos creados para dar, no sólo para complacernos a nosotros mismos, y si se pierde de esa verdad, se perderá de la vida abundante, rebosante, y llena de gozo que Dios tiene para usted.

Se me hizo muy interesante cuando mi nuevo amigo me contó cómo alguien le había ofrecido un trabajo esa misma semana, y se estaba mudando a un departamento. Y me siguió diciendo de todo lo maravilloso que le había sucedido en las semanas desde que se había convertido en un dador en lugar de alguien que siempre recibe, y todo comenzó cuando quitó su mirada de sí mismo y se puso a ayudar a otras personas.

Cuando usted se extiende a otras personas necesitadas, Dios se asegurará que sus propias necesidades sean suplidas. Si hoy se siente solo, no se quede allí sentado, salga a ayudar a otra persona sola. Si está desanimado, no se fije en su necesidad, deje de pensar en sí mismo y vaya a ayudar a suplir la necesidad de otra persona visitando un asilo para ancianos o un hospital de niños. Hable por teléfono con un amigo y anímale; usted tiene que sembrar semilla para que Dios le traiga una cosecha.

Si usted está creyendo que su hijo vendrá a los pies del Señor, vaya y ayude al hijo de otra persona a desarrollar una relación con Dios. Si está batallando en sus finanzas, vaya y ayude a otra persona que tiene menos que usted.

Usted puede decirme: "Joel, yo no tengo nada para dar". ¡Claro que sí tiene! Puede dar una sonrisa, o un abrazo; puede cortar el pasto y arreglarle el jardín a alguien; puede hacerle un pastel a otra persona; puede visitar a un enfermo en el hospital o en un asilo de ancianos; puede escribirle una carta de ánimo a un amigo. Alguien necesita lo que usted tiene para compartir; alguien necesita su sonrisa; alguien necesita su amor; alguien necesita su amistad; alguien necesita su ánimo. Dios no nos creó para funcionar como el "Llanero Solitario", nos creó para ser libres, pero no fue su intención que nosotros nos independizáramos los unos de los otros. En verdad, todos nos necesitamos los unos a los otros.

Un abrazo rescatador

Escuché la increíble historia de un par de mellizos (niño y niña), que tenían días de haber nacido, y la niña presentaba una afección cardiaca muy seria. A los pocos días de nacida, la salud de la niña se había deteriorado tanto que estaba a punto de morir, cuando una de las enfermeras del hospital pidió un permiso especial para colocar a los dos bebés en una misma incubadora, en lugar de separados. Fue todo un proceso, pero finalmente el doctor accedió a poner a los dos en una sola incubadora, así como habían estado en el vientre de su madre.

De alguna manera, el niño sano consiguió poner su brazo encima de su hermanita enferma. Al poco tiempo, y sin ninguna razón aparente, su corazón se comenzó a estabilizar y a sanar, y su presión sanguínea se normalizó; al poco tiempo su temperatura también se corrigió. Poco a poco ella mejoró, y hoy día los dos bebés son niños completamente sanos. Un periódico oyó del acontecimiento y les sacaron una fotografía a los mellizos estando todavía en la incubadora, abrazados. Publicaron la fotografía con el título "El abrazo rescatador".

Amigo, alguien necesita su abrazo el día de hoy. Alguien necesita su amor, alguien necesita sentir su toque. Aunque usted no se haya percatado de ello, hay sanidad en sus manos, hay sanidad en su voz y Dios quiere usarle para traer esperanza, sanidad, amor y victoria a las personas que le rodean. Si se atreve a quitar su mente de sus propios problemas, de sus propias necesidades y a buscar cómo ser de bendición para otras personas, Dios hará por usted más de lo que pueda pedir o pensar.

Permita que su enfoque sea en cómo ser una bendición

No viva una vida egoísta porque usted tiene mucho qué dar, mucho que puede ofrecer. Cuando su vida gira alrededor de usted mismo, no sólo se pierde de lo mejor de Dios, sino también le roba a otras personas el gozo y las bendiciones que Dios quiere darles a través de usted. La Escritura dice que nos debemos animar y exhortar los unos a los otros cada día.[1] Es fácil criticar y condenar, realzar las faltas y fracasos de todo mundo, pero Dios quiere que edifiquemos a las personas, que seamos una bendición, hablando palabras de fe y victoria a sus vidas.

Le puedo oír diciendo: "Joel, yo no tengo tiempo, estoy muy ocupado".

¿Cuánto tiempo se toma para darle a alguien un cumplido? ¿Cuánto tiempo se puede tardar en decirle a su esposa: "Te amo, eres una gran persona y me da gusto que eres mía"? ¿Cuánto tiempo se puede tomar decirle a su empleado: "Estás haciendo un buen trabajo, gracias por todo lo que haces"?

No es suficiente pensar algún cumplido; tenemos que expresarlo. Como dice la frase: "El amor no es amor hasta que lo ha regalado". Deberíamos de levantarnos cada mañana con una actitud que diga: *Hoy haré contenta a otra persona. Ayudaré a suplir la necesidad de otra persona.* No viva su vida como alguien que solamente toma; conviértase en una persona dadivosa.

"Pero, Joel, tengo tantos problemas y necesidades propias…"

Sí, pero si quita su mente de sus problemas y comienza a ayudar a otras personas, usted no se tendrá que preocupar por sus necesidades porque Dios se encargará de ellas. Sucede algo sobrenatural cuando quitamos nuestros ojos de nosotros mismos y miramos las necesidades de las personas que nos rodean.

El Antiguo Testamento nos enseña que cuando demos de comer al hambriento, cubramos al desnudo y animemos al triste, que entonces nacerá nuestra luz, y nuestra salvación (sanidad) se verá pronto.[2] En otras palabras, cuando usted se extienda hacia las personas que sufren, es cuando Dios se encargará de suplir sus necesidades; cuando usted se preocupa por ser una bendición, Dios se encargará de que usted vea bendición en abundancia.

Nunca olvidaré que cuando a mi mamá le diagnosticaron cáncer incurable en 1981, ella salió del hospital y en lugar de sumirse en la depresión, en lugar de fijar su mirada en su necesidad, en lugar de estar pensando constantemente en esa enfermedad, en el momento de su mayor necesidad, en la hora más oscura de su vida, ella se iba a la iglesia y oraba por otras personas con necesidades. Oraba por otras personas enfermas y de esa manera ella sembró semillas de sanidad, y así como dice la Escritura, conforme ella comenzó a ayudar a otras personas necesitadas, su propia luz resplandeció como el alba, y su propia sanidad llegó.

Estoy convencido que mucha gente recibiría el milagro que ha estado pidiendo si simplemente giraran su mirada y atención a otro lado, buscando la manera de bendecir a otras personas en lugar de ver sólo sus necesidades y problemas. En demasiadas ocasiones pasamos la mayoría de nuestro tiempo buscando ser bendecidos. "Dios, ¿qué puedes hacer por mí? Dios, aquí está mi lista de peticiones. ¿Las podría recibir para el próximo martes?"

Deberíamos pensar más en cómo ser bendición en lugar de buscar ser bendecidos. Deberíamos buscar oportunidades de compartir el amor de Dios, y sus dones y su bondad con los demás, porque la verdad es que entre más los ayudemos, más se asegurará Dios que nosotros recibamos ayuda.

Seamos prácticos. Si usted tiene cosas tiradas por su casa o almacenadas que nunca volverá a usar otra vez, ¿por qué no regalárselas a alguien que sí las usaría? Todas esas pertenencias que le sobran y que se están acumulando por todos lados deberían de usarse para suplir la necesidad de otra persona porque si no están supliendo una necesidad de usted, debería hacer de ellas una semilla.

¡Si no está supliendo una necesidad, haga de ello una semilla!

Hace algunos años atrás, compré una máquina para cortar el césped que era cara y de las mejores que había. Tiempo después, falleció mi papá, y cambiaron muchas cosas en mi vida al llegar a ser el pastor pues estaba mucho más ocupado. Tan ocupado, de hecho, que no tenía tiempo para arreglar mi jardín y cortar mi césped, y me veía obligado a contratar a alguien para hacerme el trabajo.

Guardé mi máquina en el garaje junto con toda la maquinaria que tenía para arreglar el jardín, y cada vez que llegaba en mi carro la podía ver y disfrutarla.

Un día al estacionar el carro en el garaje, oí una voz dentro de mí que decía: *Joel, deberías de regalar todo ese equipo de jardinería.*

Mi primera reacción fue decir: *¡Oye! Espera un momento, pagué mucho dinero por esa podadora y casi ni la usé. Está nueva y además quizá la vaya a necesitar algún día. ¿Qué tal si me despiden?*

Nuestra mente puede inventar toda clase de excusa cuando Dios comienza a abrir nuestra mano cerrada. La naturaleza humana quiere quedarse con todo, así que, siendo el hombre profundamente espiritual que soy, ignoré por completo aquella voz.

Pasaron varias semanas y cada vez que entraba a mi garaje, sentía mucha convicción. Ahí estaba mi podadora nuevecita, casi sin usarse, y no le estaba siendo útil a nadie, al igual que todo mi equipo para cuidar el jardín.

Yo sabía que nunca la volvería a usar, y que lo más probable era que en unos veinte años todavía estaría guardada en el mismo lugar, pero es que no soportaba la idea de regalar algo tan nuevo, algo que amaba tanto porque, ¡casi ni la había usado!

Llegué al garaje otro día, y escuché de nuevo la voz: *Joel, si no regalas esa máquina para cortar el césped, comenzarás a cortar tu propio césped nuevamente.*

¡En menos de treinta minutos la había regalado!

Es muy probable que usted también tenga algunas cosas en su casa que no esté usando como ropa que no se ha puesto en años, utensilios para cocinar que ni ha sacado de las cajas de cuando se cambió de casa la última vez, libros, la cuna y ropa de su hijo, ¡y toda clase de cosas que no ha usado en años! La mayoría de los expertos en este tipo de cosa dicen que si no ha usado algo en el último año, ¡debe regalarlo! Si no está supliendo alguna necesidad, conviértalo en una semilla. Recuerde que segamos lo que hemos sembrado. Cuando usted hace algo bueno por otras personas, entonces Dios se asegurará de que le alcancen las abundantes bendiciones de Él.

Si usted quiere vivir su mejor vida ahora, tiene que fomentar un estilo de vida de dar: Vivir para dar en lugar de vivir para tener. Tenga una actitud que dice: *¿A quién puedo bendecir hoy?* En lugar de: *¿Cómo puedo ser bendecido hoy?*

Hace muchos años, los cazadores de monos o simios llenaban un barril muy grande de bananas y de otras comidas preferidas de los monos, después le hacían un hoyo en el costado del barril con el tamaño suficiente como para que el animal metiera su mano y su brazo. El mono mentía su brazo para tomar una de las delicias que había dentro, pero al momento de encerrarla con su mano, ya no lograba hacerla caber por el orificio. Los simios eran tan obstinados y decididos en no soltar aquello, que aun cuando se les venían encima sus captores, no soltaban su premio. Eran presa fácil para los hombres con las redes.

Lo triste es que los monos no están solos en cuanto al egoísmo ya que muchas personas viven igual. Viven con las manos cerradas, con su mente puesta en cuidar y no soltar lo que poseen que ni se fijan que eso les está robando la libertad y las bendiciones abundantes que Dios tiene planeadas para ellos. Son egoístas con su dinero, con sus recursos y con su tiempo.

Y, ¿cómo está usted? ¿Se encuentra tan enfocado en recibir lo que quiere, y lo que necesita, que no obedece esa quieta voz cuando Dios le dice que bendiga a otros? Abra sus manos; no las cierre tan fuertemente porque Dios no puede llenar un puño cerrado de cosas buenas. Sea alguien que da en lugar de alguien que recibe. No tendrá que irse muy lejos para encontrar a una persona a la que puede ayudar porque hay un mundo entero que está clamando por ayuda y usted tiene la oportunidad de vivir sin egoísmo, demostrando el carácter de Dios. Dios es dador, y usted nunca será más como Dios que al dar.

Dios le prometió al patriarca del Antiguo Testamento, Abraham: "Y haré de ti una nación grande, y te bendeciré, y engrandeceré tu nombre, y serás bendición".[3] Muchas veces leemos promesas como éstas y decimos: "¡Qué bueno, Dios! ¡Ándale, derrama tus bendiciones sobre mí!" Pero, si se fija, hay una condición: Tenemos que hacer algo; mejor aún, tenemos que *ser* algo. Dios nos está diciendo que no seremos bendecidos sólo para vivir lujosamente o egoístamente, sino seremos bendecidos para *ser* una bendición. De hecho, si no estamos dispuestos a ser una bendición, entonces Dios no derramará de su favor y bondad en nuestra vida. Recibiremos de Dios la misma medida de lo que damos a los demás.

"Pero, no entiendo, Joel, yo no tengo nada que dar. No tengo una máquina para cortar césped guardada cómo tú".

Quizá no, pero todo depende de su actitud. Tiene que ser fiel en lo poco que tiene en este momento antes de que Dios le bendiga con más. Mucha gente dice: "Dios, ¿cuándo me bendecirás?" Sin embargo, si pusiéramos un poco más de atención, posiblemente escucharíamos la voz de Dios diciendo: "¿Cuándo comenzarás a *ser* una bendición?"

Lo que dé le será dado.

El dar es un principio espiritual. Lo que dé le será dado, si regala una sonrisa, recibirá sonrisas de otras personas; si es generoso con las personas en el tiempo de su necesidad, Dios se encargará de que otras personas sean generosas con usted en su hora de necesidad. Es interesante, ¿no cree? Lo que usted haga suceder para otros, Dios hará que suceda para usted.

Viva para dar

Vi un reportaje muy interesante sobre un joven de Arabia Saudita que era extremadamente rico y vivía en un ornamentado palacio, tan elegante que casi ni se puede describir. Era dueño de docenas de automóviles y avionetas así como de varios cruceros que eran para su uso personal. El hombre tenía riqueza más allá de lo que mi mente lograba imaginar.

Lo que me intrigó de él fue la manera tan interesante en que utilizaba una parte de su riqueza. Cada dos o tres meses, él hacía pasar al palacio a cientos de personas pobres de su país. Los conocía personalmente y hablaba de sus necesidades y después, en la mayoría de los casos, él les daba cualquier cosa que necesitaran. Si necesitaban un auto, les compraba un auto; si necesitaban una casa, él les adquiría una casa; si necesitaban dinero para alguna intervención médica, también se los daba. Él suplía, cualquiera que fuera la necesidad y regalaba miles de dólares y literalmente, millones más en propiedades y materiales. ¿Cabe alguna duda de porqué continúa prosperando su negocio?

Dudo que este hombre árabe practique la fe cristiana, pero los principios que gobiernan el dar son principios espirituales. Funcionan sin importar la nacionalidad, el color de la piel o aún la religión. Si usted da sin egoísmo, le será regresado. Si usted suple las necesidades de otras personas, Dios se encargará de que sus propias necesidades sean suplidas abundantemente.

La Biblia dice: "A Jehová presta el que da al pobre…".[4] Aquel hombre árabe ha desarrollado un estilo de vida para dar, especialmente a los pobres, y con razón, lo que él siembra produce una cosecha que ha crecido exponencialmente. Le ha prestado a Dios al ayudar a los pobres, y Dios no será deudor de ninguna persona.

Puede estar pensando: "Bueno, si yo tuviera todo ese dinero también haría lo mismo".

No, está equivocado en pensar eso porque tiene que comenzar justo en el lugar que se encuentra. Tiene que ser fiel con lo que tiene, entonces Dios podrá confiarle más. Tal vez ahora no tenga mucho dinero que le sobre, pero le puede pagar la comida a alguno de vez en cuando, le puede dar una palabra amable a alguien, o puede esforzarse por orar por alguien que tenga una necesidad.

Ahora es el tiempo de desarrollar una actitud de dar. Amigo, lo que Dios tiene más cerca de su corazón es ayudar a las personas dolidas. A Él le gusta cuando cantamos y cuando oramos, y le gusta cuando nos juntamos para celebrar su bondad, pero nada place más a Dios que cuando cuidamos a unos de sus pequeños hijos. Jesús enseñó que recibiríamos una recompensa por dar aun una taza de agua a alguien con necesidad cuando dijo: "De cierto os digo que en cuanto lo hicisteis a uno de estos mis hermanos más pequeños, a mí lo hiciste".[5]

Alguien necesita lo que usted puede dar, y quizá no sea su dinero; quizá sea su tiempo; quizá sea prestarles atención; quizá un abrazo animador; quizá su sonrisa para animar. ¿Quién sabe? Quizá como aquel bebé, al poner su brazo alrededor de alguien y al dejarle saber que usted siente compasión podrá ayudar a traer sanidad a su corazón. Quizá usted pueda dar un abrazo rescatador.

John Bunyan, el autor del clásico libro *El progreso del peregrino* dijo: "No ha vivido el día de hoy hasta que no ha hecho algo para alguien que nunca le podrá compensar". Tome la decisión que vivirá para dar. Esté al pendiente cada día de alguien que usted podrá bendecir. No viva para usted mismo; aprenda a dar de sí mismo, y su vida será la diferencia para alguien.

Muestre la bondad y misericordia de Dios

La manera que tratamos a las personas puede tener un impacto bastante grande en la cantidad de bendiciones y favor de Dios que estemos experimentando en nuestra vida. ¿Es bueno con las personas? ¿Es amable y respetuoso? ¿Las palabras que habla y lo que hace nacen de un corazón lleno de amor y aprecio, y considera a las demás personas como valiosas y especiales? Amigo, no puede tratar malamente a las personas y después esperar recibir bendiciones porque no puede ser descortés y desconsiderado y esperar vivir en victoria.

¿Es bueno con las personas?

La Biblia dice: "Mirad que ninguno pague a otro mal por mal; antes seguid siempre lo bueno unos para con otros, y para con todos".[1] Si se fija en la palabra *seguid* en este versículo, se dará cuenta que Dios dice que debemos tomar acción. Debemos estar al pendiente para compartir su misericordia, piedad y bondad con la gente. Debemos procurar seguir la bondad y buscar hacer el bien, y además, deberíamos ser buenos con las personas aun cuando no lo merezcan. Necesitamos andar en el amor y ser corteses aun cuando alguien ha sido descortés con nosotros.

Cuando pasa junto a usted aquel compañero de trabajo y ni siquiera los buenos días le da, Dios espera que camine esa milla adicional y que sea amable con él de cualquier forma. Si se encuentra hablando por teléfono con alguien y le hablan ásperamente o son groseros con usted es fácil pensar: *Le voy a decir lo que pienso y luego cuelgo. Ella no me conoce, y nunca me verá.* Sin embargo, Dios espera que nosotros seamos mejores y más grandes que eso.

Cuando el cajero en el supermercado lo regaña por nada, su primera reacción quizá sea comportarse grosero con él también pero esa es la manera fácil; cualquiera puede hacer eso, pero Dios quiere que vivamos con un estándar más alto. La Biblia enseña que debemos amar a nuestros enemigos y hacer bien a los que nos aborrecen y ultrajan.[2] Mi papá siempre decía: "Todos merecen andar de malas de vez en cuando". Tenemos que dar lugar para que las personas tengan un mal día.

Si alguien le regaña, en lugar de contestarle y decirle lo que piensa, ¿por qué no mostrarle algo de la gracia y misericordia de Dios? Siga la bondad y dé una palabra de ánimo ya que usted no sabe lo que pueden estar pasando. Quizá su hijo está en el hospital, o su pareja puede haberse ido; pueden estar viviendo en un infierno sobre la tierra. Si usted añade algo indebido, el conflicto puede crecer, o su respuesta podrá ser la gota que derrame al vaso y ellos se hundirán en completo desánimo. Ninguno de estos cuadros sería muy agradable para Dios.

Cuando se encuentre en una situación incómoda donde alguien no le trate bien, tiene una oportunidad maravillosa de ayudar a sanar un corazón herido. Recuerde que las personas dolidas muchas veces son las que lastiman a otras personas como resultado de su propio dolor. Si alguien es descortés y grosero, lo más seguro es que tienen algunos asuntos pendientes en su interior. Quizá tienen algún problema grave, enojo, resentimiento o alguna otra herida con la que están lidiando o tratando de sobrellevar, y la última cosa que necesitan es que usted haga peor la situación con una respuesta airada.

Lo malo nunca es vencido por más de lo mismo y si usted trata mal a las personas que le maltratan, usted complicará ese asunto. Cuando le muestra enojo a alguien que ha estado enojado con usted, es como ponerle leña al fuego. No, nosotros vencemos al mal con el bien, y cuando alguien le lastima, la única manera que puede vencer aquello es mostrándoles misericordia, perdonándoles y haciendo lo correcto.

Siga el camino de la bondad y la cortesía, y siga caminando en amor y con una buena actitud porque Dios ve lo que hace, ve que usted está caminando la segunda milla para hacer lo bueno, y Él se encargará de que sus buenas acciones y actitud venzan aquel mal. Si sigue haciendo lo correcto, usted avanzará mucho más que si quisiera vencer el fuego con fuego.

La Biblia nos dice que Dios es nuestro vengador.[3] Usted puede pensar que está recibiendo lo peor de la situación, pero Dios no permitirá que usted salga perdiendo y Él se encargará de que no pierda nada realmente valioso. Además, Él se asegurará de que usted reciba su justa recompensa, pero su responsabilidad es mantenerse calmado y apacible aun cuando los que están alrededor de usted no lo estén.

Venza el mal con el bien

Una noche hablé a un restaurante para pedir una pizza. Seguido les pedía pizzas, y en cada ocasión, el cajero me pedía mi número telefónico así que me acostumbré a darles desde el principio mi teléfono para ahorrarnos un poco de tiempo.

En esta ocasión, una mujer contestó mi llamada. Amablemente dije: "Hola, mi número de teléfono es el 713…"

"Señor, no estoy preparada para tomar su número telefónico", gruñó la mujer por el teléfono. "Y cuando esté lista para tomarlo, ¡yo se lo pediré!"

Casi no podía creer que una persona trabajando con el público podía ser tan gruñona y descortés, y mi primer instinto fue responderle: "¡Mire, señora! Le daré mi número telefónico cuando yo quiera, y si quiero hablarle a la medianoche para darle mi número telefónico, ¡es mi decisión!" Mi mente al instante pensó en la posibilidad de pedir unas veinte o treinta pizzas y mandarlas a las direcciones equivocadas, podía imaginarme cómo se vería aquella señora corriendo por toda la ciudad, ¡tratando de entregarles pizzas a personas que no las habían pedido!

Afortunadamente, pude mantener mi calma, mientras seguía diciéndome: *Eres el pastor de una iglesia así que, ¡compórtate!*

No siempre hago lo correcto, pero en este caso, tomé la decisión de vencer al mal con el bien. Pude percibir que la mujer estaba teniendo un mal día; algo le estaba molestando que no tenía nada que ver conmigo ni con mi número telefónico. Decidí ser parte de la solución en lugar de ser parte del problema, y la tomé como un proyecto personal, dispuesto a todo para alegrarla un poco.

Comencé a felicitarla por su trabajo. (¡Tuve que ejercer mucho mi imaginación!) Dije: "Ustedes hacen la mejor pizza del mundo, les he estado comprando durante años, y su comida es excelente. Su servicio a domicilio es de lo mejor, siempre llegan a tiempo; tienen un negocio de primera clase". Y así seguí, tratando de animarla. Le dije: "Gracias por ser tan eficiente y contestar tan rápidamente el teléfono. Y déjeme decirle algo, cuando hable con su jefe, le voy a recomendar que le dé un aumento de sueldo". Para cuando terminé, ella no sólo tomó mi número telefónico, ¡sino también me había regalado unas alitas, sodas y cupones para más pizza!

Eso es vencer el mal con el bien. Yo no sabía con qué estaba lidiando ella en el trabajo o lo que pudiera estar viviendo en su casa, ¿y quién sabe qué estaría pasando en su vida personal? Ella necesitaba que alguien la animara, que le dijera que ella tenía valor y que estaba haciendo un buen trabajo. Ese pedido de pizza no era la gran cosa, pero fue una oportunidad gigantesca para compartir la bondad de Dios con una mujer que la necesitaba.

La Biblia dice que el amor cubre multitud de faltas,[4] y eso no siempre es fácil, pero el amor cree lo mejor de cada persona. Cualquiera puede dar mal por mal, pero Dios quiere que sus hijos ayuden a sanar corazones heridos.

Cualquiera puede dar mal por mal, pero Dios quiere que sus hijos ayuden a sanar los corazones heridos.

Si alguien no le está dando un trato bueno en este momento, esfuércese por ser más bondadoso con esa persona. Si su marido no está sirviendo a Dios, no se la viva dándole duro con su Biblia, predicándole, regañándole, manipulándole para acompañarla a la iglesia. No, simplemente comience a ser muy buena y bondadosa con él, comience a amarlo de una manera nueva. La Biblia nos dice que la benignidad de Dios es lo que lleva al arrepentimiento,[5] y si usted puede ser muy buena y extraordinariamente amable, pronto la bondad y benignidad de Dios que han sido expresadas a través de usted vencerán aquel mal. El amor nunca falla.

Si alguien tuvo el derecho de pagar mal por mal en lugar de pagar con amor fue José, el famoso joven de la túnica de muchos colores. (Leemos su historia en los últimos capítulos de Génesis.) Sus hermanos lo odiaban tanto que lo echaron en un pozo y lo iban a matar, pero a causa de "su gran bondad", decidieron venderlo como esclavo. Pasaron muchos años y José vivió toda clase de problemas y angustias, pero mantuvo una buena actitud, así que Dios siguió bendiciéndole. Después de haber pasado trece años en la prisión por un crimen que él ni había cometido, Dios lo ascendió de una manera sobrenatural a la segunda posición más alta en todo Egipto, sólo el faraón estaba encima de él.

José era el encargado de toda la comida cuando llegó el hambre a la tierra, y sus hermanos viajaron hasta Egipto pidiendo comprar provisión para sus familias. De entrada, no reconocieron a José, y él por fin dijo: "¿No saben quién soy? Soy José, su hermano, el que echaron el en pozo, el que trataron de matar, el hermano que vendieron como esclavo".

¿Se imagina lo que estaba pasando por las mentes de sus hermanos? ¡Imagínese cuánto temor han de haber sentido en sus corazones! Esta era lo oportunidad para que José les devolviera el pago por todos los años de sufrimiento y dolor que le habían causado, y ahora sus vidas estaban en las manos de José.

José muy fácilmente pudo haber ordenado su muerte o aprisionamiento perpetuo, en lugar de eso él dijo: "No tengan miedo porque no les haré ningún daño. Les haré bien. Les daré toda la comida que necesitan".

Con razón José era tan bendecido; con razón la mano de Dios se extendió tan poderosamente para mostrarle su favor. José sabía cómo ofrecer misericordia, y sabía cómo tratar bien a las personas.

La Biblia nos dice que el amor no guarda rencor.[6] Usted puede tener personas en su vida que le han hecho un gran daño, y usted tiene todo el derecho de estar airado y amargado porque siente que toda su vida ha sido robada por alguien que le ha maltratado o defraudado. Sin embargo, si usted escoge dejar ir su dolor y perdonarle, usted podrá vencer al mal con el bien; podrá llegar al punto donde pueda ver a la persona que le ha dañado y podrá devolverle bien por mal, y si hace eso, Dios derramará su favor de una manera nueva en su vida. Él le honrará, le recompensará, y corregirá aquellos males.

Cuando usted pueda bendecir a su peor enemigo y hacerle bien al que le haya usado o haya abusado de usted, entonces Dios tomará aquel mal y lo cambiará en algo bueno. No importa lo que usted haya pasado, no importa quién lo hirió o de quién fue la culpa, suéltelo. No trate de vengarse, no trate de devolverles el pago por lo que le hicieron pues Dios dice que mostremos misericordia. Busque y siga lo bueno.

Puede pensar: "Pero, Joel, ¡eso no es justo!"

Tiene razón, no lo es, pero la vida no es justa. Tenemos que recordar que Dios es el que está tomando apuntes, Él sabe todo y está en control, y cuando usted bendice a sus enemigos, usted nunca saldrá perdiendo. Dios siempre le compensará.

Camine la segunda milla

Dios le dijo a Abraham que arreglara todo para dirigirse a una tierra mejor, y Abraham movió sus rebaños, su ganado, su familia y sus parientes también.[7] Viajaron durante meses y finalmente llegaron a su nueva tierra. Después de haber vivido allí por un tiempo, descubrieron que la tierra donde se habían acomodado no contaba con los recursos necesarios para sostener y suplir las necesidades de toda la gente y animales.

Abraham le dijo a su sobrino, Lot, que debían separarse. Le dijo: "Escoge cualquier parte de la tierra que te plazca, y yo tomaré lo que sobra". Podemos ver qué bondadoso y generoso fue Abraham con su sobrino, y Lot miró y vio un hermoso valle con pastos verdes, cerros y lagos, y dijo: "Abraham, eso es lo que quiero. Allí es donde se establecerá mi familia".

Abraham le dio su bendición y le dijo que se fuera, pero bien pudo haber dicho: "Lot, tú no recibirás esa tierra. Esa es la mejor parte de este lugar, y yo he hecho todo el trabajo porque yo he dirigido esta jornada, y Dios me habló a mí, no a ti. Yo debería escoger primero". Abraham no hizo eso porque él era un gran hombre y sabía que Dios lo compensaría.

Aunque estoy seguro que cuando Abraham vio lo que le había quedado, sí se sintió un poco desilusionado pues su porción era árida, improductiva y desolada. Imagínese, Abraham había viajado una larga distancia, se había esforzado mucho para encontrar la mejor tierra, y buscar una vida mejor, pero ahora, a causa de su generosidad y corazón bondadoso, se había quedado con una parte fea de la tierra. Estoy seguro que pensó: *Dios, ¿por qué siempre se aprovechan de mi bondad? Dios, ¿por qué siempre me tocan las sobras? Ese muchacho Lot no tendría nada si no se lo hubiera dado yo.*

Quizá usted siente que es la única persona que está dando en cierta situación. Quizá es el padre de un hijo desagradecido; quizá su pareja se está aprovechando de usted en un divorcio. Posiblemente su compañía está diciendo que tendrá que despedir a algunas personas después de haberles dado los mejores años de su vida. Quizá usted es el que siempre está caminando la segunda milla, y usted es el pacificador en su familia. Las personas saben que usted es bueno, generoso y amable, y siempre se aprovechan de usted y no lo aprecian o valoran.

Pero Dios sí ve su integridad, y nada de lo que usted hace pasa desapercibido por Dios. Él está llevando los libros, y le recompensará cuando sea tiempo. Eso fue lo que hizo para Abraham.

En pocas palabras, Dios le dijo a Abraham: "Debido a tu preferencia por tus hermanos, debido a que trataste con bondad a tu pariente, debido a que caminaste la segunda milla para hacer lo correcto, yo no te daré una porción pequeña de tierra; yo te daré una bendición más abundante. Yo te daré miles y miles de hectáreas; muchos kilómetros cuadrados de tierra, todo lo que alcanzas a ver con tus ojos será tuyo".

No se canse de hacer el bien. Dios es un Dios justo, y Él ve no sólo lo que está haciendo, sino también porqué lo está haciendo. Dios juzga nuestros motivos así como nuestras acciones, y porque usted no ha sido egoísta, porque ha preferido a los demás, porque está siguiendo la bondad, un día Dios le dirá a usted lo que le dijo a Abraham: "Yo te daré todo cuanto puedas ver con tus ojos".

A veces, cuando hemos sido buenos con la gente y hemos caminado la segunda milla, tendemos a pensar que estamos permitiendo que la gente haga lo que quiera con nosotros y que se aprovechan de nosotros tomando lo que debería ser nuestro.

Es cuando usted tiene que decir: "Nadie me está quitando nada porque yo se los estoy dando voluntariamente, les estoy bendiciendo intencionalmente, sabiendo que Dios me compensará".

Recuerde la historia bíblica de Rut.[8] Su suegra, Noemí, era una mujer mayor que acababa de enviudar, y Rut y otra nuera llamada Orfa vivían con Noemí, porque también se les habían muerto sus esposos. Al perder a su esposo, Noemí les dijo que se iba a regresar a su tierra natal y que deberían de irse ellas también de regreso a sus casas. Orfa le hizo caso a Noemí, pero Rut no quería hacer eso.

Ella dijo: "Noemí, yo no te dejaré sola pues necesitas a alguien que te cuide, y yo voy a cuidarte. Yo voy a estar cerca de ti".

Cuando Noemí y Rut llegaron a la tierra natal de Noemí, no tenían ninguna provisión allí. No tenían dinero ni comida, así que, cada día Rut salía a espigar en los campos detrás de los segadores y cada noche, Rut y Noemí comían lo que ella había recogido ese día. No era mucho, pero así pudieron sobrevivir las dos mujeres.

Dios vio que Rut salía cada día a trabajar duramente en los campos tratando de cuidar a Noemí, y Dios sabía que Rut muy bien pudo haberse preocupado por ella misma, viviendo su propia vida egoísta. Él sabía que no tenía mucho futuro cuidando a una anciana, y a causa de sus actos de bondad y por su buen corazón, Dios le dijo a un hombre llamado Booz, el dueño de todos aquellos campos, que ayudara a Rut.

Booz les dijo a sus trabajadores que le dejaran bastante grano a Rut, y ella fue bendecida abundantemente.

Dios también ve sus actos de bondad y de misericordia. Cuando usted es bueno con las personas, cuando les hace bien, Dios se las arregla para que otros le den cosas buenas a usted. Encontrará una bendición por acá y otra por allá; favor sobrenatural por allí, y promoción inesperada por allá. Para donde quiera que vaya, descubrirá las bendiciones sobrenaturales de Dios extendidas en su camino, dejadas allí por Dios para usted.

CAPÍTULO 27

Mantenga abierto su corazón a la compasión

Cuando mi papá y yo viajábamos a otros países alrededor del mundo, en una ocasión nuestro avión aterrizó en una pequeña isla muy aislada, y como íbamos a estar en ese lugar por una hora, nos bajamos del avión para estirar las piernas un poco. El aeropuerto no era más que un edificio raquítico con un techo de paja y unos cuantos banquitos alrededor de un pequeño comedor. Yo me acerqué para comer algo, y al regresar con mi papá percibí que estaba hablando con un hombre como de mi edad, pero estaba muy descuidada su apariencia.

Me había fijado en el hombre al bajarme del avión, de hecho, era difícil no notarlo porque se encontraba tirado en el piso afuera del edificio, y era obvio que tenía bastante tiempo en ese lugar.

Él y mi papá platicaron durante toda la hora mientras le daban servicio al avión, y cuando era hora de partir, pude ver que mi papá sacó su billetera y le dio algo de dinero al joven. Arriba del avión, le pregunté a mi papá de qué se había tratado todo aquello, y qué hacía ese hombre allí y cuál era su historia.

Mi papá me dijo: "Joel, ese hombre iba rumbo a su casa en los Estados Unidos, pero se le terminó el dinero. Tiene varias semanas aquí, solo, y sin salida; por eso le di suficiente dinero para llegar a su casa".

Se le llenaron los ojos de lágrimas al decir: "Cuando me bajé del avión y lo vi tirado en el suelo, le tuve tanta compasión que tenía ganas de recogerlo y darle un abrazo. Quería amarlo y confortarlo, y decirle que sí va a lograrlo". Él siguió diciendo: "Lo único que podía pensar, Joel, era: *¿Qué tal si ese fuera uno de mis hijos? ¿Qué tal si fueras tú? ¿Qué tal si fuera Paul, o una de mis hijas? ¡Cómo quisiera que alguien le prestara ayuda a uno de mis hijos!*".

Mi papá estaba sembrando semillas de compasión y amor, y estaba haciendo una diferencia en el mundo. Uno nunca podrá saber qué clase de impacto tuvo en la vida de aquel hombre. Quién sabe si jamás había experimentado el amor y la bondad de Dios antes, pero nunca olvidará ese momento; nunca olvidará la vez cuando un extraño, que sólo iba de pasada en un avión, voluntariamente lo ayudó en medio de una situación sin esperanza. Quizá en su momento más difícil, él pueda recordar que alguien se preocupó por él, alguien tuvo cuidado de él, así que de seguro debe haber un Dios que lo ama.

Las semillas de la bondad y compasión de Dios fueron sembradas en el corazón de ese joven, y él nunca será igual, pero note que todo comenzó en un corazón lleno de compasión cuando mi papá se tomó el tiempo de escuchar la historia del joven.

La habilidad de sentir empatía

Una definición de la palabra *compasión* es "Sentir lo que otras personas sienten, tener cuidado de algo o alguien, mostrar lo mismo". En otras palabras, al ver a una persona con necesidad, usted siente su dolor o pena, y se toma el tiempo para confortarles. Cuando ve a una persona desanimada, usted siente ese desánimo, y se apropia de él y hace su mejor esfuerzo para alegrarlos. Si ve a una persona con problemas financieros, no les da solamente una palmadita en la espalda citándoles una escritura. No, usted se toma tiempo con ellos, y hace lo que puede para ayudar porque tiene un cuidado genuino. Les muestra que realmente le importa su problema.

En todos lados, las personas están dolidas hoy día. Las personas están desanimadas; muchas tienen sus sueños rotos; han cometido errores y ahora su vida es un desastre. Ellas necesitan sentir la compasión y el amor incondicional de Dios, y no necesitan que alguien les juzgue o critique, o les diga que lo que están haciendo está mal. (En la mayoría de los casos, ¡ya saben eso!) Necesitan que alguien les traiga esperanza, que alguien les traiga sanidad, que alguien les muestre la misericordia de Dios. En realidad, lo que buscan es un amigo, una persona que les anime, que se tome el tiempo para escuchar su historia y sienta un interés genuino.

Este mundo está desesperado por experimentar el amor y la compasión de nuestro Dios.

Este mundo está desesperado por experimentar el amor y la compasión de nuestro Dios. Creo que, más que cualquier otro atributo, nuestro mundo está clamando ver personas con compasión, personas que amen incondicionalmente, personas que se tomarán el tiempo para ayudar a sus compañeros en este planeta.

Todos estamos tan ocupados que tenemos nuestras propias prioridades, planes y agendas importantes, y muy a menudo nuestra actitud es: *Yo no quiero ser incomodado. No me moleste con sus problemas, yo tengo suficientes problemas propios.* Sin embargo, la Escritura dice: "Pero el que tiene bienes de este mundo y ve a su hermano tener necesidad, y cierra contra él su corazón, ¿cómo mora el amor de Dios en él?"[1] Creo que es interesante que la Palabra de Dios da a entender que todos tenemos un corazón, pero la decisión si será lleno de compasión o no, es nuestra.

Además, la Biblia dice que debemos andar en amor, guiados por el amor, y siguiendo sus mandamientos de amor.[2] Cuando Dios pone amor y compasión en su corazón hacia una persona, Él le está ofreciendo la oportunidad de hacer algo trascendente en la vida de ella. Tiene que aprender a seguir el amor en lugar de ignorarlo; actúe lo que siente porque alguien necesita lo que usted tiene.

Cuando Dios nos creó a nosotros, los humanos, Él colocó su amor sobrenatural en el corazón de cada uno de nosotros, este amor tiene el potencial de crear un espíritu bondadoso, desinteresado, gentil y amoroso en usted. Debido a esto, usted tiene la habilidad de sentir empatía, de sentir lo que otras personas sienten porque fue creado a la imagen de Dios, y usted tiene la capacidad moral de experimentar la compasión de Dios en su corazón ahora mismo. Pero, en demasiadas ocasiones, a causa de nuestro propio egoísmo, decidimos cerrar nuestro corazón a la compasión.

¿Cómo puede saber si su corazón está abierto o cerrado a la compasión? Es sencillo. ¿Se preocupa por otras personas, o sólo se preocupa por usted mismo? ¿Se toma el tiempo para hacer algo por alguien, para animar, alegrar, para hacer que las personas se sientan mejor consigo mismas? ¿Está siguiendo el fluir de amor que Dios pone en su corazón hacia alguien con una necesidad? ¿O se encuentra demasiado ocupado con sus propios planes?

Si usted quiere vivir su mejor vida ahora, tiene que asegurarse de que mantiene abierto su corazón a la compasión porque debemos estar al pendiente de las personas a las que podemos ayudar. Tenemos que estar dispuestos a ser interrumpidos o sentir inconveniencia de vez en cuando si eso significa que podemos ayudar a suplir la necesidad de otra persona.

Necesitamos estar al pendiente de personas a las que podemos bendecir.

Si estudia la vida de Jesús, descubrirá que Él siempre tomaba tiempo para la gente, y nunca se encontraba demasiado ocupado con su propia agenda, con sus propios planes. Jesús con facilidad pudo haber dicho que estaba demasiado ocupado, que tenía un horario, que iba rumbo a la siguiente ciudad y que ya había tenido demasiadas demoras. Pero Jesús tenía compasión por la gente, y Él se interesaba por lo que estaban pasando y con gusto se tomaba el tiempo para ayudar. Dio su vida libremente, y yo creo que pide lo mismo de quienes se dicen ser seguidores de Él el día de hoy.

Muchas personas no están experimentando la plenitud de la vida y no tienen gozo porque han cerrado su corazón a la compasión. Su motivación es conseguir lo que creen querer y necesitar, y es raro que hagan algo por alguna otra persona a menos que vean que puede ser beneficioso para ellos. Son personas egoístas que ven sólo por sí mismas.

Pero si usted quiere experimentar la vida abundante de Dios, usted tiene que dejar de enfocarse en sí mismo y empezar a ver cómo puede ayudar a otras personas. Tiene que demostrar y expresar el amor y la bondad de Dios en dondequiera que esté, tiene que ser una persona de compasión.

"Pero, Joel, yo tengo tantos problemas", puedo oír a algunos decir. "Si paso todo mi tiempo ayudando a otros, ¿cómo podré resolver mis problemas y suplir mis necesidades? ¿Cuándo lograré arreglar mi propia vida?"

Puede confiar en esto: Si usted se preocupa por suplir las necesidades de otras personas, Dios siempre se encargará de que sus necesidades sean suplidas, y de resolver sus problemas por usted.

Tome el tiempo para escuchar.

Es interesante que Jesús era muy paciente con las personas y se tomaba el tiempo para escuchar sus historias. No tenía mucha prisa; no trataba de ver qué tan rápidamente se podía deshacer de alguien para atender a otra persona de más importancia, o cómo podía hacer lo que Él quería. No, Él se tomaba el tiempo para escuchar las luchas de cada persona, y hacía lo necesario para suplir sus necesidades.

Si sólo nos tomáramos el tiempo para oír a las personas, a veces podríamos ayudarles a iniciar un proceso de sanidad en sus vidas. Hay tantas personas dolidas que no tienen con quién platicar porque ya no confían plenamente en nadie. Si usted pudiera abrir su corazón a la compasión y ser amigo de esa persona—sin juzgar ni condenar—y sólo prestar oído, es posible que le ayudaría a levantar un peso muy grande. No hace falta tener todas las respuestas, sólo hace falta ponerles atención y cuidado.

Aprender a escuchar puede ayudar más a cambiar la vida de una persona necesitada que mucho consejo o instrucción.

Hace poco llegó conmigo un hombre que comenzó a platicarme su problema—con gran detalle. No dejaba de hablar, y varias veces intenté interrumpir su monólogo para darle mi consejo, pero no me daba entrada. Pensé: *Tengo un excelente consejo y un versículo bíblico que le ayudarán. Sé precisamente lo que debe hacer*. Por más que quería, no lograba decir ninguna palabra. Mi oportunidad nunca se presentaba hasta que al fin el hombre terminó de contarme su problema, y justo cuando le iba a compartir de mi gran sabiduría, dio un suspiro muy grande y dijo: "Me siento mucho mejor, Dios me acaba de decir lo que debo hacer". Luego se dio la media vuelta, ¡y se marchó! Casi lo persigo de tan desilusionado que estaba.

Pero me di cuneta que a él no le hacía falta mi profunda sabiduría; él no requería saber cuál era mi solución a su problema ni necesitaba mi consejo; él sólo necesitaba mis oídos para escucharle.

Debemos aprender a escuchar mejor porque Dios puede hablarle a alguien mientras se encuentran platicándole a usted su problema. No sea tan pronto al dar su opinión, y sea sensible a lo que realmente necesita la persona a la que quiere ayudar. En demasiadas ocasiones, lo que verdaderamente deseamos es hacerles callar, darles una palabrita de ánimo, un versículo que más o menos sea apropiado y una oración de quince segundos para poder continuar nuestro camino, pero Dios quiere que tomemos tiempo para las personas, para escuchar lo que tienen en su corazón, para demostrarles que nos importan y que en realidad queremos ayudarles.

Extiéndase

Antes, cuando tenía compasión por alguien, yo no sabía qué era y pensaba que sólo les estaba teniendo lástima hasta que un día me di cuenta de que Dios me estaba hablando, pidiendo que derramara su amor y mostrara su misericordia a las personas necesitadas. Dios siempre nos estará llevando con personas necesitadas, y si es sensible a ello, usted podrá discernir el amor sobrenatural de Dios crecien do en su interior, dirigiéndole hacia una persona o situación donde Dios quiere usarlo a usted para traer ayuda, pero hay que saber reconocer lo que está sucediendo y después seguir aquel amor. En muchas ocasiones, hacemos de la guía de Dios algo muy complicado queriendo que Él nos hable, nos guíe, nos diga para dónde ir y a quién deberíamos mostrar bondad, amor, misericordia o alguna ayuda física. Pensamos que deberíamos sentir escalofríos o escuchar un trueno en el cielo, pero, amigo, cuando siente amor, está sintiendo a Dios, Él le está hablando. Cuando siente compasión hacia una persona, esa es la manera que Dios está usando para decirle que debería bendecirla. Vaya a animarla, y vea de qué manera puede hacer que su vida sea mejor.

Se puede encontrar en un restaurante con muchas personas, y de repente, siente una gran compasión y preocupación por alguien que está sentado al otro lado del lugar. Siente una carga por ella, y tiene el deseo de ayudarla, quizá ni conoce a la persona, pero quiere que su vida sea mejor. Muy bien podría ser que Dios le esté hablando, animándole a ser una bendición para ella. ¿Por qué no pagarles su comida? Páseles un recadito diciéndoles que estará orando por ellas; deténgase en su mesa para darles una palabra de ánimo. Haga algo para expresar el amor que Dios está impulsando en su interior.

Es cierto que debe ejercer discernimiento y asegurarse de que es Dios el que le está moviendo y no alguna otra motivación, pero en la mayoría de las ocasiones, cuando usted demuestra cuidado y compasión, su demostración no será rechazada.

"Ay, Joel, esas personas del restaurante están bien, se encuentran riendo y pasándola muy bien y parece que no tienen ninguna preocupación o problema en el mundo entero. Ellas no necesitan mi dinero, tal vez van a tacharme de loco si les pago la comida y les digo que estaré orando por ellos".

Es posible, pero lo más seguro es que no. Dios no le daría tanta compasión por ellas si no les hiciera falta lo que usted les puede dar pues por muy sonrientes que se vean, no sabe uno lo que puedan estar pasando por dentro porque sólo Dios ve el corazón de una persona, y Él sabe cuándo ellas están sufriendo. También sabe cuando se sienten solas y cuando han tomado una decisión errónea, y si usted se atreve a tomar un paso de fe y se extiende hacia ellos en amor, usted podría ser la persona que ayuda a cambiar el rumbo de una vida o la mantiene en el camino indicado. Nunca sabe lo que una palabra de ánimo hará, ni sabe el impacto que podrá tener un solo acto de bondad.

Unos años atrás, desperté una mañana y tenía un sentir muy fuerte de cuidado y compasión por un amigo mío de muchos años. Tenía años de no verlo, y no había hablado con él desde hacía unos quince años, pero había sido uno de mis mejores amigos de niño. Jugábamos muchos deportes y pasábamos mucho tiempo junto. Seguí pensando en él durante todo el día, y yo esperaba que todo anduviera bien con él.

Por fin, se me ocurrió que quizá Dios me estaba hablando, y que debería tomar acción. Decidí hablarle a mi amigo para saludarlo y ver cómo se encontraba, y aunque no tenía idea de cómo ponerme en contacto con él, finalmente logré encontrarlo y le hablé.

Mi amigo contestó el teléfono, y dije: "¡Hola! Habla Joel Osteen, he estado pensando en ti durante todo el día. ¿Cómo has estado?"

Sólo se escuchaba silencio del otro lado de la línea, ni una sola palabra, y pensé que esto era muy raro. No sabía qué pasaba pero no colgué el teléfono, y después de unos quince o veinte segundos, percibí que mi amigo estaba llorando. Este hombre había sido uno de los atletas más duros y fuertes cuando estábamos creciendo, y nunca le había visto llorar, pero ahora sí estaba llorando. Cuando finalmente pudo hablar, me dijo: "Joel, hace poco mi esposa me dejó, y he estado muy deprimido y desanimado". Siguió diciendo: "No soy una persona religiosa, pero oré: 'Dios, si estás allí, si en realidad me amas, si te importo aunque sea un poco, sólo dame alguna señal'. Y luego sonó el teléfono y eras tú".

Dios sabe lo que está haciendo, Él sabe quién está sufriendo, Él sabe a quien se le están acabando las fuerzas. Si usted sigue ese fluir de amor y compasión a dónde lo lleve, podrá ser la respuesta a la oración de una persona desesperada y sola. Quizá no puede captar el impacto de una llamada corta, o lo que significa para una persona sola y dolida oír las palabras: "Estoy pensando en ti; he estado preocupado por ti. Te amo y creo en ti. Quiero estar orando por ti. Te voy a apoyar". Posiblemente se le ha olvidado cuánto poder para cambiar una vida pueden llevar esas sencillas palabras de esperanza. Deje que el amor sea su guía por la vida, y nunca ignore ese sentir de compasión en su interior. Aprenda a seguir el fluir del amor divino de Dios, y Él guiará sus pasos y le mostrará cómo y cuándo expresarlo.

Quizá tendrá que arriesgarse a verse un poco absurdo o "súper espiritual", pero es mejor errar al seguir la compasión que perderse de la oportunidad de ayudar a una persona para la cual podría ser su última esperanza. Hace unos quince años atrás, durante una reunión en Lakewood Church, mi mamá estaba compartiendo una Escritura y dando la bienvenida como de costumbre cuando de repente bajó su cabeza y, sin ninguna razón aparente, comenzó a llorar. Me encontraba en la congregación junto a mi familia y me pregunté qué estaría pasando, ya que mi mamá se quedó en silencio unos treinta a cuarenta y cinco segundos más hasta que finalmente alzó la mirada y dijo: "No lo hagas, no lo hagas. Hay alguien aquí que está a punto de hacer algo que no debería hacer; por favor, ¡no lo hagas!"

Fue un momento conmovedor para la congregación, y pasamos todos unos minutos orando. Luego, nos fijamos en una hermosa joven que se acercaba desde la parte de atrás del auditorio. Venía llorando, y después de platicar con ella, nos dimos cuenta que había estado muy deprimida porque estaba embarazada y era soltera, y su mente estaba tan atormentada al punto que sentía que su vida no valía la pena. Antes de salir de su casa había dejado escrita una nota explicando su suicidio, pero algo la impulsó a ir una vez más a la iglesia. No iba con la intención de cambiar de opinión, pero las palabras de mi mamá habían llegado de una manera sobrenatural hasta su corazón, tanto que pudo reconocer que Dios la amaba, que Él tenía cuidado de ella, y que tenía un futuro para ella. Ese momento le salvó la vida y cambió completamente su dirección.

¡Cómo nos hace falta aprender a seguir el fluir de la compasión de Dios! Si mi mamá hubiera tachado de absurdo el decir aquellas palabras, esa joven y su bebé no estarían con vida el día de hoy.

Dios puede estar animándole a usted a tener compasión de alguien. Si el nombre de una persona se le viene a cada rato a la mente, y siente compasión hacia ella, haga algo al respecto. No lo deje para más tarde, haga una llamada telefónica, pase a visitar a la persona, o haga contacto de alguna otra manera apropiada.

"Oraré en privado por ellas", podrá decir. "¿No basta con eso?" Posiblemente, si eso es lo que Dios le está diciendo que haga, pero muy seguido, Dios quiere que haga algo más que simplemente orar por ellas. Él quiere que haga contacto con esa persona a la que Él quiere expresarle amor y compasión. Quizá Él quiera que usted la vea cara a cara, que la mire a los ojos y le diga que Dios le ama y que usted le ama. Tal vez le mande poner sus brazos alrededor de esa persona "intocable" y hacerla sentir su preocupación y cuidado. Si la persona se encuentra demasiado lejos, Dios le podrá dirigir a levantar el teléfono y dejarles oír su voz expresando el amor de Dios hacia aquella persona. Aun si Dios lo lleva a hacer un viaje a algún lugar distante, hágalo con tal de expresar su amor y compasión, pues Él le dará instrucción específica e inconfundible.

Podrá estar sintiendo un amor especial hacia sus padres y estar diciendo que en cuanto tenga un tiempo, cuando tengan los niños unos días feriados en la escuela, cuando ya no tenga tanto trabajo, entonces irá a verlos. No lo deje para más tarde porque tenemos que entender que cuando la compasión de Dios surge en nuestro interior y sentimos un amor especial hacia alguien, es por una razón específica. Dios no causó esa compasión dentro de usted para esa persona simplemente porque Dios estaba sin nada que hacer. No, Dios hizo nacer ese cuidado en su corazón y mente con un propósito, y ahora usted necesita responder a él. Tiene que reconocer que aunque nuestro entendimiento de alguna situación puede estar limitado, Dios puede ver el futuro, y Él puede ver el panorama completo de nuestra vida. Debemos aprender a seguir rápidamente el fluir de la compasión.

Un momento irremplazable

Hace algunos años atrás, recibí muy de mañana una llamada telefónica de parte de mi papá. Para esto, Papá tenía dos meses con tratamiento de diálisis, y me dijo: "Joel, no dormí mucho anoche, y necesito ir a la clínica para que me hagan la diálisis. ¿Puedes venir para llevarme?"

Le contesté: "Claro, Papá. Ahora mismo voy". Al ver el reloj, cual fue mi sorpresa al descubrir que eran las cuatro de la mañana. Me vestí rápidamente y conduje hacia la casa de mis papás. Al ir conduciendo, sentí un gran amor y preocupación por mi papá. No era un afecto normal; era un amor sobrenatural. Comencé a pensar qué bueno había sido él conmigo, qué orgulloso estaba de tenerlo como mi padre, y qué bien había tratado siempre a nuestra familia. Tenía un deseo enorme de expresarle mi amor porque aunque él sabía que le amaba, esto era algo diferente.

Así que, temprano esa mañana, rumbo a la clínica, me aseguré que mi papá supiera cuánto le amaba. Le dije: "Papá, haré todo lo que pueda para hacer que tu vida sea mejor, para que estés más a gusto, para que estés aún más orgulloso de mí".

Normalmente, cuando llevaba a diálisis a mi papá, después de que le conectaban todo y comenzaba el proceso, no había mucho que hacer, así que yo me iba y regresaba a recogerlo después. El proceso duraba unas cuatro o cinco horas durante las cuales yo solía ir a hacer mandados, al trabajo o a mi casa, hasta que papá hubiera terminado, pero en este día, algo en mi interior me dijo que necesitaba quedarme con Papá, así que arrimé una silla y decidí que platicaría y pasaría un tiempo con él.

No había hecho planes de llevar a diálisis a mi papá en aquel día, por lo que tenía muchas cosas programadas, pero yo sabía que Dios quería que estuviera allí con él. Después de un rato mi papá se quedó dormido, cosa que aproveché para salir a comprarnos algo de almorzar y almorzamos juntos, platicando y conviviendo. Cuando terminó su diálisis, lo llevé a casa.

Estaba por salir por la puerta cuando mi papá me habló y me dio un abrazo muy grande. No era su abrazo de todos los días, pues no me soltaba, y me dijo: "Joel, eres el mejor hijo que podría esperar tener un padre". Fue un momento muy especial entre nosotros, y sentí que tuvimos una conexión muy especial, había logrado mi meta de dejarle saber cuánto lo amaba.

Salí esa mañana sintiéndome muy bien, sabiendo que Papá sabía que le amaba, sabiendo que estaba orgulloso de mí, y sabiendo que yo había seguido el fluir de compasión hacia él.

Y fue la última vez que vi con vida a mi papá.

Fue la última vez que pude darle un abrazo, la última vez que pude decirle que le amaba. Más tarde ese mismo día, mi papá sufrió un infarto e inesperadamente se fue con el Señor.

A pesar de mis lágrimas y pesar, más tarde pensé: *Dios, eres muy bueno conmigo. Todo el tiempo yo pensé que estaba siguiendo el fluir del amor para el beneficio de mi papá, pero ahora me doy cuenta de que tú pusiste ese amor en mi corazón también para mi beneficio.* Me siento muy recompensado el día de hoy porque sé que el último día de vida de mi papá, le pude expresar mi amor. Me sentí muy realizado sabiendo que no tenía de qué arrepentirme, no cambiaría nada de lo que dije, ni cambiaría nada de lo que hice. Tengo completa paz.

¿Qué hubiera sucedido si en ese día hubiera estado demasiado ocupado? ¿Qué si no hubiera seguido el fluir de compasión que Dios puso en mi corazón? ¿Qué si no hubiera sido sensible a ese amor y no hubiera expresado mis sentimientos hacia mi papá? Me hubiera perdido de algo muy precioso, un momento irreemplazable de historia—la de Papá y la mía.

En la mayoría de los casos, cuando nos extendemos a otras personas, cuando seguimos el fluir del amor, pensamos que lo estamos haciendo para el beneficio de ellas, pero le puedo decir por experiencia propia que a veces Dios pone compasión en nuestro corazón tanto para nuestro beneficio como para el de otras personas.

Mantenga abierto su corazón a la compasión.

Mantenga abierto su corazón a la compasión, y aprenda a ser pronto para seguir el fluir de amor que Dios ponga en él. Sea sensible y obediente a lo que Dios quiere que haga porque nunca se arrepentirá, ¡ni ahora, ni en mil años más!

CAPÍTULO 28

La semilla debe ir por delante

Uno de los obstáculos más grandes para vivir su mejor vida ahora es el egoísmo. Mientras tenga su mirada en lo que usted quiere y necesita, nunca experimentará lo mejor de Dios, pero si en realidad desea crecer, tiene que aprender a ser un dador.

La Escritura dice así: "...todo lo que el hombre sembrare; eso también segará".[1] Encontramos el principio de sembrar y segar a lo largo de toda la Biblia. Así como el agricultor tiene que sembrar algo antes de ver la cosecha, nosotros también debemos sembrar alguna buena semilla en nuestra familia, carrera profesional, negocio y relaciones personales.

¿Qué pasaría si el agricultor decidiera que en realidad no sentía ganas de sembrar, que estaba cansado, y se "sentía dirigido" a sentarse con la esperanza que quizá llegaría la cosecha? ¡Se quedaría esperando durante toda su vida! No, él tiene que poner semilla en la tierra, y ese es el principio establecido por Dios. Nosotros también cosechamos cosas buenas, si es que hemos sembrado cosas buenas. Si usted quiere cosechar alegría, tiene que sembrar semillas de alegría al alegrar a otras personas. Si desea segar bendición financiera, tiene que sembrar semillas monetarias en las vidas de otros. Si desea segar amistades, tiene que sembrar una semilla siendo un buen amigo. La semilla siempre tiene que ir por delante, tiene que guiar.

La razón por la cual mucha gente no está creciendo es porque no está sembrando, está viviendo una vida egocéntrica, y a menos que cambie su énfasis y comience a ver por otros, probablemente se quedará en esa condición.

Algunas personas dice: "Joel, yo tengo muchos problemas. No mi interesa eso de sembrar semillas porque sólo quiero saber cómo salir de mi lío". De esta manera *sí* saldrá de su lío: Si usted quiere que Dios le resuelva sus problemas, ayude a resolverle el problema a otra persona. ¡Ponga semilla en la tierra!

Hambre en la tierra

En tiempos bíblicos, una gran hambruna azotó la tierra de Canaán. Las personas no tenían comida ni agua, y se veían en una necesidad desesperante, así que Isaac hizo algo que para las personas sin visión parecería muy extraño: "Y sembró Isaac en aquella tierra, y cosechó aquel año ciento por uno; y le bendijo Jehová".[2] En su hora de necesidad, Isaac no se esperó a que otra persona llegara a su rescate. No, él actuó en fe, y se levantó en medio de esa hambre y sembró semilla. Dios hizo que se multiplicara de una manera sobrenatural aquella semilla, y suplió su necesidad.

Es probable que usted se encuentre hoy con algún tipo de hambre o carencia. Puede ser una carencia financiera, o quizá simplemente tiene hambre de amigos. Es posible que necesite una sanidad física, o necesite paz en su hogar. Cualquiera que sea la necesidad, una de las mejores cosas que puede hacer es pensar en algo aparte de usted mismo y ver la necesidad de otra persona. No se quede desanimado y triste, sintiendo autocompasión; vaya y encuentre a alguien que necesite ser animado pues de esa manera recibirá una cosecha. La semilla siempre tiene que ir por delante.

Cuando usted suple la necesidad de otras personas, Dios ha prometido que Él se encargara de que sean suplidas sus necesidades. Si usted desea ver que lleguen la sanidad y la restauración a su vida, vaya y ayude a otra persona a ser sana. La Biblia nos enseña que cuando vemos iniquidad o personas haciendo lo que no deben, entonces debemos confiar en Dios y hacer lo bueno.[3] No basta con decir que confiamos en Dios y en que Él suplirá todas nuestras necesidades. Sería como aquel agricultor que no siembra ninguna semilla y espera una gran cosecha. La Escritura dice que hay dos cosas que debemos hacer en tiempo de dificultad: Primero, tenemos que confiar en el Señor; y segundo, debemos salir y hacer lo bueno. Salga a sembrar algunas semillas. Si necesita un milagro financiero, invite a alguien a tomar un café mañana o ponga más dinero en la ofrenda de la iglesia. Si no tiene dinero, haga alguna labor física para alguien: Córtele el césped a alguien, lávele el automóvil, lávele las ventanas, hágale un rico pastel. Haga *algo* para hacer caer semilla en la tierra.

Si se siente solo o necesita amigos, no se quede sentado mes tras mes, todo solo y triste. Vaya al asilo para ancianos y encuéntrese a otra persona que se sienta sola y sea su amigo. Entre al hospital y anime a alguien. Si comienza a sembrar las semillas de amistad, Dios le traerá alguien a su vida. Al hacer felices a otros, Dios se encargará de que su vida sea llena de gozo.

Nuestro enfoque debería ser más hacia la semilla y menos en la necesidad. En su tiempo de necesidad no se quede pensando en lo que no tiene, mejor piense en qué clase de semilla puede sembrar para salir de esa necesidad.

Siembre alguna semilla

Cuando era niño, Lakewood Church comenzó su primer programa de construcción, y no contábamos con mucho dinero en ese entonces, pero había una pequeña iglesia latina ubicada a unas cuadras de nosotros que también estaba edificando. Un domingo por la mañana, mi papá se levantó y anunció que estaríamos recogiendo una ofrenda especial, no para nuestro nuevo edificio, sino para el edificio de la iglesia latina. Varios miles de dólares se recaudaron en esa mañana, y les mandamos el cheque. Mi papá entendía este principio de la necesidad de sembrar algo, y él sabía que una de las cosas más beneficiosas en tiempo de hambre es sembrar semilla. En poco tiempo, habíamos recaudado todo el dinero necesario para comenzar la construcción de nuestro edificio. Al construir ése, y otros cuantos edificios más, hemos vivido el principio de: En tiempo de necesidad, siembre una semilla.

En tiempo de necesidad, siembre una semilla.

Se me hace muy intrigante un pasaje de la Biblia que dice así: "Hay quienes reparten, y les es añadido más; y quienes retienen más de lo que es justo, pero vienen a pobreza. El alma generosa será prosperada; Y el que saciare, él también será saciado".[4] Papá sabía que si él daba generosamente a los demás, Dios se encargaría de suplir sus propias necesidades. Es igual para usted, si procura dar generosamente a los demás, Dios se encargará de que su vida sea refrescada, aun y cuando esté pasando por un desierto árido.

Unos años atrás, Dan perdió su hermosa esposa de muchos años. Él se encontraba devastado, pero decidió que en lugar de quedarse en su dolor y pérdida, él quería ayudar a otra persona. Era jubilado de la compañía de teléfonos, así que no sabía muy bien cómo podría beneficiar a otros con sus conocimientos, pero de cualquier manera se dijo: "Lo único que realmente sé hacer es confortar a otras personas que también han perdido seres queridos". Su actitud les decía que él sabía lo que estaban viviendo porque él había estado en el mismo lugar.

Dan comenzó a asistir a funerales donde mi papá estaría conduciendo la reunión. En muchas ocasiones, no tendría ninguna relación personal con la familia; a veces ni siquiera conocía al difunto, pero asistía a los funerales sólo para animar a las personas, para mostrarles amor y compasión. Al paso del tiempo, mi papá notó que Dan tenía un don para confortar y alentar a los familiares de los difuntos, así que, un día, Papá invitó a Dan a ser parte del personal de la iglesia. Hoy, Daniel Kelley es el encargado del "Ministerio de Aliento" en Lakewood.

Daniel no se escondió en sus problemas, ni desarrolló una actitud egoísta que dijera: *¿Quién me ayudará a que mi vida sea mejor?* Él tomó acción y al suplir las necesidades de otros, Dios comenzó a cambiar su situación. No tan sólo vio que Él le ayudó a atravesar ese momento difícil, pero hace poco, Dios también le trajo otra hermosa mujer, y ahora él y Shirley se encuentran felizmente casados y sembrando, juntos, semillas de la bondad de Dios.

Él hará algo parecido por usted si se atreve a sembrar una semilla en su momento de necesidad porque Dios hará más de lo que usted puede pedir o pensar. Este principio es muy importante en mi vida porque cuando me siento desanimado, pongo mi atención sobre otra persona para ayudarla en lugar de fijarme solamente en mí. Cuando comienzo a sentirme un poco desanimado, me gusta ir al hospital para visitar a alguien, y si no tengo tiempo para hacer eso, tengo unas tarjetas con peticiones de oración a un lado de mi escritorio.

Hace poco, tuve uno de esos días en los que todo lo que podría salir mal, salió mal. Sufrí unos desánimos grandes, y llegué a casa cansado y desanimado. Me senté en mi sillón preferido y prendí la televisión, meditando en todos mis problemas, y entre más pensé, peor me sentí. Por fin, decidí sembrar semilla en mi tiempo de necesidad y con ese fin entré a mi oficina y encontré una de esas peticiones de oración. Le hablé a un joven que tenía varios meses hospitalizado, no recordaba habernos conocido antes, pero conforme lo animaba, sentía que mi gozo regresaba, que mi espíritu se animaba y para cuando corté la conexión, me sentí otra persona. Sentí que tenía la fuerza como para saltar un muro.

Amigo, en sus tiempos de dificultad, no se siente ahí con autocompasión sino vaya a sembrar una semilla. Además, no es necesario tener un problema antes para comenzar a sembrar ya que constantemente deberíamos buscar la manera de ser una bendición, no sólo cuando nos encontremos en aprietos. La Biblia dice que si hace eso, las bendiciones de Dios lo perseguirán y alcanzarán.

Es cierto que la tentación de ser egoísta es fuerte, y muchas personas muy buenas se ven atrapadas en una vida que dice: *¿Qué provecho hay para mí? ¿Cómo me puedes ayudar a mí? ¿Cómo puedes facilitarme la vida? ¿Cómo puedes resolverme mis problemas?*

Nuestra actitud debería ser completamente lo opuesto: *¿A quién podré bendecir el día de hoy? ¿Dónde hay alguna necesidad que yo puedo suplir? ¿A quién podré animar? ¿A quién podré alegrar?*

Yo he tomado la decisión de ser una persona dadivosa en esta vida. Haré algo bueno, y estoy buscando las oportunidades para sembrar algunas semillas. ¿Por qué? ¡Porque he aprendido que sembrar semillas funciona! Y quiero asegurar mi cosecha y la plenitud de ella.

Haga algo fuera de lo normal

En una ocasión, una persona me escribió estas palabras: "Joel, me encantó la corbata que portabas en la televisión la semana pasada", así que la empaqueté y se la envié. Pensé que era una oportunidad demasiado buena como para pasarla por alto. (Ahora, no me vaya a escribir diciéndome que le gusta mi traje, o mi automóvil. ¡Eso sería engañoso ya que conoce mi secreto!)

Puede decir: "Joel, nunca podría hacer algo así, darle algo a alguien sólo porque me dieron un cumplido".

Está bien, pero haga lo que sí puede hacer, puede ofrecerle a alguien que lo llevará en su auto; puede hablarle a alguien para animarle; puede comprarle el mandado a una persona de edad avanzada; puede hacer algo. ¡Comience hoy mismo!

Aprenda a extender su fe haciendo algo fuera de lo normal. Si usted desea recibir una cosecha extraordinaria, siembre una semilla extraordinaria. En lugar de quedarse viendo la televisión en su casa todas las noches, ¿por qué no pasar un poco de ese tiempo haciendo algo bueno por alguien? En lugar de irse a cenar a un restaurante muy caro, ¿por qué no ahorrar ese dinero y sembrarlo? Si normalmente da un diez por ciento de sus ingresos, extienda su fe un poco y dé once por ciento. Siembre un poco más de semilla y verá lo que Dios hará. La Escritura dice: "...porque con la misma medida con que medís, os volverá a medir".[5] En otras palabras, si usted da con una cucharita, se le devolverá con una cucharita; si da con una pala, se le devolverá con una pala, y si usa un camión de carga, ¡entonces recibirá camiones de bendiciones en su vida!

La Biblia dice claramente que "El que siembra escasamente, también segará escasamente...".[6] Si usted no está conforme con el lugar en el que se encuentra en la vida, incremente la cantidad de semilla que está sembrando porque el tamaño de su cosecha depende de la cantidad de semilla que haya sembrado. Es cierto que algunas personas viven con entradas limitadas, y muy apenas logran cumplir con todas sus responsabilidades cada mes. En mi corazón tengo ganas de decirles: "Retén lo que tienes porque necesitas ese dinero", pero yo sé que los principios de Dios son verdad, y yo sé que es crucial que las personas con más necesidad sigan sembrando.

Victoria y yo habíamos desayunado en el restaurante de un hotel una mañana y nos atendía un joven. Cuando nos trajo la cuenta, al verla, me fijé que sólo contenía una nota que decía "Gracias". Él había pagado nuestro desayuno.

Al principio, yo pensé: *¡Ay, no! Qué amable, pero es un jovencito que quizá está ganando sueldo mínimo y necesita este dinero mucho más que nosotros.*

Además, ¡nuestro desayuno venía incluido en el precio de nuestra habitación en el hotel! Sólo teníamos que firmar la cuenta y sería gratis.

¡Qué dilema! Victoria y yo discutimos quedamente lo que deberíamos hacer. Ella dijo: "Joel, ¿no crees que deberíamos decirle para que le regresen su dinero?"

"Pues, sí podríamos, pero no creo que deberíamos", le dije. "Aunque queremos hacer eso, no le podemos robar su bendición porque él ha sembrado una semilla al hacer algo bueno para nosotros. No queremos sacar su semilla de la tierra y devolvérsela porque no le estaríamos ayudando al hacerlo."

Aunque sabíamos que él tenía necesidad de ese dinero, también sabíamos que al sembrar esa semilla en la tierra, Dios se lo iba a multiplicar. Sabíamos que Dios le daría una cosecha mayor, así que aceptamos su generosidad y pedimos que Dios lo bendijera abundantemente.

Pero que quede claro que sembrar semilla no reemplaza el diezmo. De hecho, normalmente es cuando da más allá del primer diez por ciento que este principio realmente comienza a funcionar. La Biblia nos enseña que el diezmo es del Señor, y es dedicado, consagrado a Él.[7] Esto significa que la primera décima parte de sus ingresos no le pertenece a usted sino a Dios y se debería de entregar a su iglesia local. Cuando se queda con ella, le está robando a Dios, así que, si usted no está sembrando ninguna semilla, ¡sería bueno empezar por el diezmo!

Puede pensar: *Joel, no puedo pagar mi diezmo*. Pero en verdad no le conviene no pagarlo porque, en primer lugar, es necio robarle a Dios; y en segundo lugar, necesita meter semilla a la tierra. Si se atreve a tomar un paso de fe y comienza a honrar a Dios en sus finanzas, Él comenzará a aumentar sus ingresos de maneras sobrenaturales. Dios se encargará de que el noventa por ciento que le queda le alcance más que el cien por cien con el que comenzó. La Escritura dice que cuando diezmamos, Dios no sólo abre las ventanas de los cielos, sino que también reprende al devorador por usted.[8] Eso significa que Él mantendrá alejado al enemigo de su dinero, de su cosecha, de sus hijos y de su hogar. Él se encargará de que reciba ascensos, causará que encuentre buenos precios en lo que tiene que comprar. A veces le cuidará de enfermedad, accidentes y daño que puede ser un gasto inesperado. Toda clase de bendición llega a usted cuando honra a Dios en el área de sus finanzas.

No le puede robar a Dios y esperar su bendición.

No le puede robar a Dios y esperar su bendición. Tiene que reconocer que Dios no necesita su dinero, ni su tiempo, ni su talento porque cuando Dios nos pide que demos algo, no es porque Él quiera algo de nosotros, es porque quiere que sembremos semillas en la tierra para luego levantar una cosecha. Dios sigue las leyes que Él ha establecido, y si usted no siembra, entonces no segará. Es así de sencillo. Pero si es fiel y hace lo que Dios pide de usted, Él honrará la ley de sembrar y segar.

No espere hasta tener más de lo que tiene ahora; comience ahora mismo. De esa manera recibirá más de parte de Dios. Usted siembra semilla, y luego Dios le bendecirá con más, luego siembra un poco más de semilla, y así sucesivamente, y le será incrementado, pero si no es fiel con lo poco que tenga en este momento, ¿cómo le podrá confiar Dios con más?

La Escritura no es ambigua al hablar de este tema cuando dice: "Reconócelo en todos tus caminos, y él enderezará tus veredas" (te dará éxito).[9] Si desea prosperar en sus finanzas, reconózcalo, que Él tome el primer lugar; si desea prosperar en su negocio, ponga a Dios en primer lugar. Cuando usted honra a Dios, Él siempre le honrará a usted, y es interesante que el único lugar donde Dios nos dice que le podemos *probar* en algo es en el área de nuestras finanzas. Si usted es fiel y le muestra a Dios que le puede tener confianza con lo que tiene ahora, no hay límite a lo que Dios hará en su vida.

PARTE 7

DECIDA SER FELIZ

El gozo es una decisión

Habiendo visto los primeros seis pasos para vivir su mejor vida ahora, tal vez tenga la tentación de pensar que su mejor vida todavía queda muy lejos. Sin embargo, eso está lejos de la verdad porque, ¡su mejor vida comienza hoy! Dios quiere que usted disfrute su vida ahora. El séptimo paso para disfrutar su mejor vida ahora es, *¡decidir estar contento hoy!* No se tiene que esperar a que todo esté perfectamente bien en su familia o negocio, o que todos sus problemas hayan sido resueltos, ni se tiene que esperar para estar contento hasta bajar de peso, librarse de aquel hábito dañino o cumplir con todas sus metas. No, Dios quiere que esté contento ahora mismo, dondequiera que esté.

La alegría es una decisión. Al despertar por la mañana, usted decide si estará contento y disfrutará del día o si estará triste y se la pasará con una mala actitud. Es su decisión. Si comete el error de permitir que sus circunstancias dicten su felicidad, entonces corre el riesgo de perderse de la vida abundante que Dios tiene para usted.

Puede estar pasando por un momento difícil, o puede tener obstáculos grandes en su camino, lo cual son buenas razones por estar infeliz o triste, pero estando triste no cambiará ni mejorará nada. Una actitud negativa y áspera tampoco mejorará nada. ¡Mejor decida estar contento y disfrute su vida! Al hacer eso, se sentirá mejor, y su fe causará que Dios llegue y haga milagros en su vida. Dios sabe que tenemos dificultades, luchas y retos, pero nunca fue su intención que viviéramos en una "montaña rusa", un día arriba y el otro abajo. Dios quiere que vivamos consistentemente y que disfrutemos de cada día de nuestra vida.

Para hacer eso, tiene que dejar de preocuparse por el futuro, y dejar de preguntarse cómo saldrá todo. Viva un día a la vez; mejor aún, haga que este momento cuente. Aunque es bueno tener un punto de vista panorámico, establecer metas, fijar presupuestos y hacer planes, no es bueno vivir siempre en el futuro porque nunca disfrutará realmente del presente como Dios quiere que lo haga.

Cuando nos fijamos demasiado en el futuro, muchas veces terminamos frustrados porque no sabemos lo que viene por delante, y esta incertidumbre aumenta nuestro nivel de estrés y crea un sentimiento de inseguridad en nosotros. Pero debemos entender que Dios nos da la gracia para vivir el día de hoy, y no nos da la gracia necesaria para mañana. Al llegar a mañana, tendremos la fuerza que necesitaremos, Dios nos dará lo que nos hace falta, pero si nos preocupamos del mañana ahora, lo más seguro es que nos veremos frustrados y desanimados.

Tiene que aprender a vivir un día a la vez. Usando su voluntad, escoja comenzar a disfrutar de su vida ahora mismo porque la vida es demasiada corta como para no disfrutar cada día. Aprenda a disfrutar de su familia, sus amigos, su salud, su trabajo; disfrute toda su vida. La alegría es una decisión que se toma, no es una emoción que se siente. Claro que todos hemos pasado por momentos en la vida cuando algo malo nos ha sucedido, o cuando algo no sale como habíamos esperado, pero allí es cuando tenemos que tomar la decisión de ser felices a pesar de nuestras circunstancias.

> **La alegría es una decisión que se toma,
> no una emoción que se siente.**

Muchas personas viven en un estado constante de confusión. Siempre están molestos, siempre están frustrados, siempre tienen algún reto importante que no les permite ser felices. No pueden dormir en la noche porque están demasiado preocupados; no les gustan las personas con las que trabajan; se molestan por cualquier cosa insignificante. Cuando están en un embotellamiento o cuando algo no se hace como ellos quieren, se les amarga el día y se enojan.

Aprender a vivir una vida de paz es extremadamente importante, y para hacer eso, tenemos que ser flexibles y estar dispuestos a hacer ajustes o cambios. Cuando nos sucede algo que normalmente nos enojaría, tenemos que ser firmes en nuestra decisión de no permitir que eso robe nuestra paz, que gobernaremos sobre nuestras emociones y no nos permitiremos estar frustrados o molestos. Tenemos que tomar la decisión de estar felices.

Son las cosas pequeñas

En muchas ocasiones, no son las cosas importantes o grandes las que nos molestan sino son las pequeñeces las que nos frustran, y si no aprendemos a tratar con las cosas pequeñas, terminarán siendo cosas grandes. Digamos que usted salió de su oficina después de un largo día, se sube al auto y conduce rumbo a su casa, pero al llegar y tratar de estacionarse, ve que sus hijos han dejado sus juguetes en la cochera, por lo que tiene que pararse, bajar del auto y quitar los juguetes. Está cansado, hace calor y comienza a sudar moviendo tanto juguete; es una oportunidad obvia para estar molesto y frustrado, pero debe reconocer lo que está sucediendo. El enemigo está tratando de robar su paz y arruinar el tiempo con su familia por su irritación por algo que es relativamente pequeño en comparación a todo lo demás. Tiene que tomar la decisión que no permitirá que ese asunto se haga más grande; no se dé permiso de molestarse.

Usted dirá: "Joel, no puedo hacer eso porque soy una persona muy emocional, y me molesto fácilmente". No, usted puede hacer lo que quiera hacer. Dios dijo que Él nunca nos daría algo demasiado difícil para nosotros, y si su deseo es suficientemente grande, usted sí se puede quedar calmado y tranquilo sin importar lo que venga contra usted en la vida.

Dios nos da su paz en nuestro corazón, pero nos toca a nosotros usar esa paz. Tenemos que aprender a usar la paz sobrenatural de Dios, especialmente en los momentos de presión. Tiene que escoger mantenerse alegre.

Un día, Victoria se llevó mi carro para que me lo lavaran. Tengo un Lexus de 1995 que antes le pertenecía a mi papá, y aunque el auto ya está envejeciendo, casi ni un rayón tiene, por lo que no aparenta su edad.

Pues ese día, Victoria lo pasó por un lavado automático que acostumbramos usar. Uno que tiene, supuestamente, cepillos muy suaves que casi ni deben tocar la pintura del auto. Lamentablemente, algo estaba fuera de alineación en la máquina, porque no sólo removió el polvo de mi auto, ¡sino que también me dejó con una raspadura desde la defensa delantera hasta el parabrisas de la parte posterior del carro!

Cuando llegó, Victoria se detuvo en la cochera para ver el daño (¡estoy convencido de que estaba pidiendo un milagro!). Nuestro hijo,

Jonathan, salió, y cuando vio lo sucedido, corrió a mi oficina para darme la noticia.

Era un sábado por la tarde, y había estado estudiando y orando, preparando mi corazón y mente para predicar en tres reuniones ese fin de semana. Mi intención era mantenerme en un ambiente pacífico, calmado y quieto, pero llegó Jonathan gritando "¡Papi, papi, no vas a creer lo que sucedió! ¡Mi mamá arruinó por completo tu auto!"

Le dije: "Jonathan, gracias por ser tan diplomático". A la otra, "¡Mejor dame un golpe con una tabla!"

Por supuesto que estaba bromeando, pero sabía que iba a tener que tomar una decisión. ¿Me iba a enojar y permitir que este accidente robara mi paz y gozo? ¿Permitiría que esta circunstancia echara a perder todo mi fin de semana? ¿O controlaría mis emociones para no agitarme o molestarme? ¿Podría mantenerme en paz, sabiendo que Dios todavía estaba en control?

Salí a la cochera y cuando vi el auto, tengo que reconocer que la raspadura estaba muy grande, pero tomé la decisión de no molestarme; iba a mantener mi gozo.

Cuando nos suceden las cosas negativas, nada cambiará sin importar cuánto griterío y escándalo hagamos. Yo sabía que no importaría qué tan triste estuviera por ese carro, o cuánto me molestara con la gente del lavado automático, eso no haría que la raspadura desapareciera. Decidí por lo tanto, que sería mejor guardar mi paz, más valía quedarme feliz.

La Biblia dice que somos como vapor, o neblina; que estamos aquí un momento, y luego desaparecemos.[1] La vida pasa volando, así que no malgaste otro momento de su valioso tiempo estando enojado, descontento o preocupado. El salmista dijo: "Este es el día que hizo Jehová; nos gozaremos y alegraremos en él".[2] Fíjese que no dijo que mañana estaría alegre, ni tampoco dijo que la semana entrante, cuando no tuviera tantos problemas, entonces se gozaría. No, él dijo: "Este es el día". Este es el día que Dios quiere que esté contento y feliz.

Ya puedo oír que dicen: "Estoy esperando que Dios cambie mi situación". Eso puede sonar muy bien, pero la verdad es que Dios lo está esperando a usted y si cambia su actitud y comienza a disfrutar el punto en donde está en este momento, Dios llegará y comenzará a hacer una obra en su vida. Si siempre está esperando que algún *acontecimiento* le haga feliz, se pasará toda su vida esperando pues siempre habrá algo que "no está del todo bien" en su vida, siempre tendrá alguna razón para no estar contento.

He escuchado decir: "En cuanto me case, entonces yo sé que seré feliz", pero, amigo, si no está contento antes de casarse, definitivamente no lo estará *después* de hacerlo. Algunas mujeres me han dicho: "Joel, si oras para que encuentre un hombre, yo sé que sería feliz". En unos cuantos meses regresan diciendo: "Joel, si oras para poder deshacerme de este hombre, ¡sé que sería feliz!"

Su pareja no es el problema, en realidad. Ninguna persona puede hacerle feliz porque usted tiene que aprender a ser feliz en su interior.

Cierto que usted posiblemente tenga algunos problemas; las cosas en su vida pueden no estar perfectas. Posiblemente desea ser más guapo o más hermosa, más talentoso o con más dones. Puede desear haber nacido con más factores a su favor, pero usted no puede permitir que aquellas cosas superficiales le roben el gozo, tiene que decir: "Dios, yo sé que tú me hiciste así a propósito. Este es tu plan, y tú me has dado lo que tengo en mis manos para trabajar con eso, no me quejaré ni tendré una actitud negativa. No viviré mi vida deseando que todo hubiera sido diferente, deseando ser alguien más. Padre, voy a tomar lo que tú me has dado y haré lo mejor que pueda con ello, estaré contento con la persona que tú me hiciste, y disfrutaré de mi vida a pesar de mis faltas".

No desprecie lo que Dios ya le ha dado, tenga una actitud de agradecimiento, vea lo mejor en cada persona y situación, y aprenda a ser feliz en el lugar en que se encuentre. Aquí está la clave: Florezca donde ha sido plantado. Puede ser que no se encuentre en el lugar en el que desearía estar hoy, quizá no tenga el matrimonio perfecto, o no tenga el trabajo perfecto; la vida posiblemente no salió exactamente como usted había esperado, pero tiene que tomar la decisión que le pondrá la mejor cara posible a la situación. Aprenda a ser feliz a pesar de sus circunstancias.

Florezca donde ha sido plantado

Un día iba caminando en el bosque cuando llegué a un campo grande donde habían crecido unas hierbas muy feas, y dondequiera que volteaba, allí estaban, cafés y secas. Sin embargo, al seguir caminando por la vereda, logré ver una hermosa flor entre toda la hierba, era de un color brillante y vivo, y era asombroso que hubiera crecido justo en medio de toda aquella hierba tan fea. Pensé que exactamente así es como Dios quiere que nosotros florezcamos en el lugar que hemos sido plantados.

Es posible que usted trabaje o viva alrededor de un montón de hierbas, pero que eso no le detengan de florecer. Reconozca que su ambiente no es lo que impide su felicidad. Algunas personas se la viven queriendo remover todas las hierbas, y pierden mucho de lo que es su vida. No se preocupe por las cosas que no puede cambiar, usted no puede cambiar el fluir del tráfico en la mañana, no puede componer a todos en el trabajo, ni puede hacer que los miembros de su familia sirvan a Dios, pero no debería permitir que eso le haga infeliz. De todos modos, florezca, y fíjese en las cosas que sí puede cambiar. Puede cambiar su propia actitud y escoger estar feliz justo donde se encuentre.

No se preocupe por las cosas que no puede cambiar.

Mantenga una buena actitud y siga floreciendo en donde esté. Si toma la decisión de ser fiel y estar contento, en el momento indicado Dios cambiará las circunstancias, le removerá de en medio de esas hierbas y le colocará en un mejor lugar, pero si no florece donde está, no logrará progresar. Dios nos ha plantado en un lugar específico para que demos mucho fruto, y no es tan importante el lugar en el que estemos. Lo que sí importa es: ¿Estamos dando buen fruto? ¿Está brillando nuestra luz? ¿Somos buenos ejemplos? ¿Pueden ver las personas el gozo del Señor irradiando de nuestra vida? Si sigue floreciendo en el lugar en que está, en el tiempo de Dios, Él le transplantará y le pondrá en tierra nueva donde podrá dar aún más fruto, pero si no está contento donde está ahora, nunca llegará a donde desea estar.

Valore el día de hoy

Algunas personas están convencidas que la vida es simplemente una serie de problemas que se tienen que resolver. Entre más pronto logren salir de este problema, más pronto estarán felices, pero la verdad de todo es que después de pasar con éxito este problema, habrá otro nuevo que enfrentar. Y al haber superado ese obstáculo, habrá alguna otra cosa para superar pues siempre hay otra montaña que escalar. Por eso es tan importante disfrutar el viaje, no sólo el destino final. Nunca llegaremos, en este mundo, a un lugar donde todo esté perfecto y ya no tengamos retos. Por muy admirable que sea el fijarse metas y lograr alcanzarlas, no debe involucrarse tanto en alcanzar esas metas que cometa el error de no disfrutar el punto donde se encuentra en este momento.

Me ha tocado oír decir a algunos padres: "Bueno, en cuanto salgan de pañales mis hijos, estaré alegre". Después de algunos años dicen: "En cuanto entren a la escuela, tendré algo de tiempo libre. Entonces sí estaré alegre". Pasan unos años más y comentan: "Cuando se reciban los hijos, las cosas se calmarán, y entonces podré disfrutar de mi vida". Mientras tanto, la vida les pasa por alto. "Nada más que reciba este ascenso, cuando cierre este trato de negocios, cuando me jubile…" No, usted necesita aprender a disfrutar de su vida ahora, cada día, cada parte de la jornada de la vida. No espere que todo esté tranquilo, que sus problemas estén resueltos, que su pareja cambie, que el negocio crezca o que la deuda sea liquidada para poder disfrutar de su vida.

Tampoco busque que los grandes acontecimientos sean la fuente de su alegría porque aunque causen gozo por un tiempo, después se desvanece, y usted se queda como un adicto que busca la droga ya que necesitará y buscará alguna otra cosa que le produzca gozo.

¿Por qué no ser feliz ahora mismo? No permita que pasen muchos años para darse cuenta luego, demasiado tarde, que algún evento o logro, y aun una serie de ellos, no le producen un gozo duradero. Valore el día de hoy. Disfrute de la jornada de la vida.

Estos son los mejores días, y esperamos que dentro de veinte años usted podrá mirar atrás y decir: "¡Fue una de las mejores épocas de mi vida!"

Puede estar diciendo: "Pero, es que tengo tantos problemas. ¿Cómo puedo disfrutar de la vida?" Necesita darse cuenta que cada persona tiene problemas; usted no es único en ese aspecto. Todos pasamos por tiempos que no entendemos, y aunque usted piensa que sus problemas son enormes, trágicos o devastadores, alguien—posiblemente muchas personas—vive una situación mucho peor a la suya. Si compara su vida a la de otra persona, la suya tal vez parecerá un lecho de rosas. Nunca devalúe lo que Dios ha hecho por usted porque, aunque tenga algunos obstáculos hoy, algunas personas darían todo por tener su vida. Los que vivimos en los Estados Unidos deberíamos estar agradecidos por todo lo que tenemos y deberíamos dejar de mirar sólo lo que está mal y agradecerle a Dios por lo que está bien.

El apóstol Pablo escribió más de la mitad del Nuevo Testamento estando encarcelado, y en muchas ocasiones en celdas como del tamaño de un pequeño cuarto de baño. Algunos historiadores y comentaristas bíblicos creen que el sistema de aguas negras corría por en medio de una de las cárceles donde se encontró Pablo por un tiempo. Algunos comentaristas dicen que es posible que él escribiera algunos de los grandes y maravillosos pasajes del Nuevo Testamento parado en aguas negras que en ocasiones le hubieran subido hasta la cintura. Sin embargo, Pablo escribió palabras tan llenas de fe como "Todo lo puedo en Cristo que me fortalece", y "Mas a Dios gracias, el cual nos lleva siempre en triunfo en Cristo Jesús…", y "Regocijaos en el Señor siempre. Otra vez digo: ¡Regocijaos!"[3] Note que debemos regocijarnos y estar contentos siempre, en todo momento. En su tiempo de dificultad, cuando las cosas no van como usted quisiera, en lugar de atufarse y sentir autocompasión, tome la decisión de regocijarse en el Señor. ¡Escoja estar feliz! Escoja mantenerse lleno de gozo.

Cuando se regocija en medio de sus dificultades, está hiriendo al enemigo porque no sabe qué hacer con personas que siguen alabando a Dios a pesar de sus circunstancias. Nuestra actitud debería ser: *No me importa lo que venga contra mí, yo me mantendré lleno del gozo del Señor. He decidido vivir mi vida y ser feliz, y disfrutaré de mi vida al máximo.*

Necesitamos entender que el enemigo no quiere robar sus sueños, su salud o sus finanzas, tampoco quiere su familia, lo que quiere principalmente es su gozo. La Biblia nos dice que "el gozo del Señor es su fortaleza",[4] y su enemigo sabe que si puede engañarle y convencerle de vivir siempre deprimido y triste, usted no tendrá la fuerza necesaria—ni física, ni emocional, ni espiritual—para sobrellevar sus ataques. Usted será vulnerable y débil.

Sonría para mejorar su salud

Es un hecho científico que si vive con una actitud negativa, siempre sintiendo mucho estrés, preocupado y lleno de temor, su sistema inmunológico se debilitará, y quedará más susceptible a las enfermedades y los padecimientos. Los científicos han descubierto que cada persona desarrolla algunas células cancerosas en su cuerpo cada semana, pero en el tremendo sistema inmunológico que Dios nos ha dado, tenemos células que llamamos "células erradicadoras". Estas células tienen un diseño creado específicamente para atacar y destruir células anormales. Hay estudios que nos muestran que el temor, la preocupación, la ansiedad, el estrés y otras emociones negativas debilitan, literalmente, esas células erradicadoras. En otras palabras, si usted pasa su vida estando siempre estresado, debilitará su sistema inmunológico, y será más susceptible a enfermedades y padecimientos.

Sin embargo, las personas que viven contentas, con una actitud y manera positiva de ver las cosas, las que se ríen con regularidad, desarrollan más de estas supercélulas que la persona normal. ¡Imagínese! Cuando está lleno de gozo, su sistema inmunológico funciona a su mayor potencia, justo como Dios lo diseñó. La Biblia dice que "el corazón alegre constituye buen remedio…".[5] Y esa escritura es confirmada cada día por la ciencia moderna.

Uno de los hábitos más saludables que puede fomentar es el de aprender a sonreír más seguido.

Uno de los hábitos más saludables que puede fomentar es el de aprender a sonreír más seguido. Cuando sonreímos, le mandamos un mensaje al cuerpo entero que marca el paso para toda nuestra vida. Estudios científicos nos dicen que al sonreír, ciertos químicos se producen en todo nuestro cuerpo y afectan todo nuestro sistema, relajándonos y ayudándonos a mantenernos saludables. Ya sea que tenga un motivo para sonreír o no, haga la decisión que usted sonreirá de todos modos.

Un día me encontraba en la entrada principal de Lakewood Church y llegó a mí un niño con una expresión seria en su carita. Me miró de arriba para abajo, y dijo: "Quiero saber algo de ti".

"Está bien", le respondí. "¿Qué quieres saber?"

Sin titubear, el niño replicó: "Quiero saber porqué sonríes tanto". Lo dijo con tanta severidad que me dio la impresión de que estaba mal que yo sonriera tanto.

Sin embargo, le contesté: "Bueno, sonrío porque soy una persona alegre. ¿Tú sonríes muy seguido?"

El pequeño lo pensó y dijo: "Sólo cuando como helado". Muchos adultos son como este niño, y sólo sonríen cuando la vida es dulce y cremosa, pero si pudieran alegrarse un poco Dios podría hacer un milagro en su vida.

Aprenda a reír, y deje de estar tan estresado y amargado. Una actitud relajada no sólo alargará su vida, sino que además la hará mucho más agradable.

Con eso tenemos para dejar de quejarnos y comenzar a regocijarnos.

Entre más le agradece a Dios por lo que tiene, más le dará lo que aún no tiene. Pablo dijo: "...he aprendido a contentarme, cualquiera que sea mi situación".[6] Se da cuenta que Pablo tuvo que aprender a estar contento, así como también aprendió cómo mantenerse lleno de gozo pues éstas no son reacciones normales ni automáticas. Pablo tuvo que tomar la decisión que resultó en tener contentamiento.

Esté contento dondequiera que esté

Ahora, tener contentamiento no es tener una actitud fatalista, aceptando los problemas y pruebas de la vida; ni quiere decir que debe vivir su vida sin dirección, motivación ni disciplina. Tampoco quiere decir que debe vivir sin impulso o deseo que las cosas cambien para bien. No, tener contentamiento quiere decir que no se frustrará cuando las cosas no salgan como a usted le gustaría porque confía en Dios. No permita que las circunstancias le roben el gozo y no le permitan estar alegre porque usted puede decidir que estará feliz y contento sin importar lo que llegue a su vida. Puede decidir que las cosas pequeñas no le ganarán.

Si siempre está descontento, algo está mal. Si cada mañana se levanta y teme ir al trabajo, teme conducir entre la congestión del tráfico, teme tratar con el jefe, teme hacer lo que hace todo el día y teme regresar a casa, ¡o necesita cambiar su actitud o necesita cambiar su trabajo!

Sin embargo, en la mayoría de los casos, Dios no cambiará sus circunstancias hasta que usted no cambie y si no aprende a estar contento en donde está, nunca llegará al lugar donde desea estar. Tal vez no tenga todo el dinero que quisiera tener el día de hoy, puede estar batallando, pero mientras se siga quejando todo el tiempo de qué mal le va en la vida y cómo nunca sale adelante, su mala actitud le mantendrá exactamente en donde está ahora.

Es posible que no tenga todo lo que quisiera tener, o no sea todo lo que quisiera ser, pero necesita aprender a estar contento a pesar de sus circunstancias, tiene que confiar que Dios está trabajando en su vida. La Biblia nos enseña que Dios nos cambia poco a poco. No se moleste ni esté descontento; sepa que Dios está en control.

La Biblia dice que "Por Jehová son ordenados los pasos del hombre...".[7] Si Dios está ordenando sus pasos, eso quiere decir que usted está precisamente en dónde Dios lo quiere.

"Ay, Joel, eso no puede ser cierto", dirá usted. "Tengo demasiados problemas y estoy demasiado incómodo en este lugar. Éste no puede ser el plan de Dios para mí."

Dios lo tiene allí con un propósito, quizá no lo entienda, pero Él puede estar haciendo una obra en usted. Quizá quiera enseñarle, empujarle, estirarle, ver cómo responderá en esa dificultad, o puede haberle puesto en esa situación para que usted sea parte de la obra que Él está haciendo en la vida de otra persona. También es probable que Dios le esté usando para ser una influencia en la vida de otras personas, pero, cualquiera que sea la razón, más vale que usted decida estar contento, sabiendo que Dios está dirigiendo sus pasos y que le tiene allí por una razón.

Es interesante que creamos que Dios nos está guiando siempre y cuando estemos recibiendo lo que queremos y estemos viviendo en la cima de la montaña, sin recibir ningún golpe o adversidad que existe en el valle, pero debemos entender que el Señor está dirigiendo nuestros pasos aun cuando las cosas no salen a nuestro favor. Es posible que esté viviendo una situación estresante con una pareja o un hijo que son personas difíciles, o quizá a causa de la política en la oficina, no le están dando un trato justo, o tiene que tener dos trabajos para suplir las necesidades de su familia. Puede estar pensando que esto no parece estar bien y que no lo entiende.

La Escritura dice: "De Jehová son los pasos del hombre; ¿cómo, pues, entenderá el hombre su camino?"[8] Amigo, nunca entenderá por completo todo lo que le pase en la vida o porqué vienen ciertas cosas en contra de usted. Necesita aprender a confiar en Dios de todos modos, y a tener una buena actitud, sabiendo que Dios está en control.

En los 90s, dos hombres que habían jugado baloncesto en la universidad—os dos con veintisiete años de edad, los dos medían casi dos metros de altura—iban rumbo a Kenya para trabajar en un proyecto misionero. Era su primer viaje trasatlántico, y estaban sumamente emocionados, habían orado durante meses, pidiendo que Dios usara sus vidas y que su viaje fuera sin ningún contratiempo.

Al llegar a Londres, el avión estaba por aterrizar pero había mal tiempo así que pasaron varias horas sobrevolando el aeropuerto de Heathrow. Cuando finalmente aterrizaron, su vuelo a Kenya ya se había ido, y cual fue su sorpresa y disgusto al darse cuenta que no salía otro vuelo sino hasta ocho o nueve horas más tarde. Se molestaron y dijeron: "Dios, no entendemos esto pues pasamos todo ese tiempo orando que todo saliera bien. Toda la iglesia estuvo orando, y de cualquier forma ya estamos viendo contratiempos".

Al salir el siguiente vuelo, no quedaban asientos más que en primera clase. La aerolínea les dio asiento a los dos hombres en la primera fila de la primera clase, con bastante lugar, y estaban contentos por eso. Pero cuando iba a mitad del vuelo, el avión comenzó a descender y ahora se dirigían a tierra a toda velocidad. Los pasajeros comenzaron a gritar conforme los asistentes de vuelo hacían todo por ayudarles a que no entraran en un pánico general. Todos pensaban que su muerte era inminente.

Los jóvenes adelante tuvieron la sagacidad de orar: "Dios, fue malo que perdiéramos nuestro vuelo, pero ahora estamos aquí a punto de estrellarnos. No lo entendemos Señor, pero usa de alguna manera nuestra vida".

En ese instante, escucharon ruidos, como de un pleito, que salían de la cabina. Se miraron el uno al otro, y dijeron: "Bueno, no tenemos nada que perder. ¡Veamos lo que está sucediendo!" Un asistente de vuelo les abrió la puerta, y allí estaba un hombre enloquecido—un hombre alto, con más de dos metros de altura—atacando a los dos pilotos, queriendo tomar el control del avión. Los dos pilotos no eran altos, y estaban tratando de detener desesperadamente al enloquecido, pero no podían.

Cuando vieron lo que estaba pasando, estos dos jugadores de baloncesto tumbaron al hombre y lo sacaron de la cabina. Para cuando lograron dominar al loco, el avión había caído de 30,000 pies a menos de 4,000. Si los pilotos no hubieran logrado retomar control del avión, se hubiera estrellado en unos cuantos segundos más, matando a todos los pasajeros y quizá hasta personas en tierra.

A veces, Dios le pone en situaciones incómodas para que pueda ayudar a otra persona; Él demoró a esos dos jóvenes intencionalmente, hizo que se sentaran en primera clase, en la primera fila, para que desde esa posición pudieran ayudar a todo el avión. Dios sabe lo que está haciendo. Él puede ver todo el panorama; puede ver el futuro, y hoy le tiene precisamente donde lo quiere. Deje de cuestionar y comience a confiar, tenga la certeza de que Dios está en control, y quiere lo mejor para usted. Él está guiando sus pasos.

Deje de cuestionar y comience a confiar.

Su responsabilidad es decidir estar contento, a pesar de lo que venga. En su trabajo puede haber alguien que le molesta e irrita, y puede estar pensando: *Dios, yo no debería tener que soportar esto, no lo entiendo. ¿Por qué no sacas a esta persona de mi vida?* Pero, ¿nunca ha considerado que Dios quiera tenerle ahí para ayudar a hacer algo en la vida de esa persona? Quizá usted es exactamente lo que aquella persona necesita, quizá Dios está esperando que usted sea una influencia positiva, que hable una palabra de ánimo, que deje que su luz brille para que Él pueda cambiar el corazón de aquella persona.

Escoja estar feliz, escoja tener una buena actitud. Recuerde que estar contento es una decisión que usted tiene que tomar, y aun cuando no lo entienda, sepa que Dios está haciendo una obra en y a través de usted. Decida que desde ahora en adelante, usted florecerá donde esté plantado y disfrutará de cada día de su vida.

Sea una persona de excelencia
e integridad

La mediocridad es normal para muchas personas; quieren salir bien haciendo lo menos posible, pero Dios no nos creó para ser mediocres ni ordinarios, sino que Dios nos ha llamado a ser más que lo normal. Él nos ha llamado a sobresalir en la multitud, a ser personas de excelencia e integridad. Si existe cualquier tipo de tolerancia, nuestras más grandes victorias y logros serán afectados.

¿Qué significa ser una persona de excelencia e integridad?

Una persona de excelencia e integridad se esfuerza por hacer lo correcto, guarda su promesa aun cuando sea difícil hacerlo. Las personas de excelencia llegan a tiempo a sus trabajos y les dan a sus jefes un día completo de trabajo; no salen temprano ni dicen estar enfermos cuando no lo están. Cuando usted tiene un espíritu excelente, siempre se notará en la calidad de su trabajo, y en la actitud con la que lo hace.

Dios no bendice la mediocridad sino la excelencia.

Dios no bendice la mediocridad sino la excelencia. La Escritura nos dice: "Y todo lo que hagáis, hacedlo de corazón, como para el Señor y no para los hombres…".[1] Note que cualquiera que sea nuestro trabajo, debemos hacer lo mejor que podamos como si lo estuviéramos haciendo para Dios. Si trabajamos con ese estándar en mente, Dios promete que nos premiará.

Si usted quiere vivir su mejor vida ahora, comience a procurar la excelencia y la integridad en su vida, haciendo un poco más de lo que se le pide. Si usted debe estar en el trabajo a las ocho de la mañana, llegue unos diez minutos antes y quédese diez minutos después. Camine la segunda milla. Muchas personas llegan a su trabajo quince minutos tarde, luego vagan por la oficina, van por un café y finalmente llegan a su escritorio o a su lugar de trabajo treinta minutos después. Se pasan la mitad del día hablando por teléfono, jugando o mandando bromas por la Internet, y luego se preguntan: *Dios, ¿por qué nunca me bendices? ¿Por qué nunca recibo ninguna promoción?*

Dios no bendice la mediocridad, Él bendice la excelencia y la integridad.

"Pero, Joel, todos lo hacen; todos llegan tarde en mi lugar de trabajo; todos juegan en la Internet cuando no se encuentra el jefe; todos se toman tiempo de más a la hora de la comida".

Quizá sea cierto, ¡pero usted no es como los demás! Usted ha sido llamado para vivir una vida de excelencia pues usted representa al Dios Todopoderoso. La manera en que vive, cómo conduce su negocio o hace su trabajo, si llega a tiempo o no, todo se refleja en nuestro Dios.

Comience a tomar excelentes decisiones en cada área de su vida, aun en lo más cotidiano. Por ejemplo, posiblemente su carro no ha sido lavado desde hace seis semanas, o su maletero (también conocido como cajuela) o su asiento trasero están tan desordenados—desde su equipo deportivo hasta cosas de la oficina—¡que ni puede cerrar la puerta! No estoy condenando a nadie porque Victoria y yo también tenemos hijos, y en ocasiones parece que hubo una tormenta dentro de nuestro auto, no me gusta traerlo así porque no solamente representa mal a Dios, sino que además yo me siento descuidado, indisciplinado, desaseado y por debajo de mi mejor desempeño. En muchas ocasiones me tomo unos minutos antes de salir de mi casa para limpiarlo, no porque quiera impresionar a nadie, sino porque me siento mejor conduciendo un auto limpio. Necesita tener cuidado de y orgullo en lo que Dios le haya dado.

Puede decir: "Bueno, Joel, es que estoy conduciendo un auto todo viejo y feo, y no tiene caso lavar esto".

No, si usted empieza a cuidar lo que Dios le ha dado, es más probable que le dé algo mejor. Es igual si no vive en una casa grande, nueva y hermosa. Quizá tenga una más pequeña y antigua, pero por lo menos puede hacer que se vea bien, asegúrese de que parezca un lugar donde vive una persona de excelencia.

Hace tiempo, me encontraba en una sección de la ciudad de Houston y me fijé que las personas no cuidaban sus casas; los jardines estaban descuidados, había cosas y cajas guardadas por todos lados, cada parte exterior de la casa tenía cosas amontonadas y descuidadas. Todo el fraccionamiento se veía descuidado. Al continuar conduciendo, llegué a una casa en particular que sobresalía de las demás, el jardín estaba bien cuidado, todo estaba en orden y en su lugar y la casa lucía hermosa. Al llegar a la iglesia, comenté algo sobre esa casa en esa vecindad, y alguien dijo: "Las personas que viven en esa casa son unos de nuestros miembros más fieles".

Eso no me sorprendió en lo más mínimo porque la gente de Dios son personas de excelencia. Las personas que vivían allí muy bien pudieron haber dicho que como nadie más cuidaba su propiedad, tampoco ellos la cuidarían, pero decidieron ser personas de excelencia, y sobresalieron entre la multitud.

Quizá se encuentre en una situación hoy donde todo mundo está comprometiendo su integridad o tomando el camino fácil, pero no se deje contagiar. Sea la persona con un espíritu excelente, sea la persona que sobresale en la multitud.

Cuide lo que Dios le ha dado. Mis abuelos vivían en una casa de madera que mi abuelo había construido en los treinta, y aunque la casa era muy pequeña, cada vez que la visitaba, estaba limpia por dentro y fuera. El jardín estaba perfectamente cuidado, mi abuelo tenía bien pintado por fuera, y mi abuela mantenía el interior bien arreglado y limpio. Ellos no tenían mucho dinero, pero eso no importaba porque eran personas de excelencia. Sabían que representaban a Dios, y su intención era ser un reflejo positivo de Él.

Debería ser igual para nosotros, pues hemos sido hechos a la imagen del Dios Todopoderoso, y su apariencia y presentación no es sólo un reflejo de cómo se siente respecto a sí mismo, sino también es un reflejo de Dios. Cuando se pone ropa limpia, se siente con más confianza, pero, si sale de su casa todo descuidado y portando ropa sucia y desarreglada, no se sentirá bien consigo mismo.

Un día Victoria me pidió que fuera rápidamente a la tienda a comprar algo que necesitaba para la comida. Apenas había terminado de hacer ejercicio y estaba acalorado y sudoroso, portaba una camiseta muy vieja, y estaba todo despeinado, pero en realidad no sentía ganas de cambiarme la ropa. Pensé: *Está bien, si me voy ahora mismo, y trato de entrar y salir deprisa, nadie me va a ver*. Me fui a la tienda, todavía con mi misma ropa. Me estacioné y estaba por salir del carro cuando Dios me habló. Digo, si alguna vez Dios me ha hablado, ¡fue en ese lugar! En mi corazón, estoy seguro que le oí decir: "¡Ni te atrevas a entrar representándome de esa manera! ¿No sabes que yo soy el Rey de reyes?"

Me di la media vuelta, regresé a mi casa, me duché, me peiné el pelo, me cepillé los dientes, me puse ropa limpia y luego regresé al supermercado por lo que Victoria me había pedido.

En serio, necesitamos recordarnos que nosotros representamos al Dios Todopoderoso, y a Él no le gusta que seamos flojos, descuidados, ni desaseados. Cuando se encuentre en una tienda, y sin querer tumbe la ropa, no se porte como que no la vio y siga caminando dejando la ropa en el piso porque una persona de excelencia se detiene a recogerla y ponerla en su lugar. Cuando esté en el supermercado y de repente decida que no quiere esa caja de cereal, no la deje allí con las papas fritas, una persona de excelencia la regresa a donde la encontró.

"Pero, Joel, esas tiendas tienen empleados para hacer esa clase de cosa", bueno eso no importa, usted haga lo que es correcto, como para Dios.

Una persona de excelencia no se estaciona en un lugar designado para minusválidos, simplemente para poder entrar y salir pronto. Las personas de excelencia caminan la segunda milla para hacer lo correcto, no porque alguien las esté viendo, no porque tengan que hacerlo, sino porque están honrando a Dios.

Las personas de excelencia cuidan la propiedad de otras personas como si fuera la de ellas. Si está en una habitación de hotel, no ponga su vaso lleno de agua sobre el escritorio de madera cuando sabe que se manchará, no haría eso en su propia casa. Sea una persona de excelencia y respete la propiedad de otras personas. Cuando solía viajar mucho, en muchas ocasiones dejaba encendidas las luces, con al aire acondicionado dando a todo lo que daba y la televisión prendida porque pensaba: *No es la gran cosa ya que estoy pagando la habitación, en realidad puedo hacer lo que quiero*. Sin embargo, algo me dijo por dentro que eso no estaba bien porque en mi casa no malgastaba la electricidad, y debía tratar la propiedad ajena de la misma manera que yo quisiera que trataran mi propiedad.

Entienda que descuidar estos pequeños detalles no le impedirá su entrada al cielo; en la mayoría de los casos, ni siquiera le provocará graves problemas ni le hará miserable en esta vida, pero esas pequeñeces y sutilezas que comprometen su integridad harán que no disfrute lo mejor de Dios. Serán obstáculo para que pueda subir a su más alto nivel. No podrá vivir su mejor vida ahora y Dios desea personas que están dispuestas a caminar esa segunda milla para hacer lo correcto aun cuando nadie las esté viendo.

Pequeñeces y sutilezas que comprometen su integridad serán obstáculos para disfrutar lo mejor de Dios.

Las personas le están viendo

Me encontraba en un estacionamiento en un día con mucho viento, y al abrir la puerta de mi auto, el viento se llevó algunos papeles. En realidad no necesitaba aquellos papeles, pero tampoco quería dejar basura. Cada vez que me acercaba para recogerlos, soplaba el viento y se los llevaba en todas las direcciones, por lo que pensé: *Ahora, ¡no me quiero pasar todo el día corriendo detrás de estos papeles!* Al ver el estacionamiento, me fijé que ya había mucha basura por todos lados y como estaba deprisa, inventé algunas razones muy buenas para dejar allí los papeles, pero luego decidí que no haría eso y que iba a hacer lo correcto, iba a recoger mi basura.

Corrí por todo el estacionamiento, recolectando mis papeles (y algunos de otras personas). Cuando por fin tenía todos, me subí al auto. No me había dado cuenta que había una pareja en el auto que estaba estacionado a un lado de mí, ellos bajaron su vidrio cuando me reconocieron. Hablamos durante unos segundos, y luego dijo la joven, sonriente: "Nos quedamos viendo para ver si ibas a recoger todo los papeles que volaron de tu auto".

Pensé: *Gracias a Dios que obedecí e, ¡hice lo correcto!*

Tal vez no se da cuenta, pero hay personas que lo están viendo, están viendo cómo se viste, cómo cuida su casa, cómo trata a las personas; lo están viendo en el trabajo. ¿Qué están viendo? ¿Está representando bien a nuestro Dios? ¿Está buscando la excelencia o está comprometiendo su integridad en esas pequeñeces y sutilezas?

Dios quiere que seamos personas de integridad, personas de honor, personas confiables. Una persona de integridad es abierta y honesta, no tiene motivos ocultos; una persona de integridad es persona de palabra, cumple con sus compromisos; no necesita de un contrato legal, su palabra es su fianza; las personas íntegras son las mismas en público que en privado, no tratan bien a sus amigos y compañeros de trabajo y luego tratan irrespetuosa y descortésmente a su familia. No, cuando tiene integridad, usted hará lo correcto, ya sea que lo están viendo o no.

Nuestra integridad es probada cada día. Si el cajero en el banco le devuelve demasiado dinero, ¿tendrá la integridad de regresar y arreglar cuentas o se irá diciendo?: "Gracias, Señor, ¡lo hiciste de nuevo!"

¿Dice que está enfermo para no ir al trabajo y arreglar asuntos personales? Cuándo suena el teléfono, y no quiere hablar con la persona que llama, ¿hace mentir a su hijo? "¡Diles que no estoy en casa!"

Las personas pueden decir: "Ay, Joel, es sólo una mentirita blanca que no lastima a nadie". No, las mentiras no tienen colores en la Biblia, no existe la mentira blanca, gris o negra a los ojos de Dios. Una mentira es una mentira, y si no está diciendo la verdad, eso es ser deshonesto y tarde o temprano tendrá que dar cuentas por ello, terminará segando lo que ha sembrado.

Tiene que entender esto: Si va mentir tocante a las cosas insignificantes, antes de mucho tiempo mentirá tocante a cosas más grandes. Leemos de grandes compañías que se derrumban a causa de fraude e irregularidades en sus finanzas. Esas personas no comenzaron robándose cientos de miles de dólares, lo más probable es que comenzaron llevándose cien dólares por aquí, mil por acá, y luego, cuando se les presentó la oportunidad, fueron cientos de miles. No se engañe, si usted puede ser deshonesto sobre algo pequeño, después lo será con algo más importante. Un robo es un robo, así sea un dólar, mil dólares o un millón de dólares. Si usted se lleva a su casa los productos de oficina de su compañía, eso es ser deshonesto. Si no le está dando a su empresa un día completo de trabajo, es una falta de integridad. Si tiene que torcer la verdad para conseguir esa cuenta nueva, es engaño, y Dios no bendecirá aquello. Necesitamos vivir honestamente ante nuestro Dios y ante las personas. Escuché a alguien que lo dijo de esta manera: "No hagas nada que te incomodaría leer en el periódico al día siguiente si fuera publicado".

Cuando rento una película y me tengo que esconder de alguien a causa de la película que estoy rentando, algo anda mal. ¿Me daría vergüenza que se hiciera público mi historial de crédito a causa de cuentas que nunca pago a tiempo? Si a mis compañeros de trabajo los entrevistaran en la televisión, ¿qué dirían de mí? Que soy una persona de honor, alguien confiable, alguien con quien se puede contar; ¿o dirían que soy una persona que sólo ve por sí mismo y no le importan los demás?

Dios quiere que seamos personas de excelencia e integridad porque si no tenemos integridad, nunca alcanzaremos todo nuestro potencial. La integridad es el fundamento sobre el que se edifica una vida verdaderamente exitosa. Cada vez que se compromete y que no es completamente honesto, está causando grietas en su fundamento. Si continúa así, el fundamento nunca podrá sostener lo que Dios quiere edificar ya que nunca tendrá prosperidad duradera si antes no tiene integridad. Ah, posiblemente goce de un éxito temporal, pero nunca verá todo el favor de Dios si no toma la decisión de escoger lo excelente. En cambio, las bendiciones de Dios nos alcanzarán si no permitimos nada menos que la integridad en nuestra vida.

¿Estamos dispuestos a pagar el precio por hacer lo correcto?

Creo que todos queremos prosperar en la vida, pero la verdadera pregunta es: ¿Estamos dispuestos a pagar el precio por hacer lo correcto? No siempre es fácil. ¿Estamos liquidando nuestras deudas? ¿Somos honestos y abiertos en nuestros negocios? ¿Estamos tratando a todos con respeto y honor? ¿Cumplimos con nuestras promesas? La integridad y la prosperidad son dos lados de la misma moneda, no puede tener uno sin el otro.

Quizá Dios le esté recordando una deuda que ha querido olvidar, o puede tratarse de tener el hábito de llegar a tiempo a su trabajo; quizá deberá ser más honesto en ese negocio. Comience a hacer bien las cosas, suba a ese nivel más alto de integridad en esas áreas. Dios nos está llamando a salir de la mediocridad y a entrar a la excelencia.

La Biblia nos enseña que si somos fieles en lo poco, entonces Dios nos encargará cosas mayores.[2] ¿Cómo puede confiarme cientos de miles de dólares si no hago lo correcto con los cien que tengo? Sin embargo, mucha gente está permitiendo que las cosas pequeñas la detengan de subir a otro nivel en Cristo.

Usted puede pensar que no importa si paga a tiempo sus cuentas o no, o si cuenta aquellas "mentiritas blancas", o si trata a sus amigos de una forma y a su familia de otra, pero si no aprende a pasar esas pequeñas pruebas, entonces Dios no podrá darle ascensos. Si no aprende a hacer lo correcto en las áreas pequeñas, Dios no puede confiarle con más. Recuerde que nuestra vida es un libro abierto ante Dios, y Él ve nuestro corazón, nuestros motivos, ve cada vez que camina esa segunda milla para hacer lo correcto, y también ve las veces que se compromete y toma el camino más fácil.

Supe de un hombre que se fue temprano del trabajo un día para atender el funeral de su abuela. La mañana siguiente, llegó su jefe y dijo: "¿Usted cree en la vida después de la muerte?"

El empleado miró perplejo al jefe y respondió: "Pues, sí; creo en ella".

Replicó el jefe: "Hombre, eso me hace sentir mucho mejor".

"¿Por qué? ¿De qué está hablando?"

El jefe dijo: "Bueno, es que ayer después de irse al funeral de su abuela, ella pasó para verlo".

¡Eso es lo opuesto a la integridad! Sea abierto y honesto y diga toda la verdad. Si usted quiere sacar de la escuela un día a su hijo para llevarlo a ver un juego de béisbol, no mande una nota a la maestra al día siguiente diciendo: "Por favor perdone la falta de Juanito. Ayer no se sentía bien". Dios no puede bendecir eso.

"Pero, Joel, quizá se meta en problemas".

Preferiría meterme en problemas con los hombres que meterme en problemas con Dios, además, nunca perderá si toma el mejor camino. Aprenda a escuchar su conciencia porque Dios la puso dentro de usted para tener una medida interna para discernir lo bueno y lo malo. Cuando empiece a comprometerse, oirá una alarma en su conciencia, pero no la ignore; haga lo que sabe en su corazón que es lo correcto.

Cuanto más, una persona de integridad dice lo que siente y siente lo que dice, no deben de tener que averiguar lo que en realidad quiso decir. En sus conversaciones y pláticas sea claro y fácil de entender. La integridad es más que simplemente abstenerse de decir mentiras, es abstenerse de engañar o embustear de cualquier forma. Es fácil, en ocasiones, decir sólo una parte de la verdad y omitir, convenientemente, algo que sabemos tendría un impacto negativo. Eso no es hablar con integridad; debemos ser abiertos y honestos aun cuando sea difícil.

Por ejemplo, usted está vendiendo su automóvil, y llega un señor con su libreta de cheques en la mano; está emocionado, le gusta su auto y está listo para llevárselo, pero luego le pregunta: "Permítame hacerle una última pregunta: ¿Ha usted chocado este automóvil?"

Su mente rápidamente le da todas las respuestas posibles pues aunque *usted* nunca ha chocado, su esposa, hijo y suegra han tenido accidentes serios en el auto. Comienza a razonar todo, pensando: *Bueno... el hombre preguntó si yo había chocado...* Así que lo mira y dice con una sonrisa: "No, yo nunca me he accidentado en este auto".

Si pone atención, escuchará una alarma sonando en su consciencia, y si es una persona de integridad, dirá: "Pues, sí, el automóvil ha sido chocado".

Una persona de integridad dirá toda la verdad. Puedo oír que protestan: "Pero, Joel, así no se hacen los negocios hoy día porque si le digo la verdad a aquel hombre, posiblemente no compre el auto, puedo perder la venta".

Sí, puede perder algunas ventas a corto plazo, pero a largo plazo, usted saldrá mucho mejor. Aun y si la persona no compra lo que está vendiendo, si respondió con integridad, Dios se encargará de bendecirle y mandar a alguien que le pagará más por su auto, y Él lo ayudará a encontrar un mejor precio por aquel auto nuevo que quiere comprar. Amigo, Dios tiene a su cargo todo el universo, y si usted le honra andando en integridad, Él se encargará de que usted reciba abundantes bendiciones. La Escritura dice: "Él provee de sana sabiduría a los rectos; es escudo a los que caminan rectamente".[3] Si quiere que Dios sea su escudo, si quiere que Dios le dé la victoria en su vida, tiene que tomar la decisión de ser una persona de integridad.

Un hombre de negocios se preocupó y me dijo: "Si digo toda la verdad, perderé algunos de mis mejores clientes, esos que me dan más negocio".

"No", le contesté. "Si usted siempre hace lo correcto, aun y si pierde algunos de sus clientes, Dios le traerá más clientes y mejores. No hay límite a lo que Dios puede hacer en su vida cuando sabe que puede confiar en usted."

"Yo conozco personas en mi lugar de trabajo que mienten, estafan y traicionan a otras personas", dijo una joven que trabajaba en una compañía bolsista. "No les está perjudicando en lo más mínimo, de hecho, están avanzando más que yo."

"No te dejes engañar", repliqué. "Algún día todo les alcanzará. Te prometo esto: Si haces el compromiso de ser una persona de integridad, a largo plazo irás más lejos, serás más feliz, y te sentirás más realizada, Dios te promoverá. Cuando caminas en rectitud, Él tiene la victoria planeada para ti, y está guardando tu camino. Si te bajas a su nivel y haces lo que todos están haciendo, traicionando a las personas, no siendo honesta, puedes pensar estar ganando algo, pero el fin será sufrimiento. Tú serás la que sale perdiendo."

Comprométase a la excelencia

Escuché la historia de un hombre rico que tenía un amigo que era constructor. El constructor había tenido algo de mala suerte y no había trabajado mucho, así que el hombre rico se compadeció de él y decidió ayudarle. Le dio unos planos, un cheque por 300,000 dólares, y le dijo: "Quiero que me edifiques una casa nueva. No tengo el tiempo para molestarme con eso entonces voy a dejar todo en tus manos, así que tú toma todas las decisiones, y si haces un buen trabajo, prometo pagarte muy bien".

Este constructor estaba tan emocionado. Por fin podía ganar algo de dinero, pero comenzó a pensar: *Si uso materiales de baja calidad, y hago algunas otras cosas así, quizá pueda quedarme con algo de los $300,000.* Así que salió a comprar el concreto más inferior que había, y le dijo al que lo mezclaba que le pusiera más agua para que rindiera más. Con eso se ahorró unos cuatro o cinco mil dólares. Se emocionó, y salió a comprar la madera más barata, alguna estaba hasta torcida y doblada, pero no le importó ya que estaría escondida detrás de las paredes; nunca nadie la vería. Hizo lo mismo con el sistema de plomería, electricidad y así sucesivamente, ahorrando dinero. Cuando había terminado de construir la casa, se había ahorrado $40,000, y discretamente los depositó en su cuenta bancaria personal.

Le habló a su amigo rico para que fuera a ver la casa. El comprador estaba muy impresionado. En la superficie, la casa se veía hermosa, y nunca se imaginó que el constructor hubiera usado materiales inferiores, afectando toda la calidad de la casa.

El constructor sintió mucha emoción al ver la expresión de placer que tenía el dueño, y estaba ansioso por ver cuánto le pagaría, porque sabía que era un hombre muy generoso.

Al entrar por la puerta principal, dio la vuelta y dijo con una sonrisa en los ojos al constructor: "Sabes, en realidad no me hace falta una casa, ya tengo un hogar precioso. Sólo quería ayudarte y hacerte un favor". Le dio las llaves al constructor, y dijo: "Aquí tienes, mi amigo. Es para ti, te acabas de edificar una casa nueva".

Casi se desmaya el constructor al pensar: *Si hubiera sabido que iba a ser mi casa, ¡la hubiera construido mucho mejor!*

A decir verdad, todos estamos edificando nuestra propia casa, estemos conscientes de ello o no. Podemos recortar gastos en diferentes lados, pero sólo nos estamos lastimando a nosotros mismos y a nadie más. Esas malas decisiones debilitarán nuestro fundamento, y nos causará toda clase de problemas más delante. La superficie puede aparentar que todo está bien, pero lo que es realmente importante es lo que está pasando dentro de las paredes, a puerta cerrada. ¿Qué es lo que estamos haciendo cuando nadie nos está viendo? ¿Estamos diluyendo nuestro fundamento con nuestra falta de integridad? ¿Estamos defraudando a las personas por un lado y no pagando nuestros impuestos por el otro, viendo la manera fácil de salir siempre de algo? ¿Qué clase de material le estamos metiendo a nuestra casa?

Todos estamos edificando nuestra propia casa, estemos conscientes de ello o no.

Este constructor se fue a vivir a su casa, y a los tres meses de ello tenía problemas con el fundamento, y seis meses más tarde, aparecieron grietas en las paredes. La plomería no funcionaba bien, le costó mucho más de los $40,0000 que se "ahorró" poder reparar todos los problemas. Si tuviera que hacerlo de nuevo, lo habría hecho bien desde el principio.

Es igual cuando decidimos desprestigiar a alguien para recibir una promoción nosotros; pensamos que estamos ganando, pero su fin no es más que problemas. Sufriremos consecuencias muy fuertes porque tenemos que vivir en nuestra propia casa. Yo no puedo edificar su casa; ni usted la mía. No, cada cual tiene que tomar responsabilidad por sus decisiones. Yo no sé lo que hace a puerta cerrada, ni usted sabe lo que yo hago, pero como personas de integridad, debemos tener el mismo carácter en privado que tenemos en público. No ponemos nuestra cara dominguera en la iglesia y luego salimos y vivimos sin integridad durante toda la semana. No es suficiente hablar la verdad, tenemos que vivirla también.

Cuando tiene la tentación de hacer una llamada personal de larga distancia en la línea telefónica de su compañía, mejor, escuche la voz que tiene en su interior. Escoja hacer lo mejor. "A ver, qué tiene eso de malo", dice el compañero. "Todos lo hacen, nadie te verá, y nadie sabrá si fue una llamada personal o no."

No, una persona de excelencia e integridad hace lo correcto, aun cuando nadie esté viendo. Las personas de excelencia hacen lo que está bien porque eso es lo recto, no porque alguien les esté obligando a hacerlo. Amigo, hay muchas cosas que puede hacer en esta vida y todavía mantenerse aceptable ante la sociedad: Puede comprometer su integridad personal o la de su compañía; puede defraudar a las personas o ser deshonesto; puede mentir, robar, poner en riesgo sus valores éticos y puede no hacer bien las cosas. Pero estas son las preguntas realmente importantes: ¿Qué tan alto quiere llegar? ¿Cuánto del favor de Dios desea ver? ¿Cuánto quiere que Dios le use? Dios no podrá promoverle ni bendecirle si no está viviendo en integridad.

Hace algunos años, un amigo mío estaba en el proceso de cambiar de trabajo. Él era un ejecutivo, y se había conseguido una excelente posición en otra compañía. Estaba emocionado por este nuevo empleo, pero no comenzaría a trabajar sino hasta tres o cuatro meses después. Al dar aviso en su compañía de su salida, acordó trabajar hasta que comenzara en la nueva compañía

Mi amigo trabaja muy duro, y es diligente e inteligente. Siempre le daba lo mejor de sí a su trabajo. Con todo, yo esperaba ver que durante ese período de tres meses, se relajara un poco, quizá llegando tarde, o tomándose unos días libres, al fin que ya no intentaba impresionar a nadie.

Pero él hizo lo opuesto pues llegaba más temprano y se quedaba más tarde. Él dio inicio a nuevos proyectos y dio lo mejor de sí. Yo me quedé realmente impresionado, y un día estaba hablando con él respecto a eso y le dije: "Estás trabajando más duro que nunca, ¿por qué?"

Él me dijo: "Joel, yo tenía pensado descansar un poco hasta comenzar mi nuevo empleo, pero un día llegué al trabajo sintiendo algo de flojera, trabajando a media gana, y Dios habló a mi corazón, diciendo: 'Hijo, si no continúas honrando a esta compañía, dándole tu mejor trabajo, no saldrás adelante en tu nueva posición'. Cuando oí eso, yo sabía que tenía que trabajar con todas mis ganas".

Mi amigo había visto quién era su Jefe en verdad. No trabajaba para una compañía o para su supervisor; él estaba trabajando para Dios, no para los hombres. Dios es el que está tomando notas, y Él es quien nos recompensará, quien nos promoverá. No deberíamos de ser nobles sólo porque alguien nos está viendo, deberíamos hacer lo correcto porque Dios nos está viendo. Haga lo correcto porque es una persona de excelencia e integridad.

Si ha cometido errores en cuestiones éticas, haga lo honorable y rectifique el asunto lo mejor posible. Si usted se compromete a ser excelente, Dios le ayudará a salir de ese lío, pero no le ayudará si no está caminando en integridad.

Mi padre era una persona de excelencia y un hombre de integridad. Cuando tenía veintitantos años, compró dos trajes a crédito, pero antes de terminar de pagarlos, se mudó a otra ciudad. Pasaron años, y él olvidó el asunto. Un día estaba orando, y Dios le recordó la deuda de esos dos trajes, mi papá se sintió tan mal que decidió hacer todo por arreglar el asunto. Habían pasado unos treinta o cuarenta años, pero habló a Fort Worth y buscó contactarse con el lugar que le había vendido esos trajes. Ya no existía el negocio, pero eso no detuvo a mi papá, quien preguntó en la compañía vecina si no recordaban el nombre del señor que había sido dueño de aquel negocio. Le dieron el nombre pero le dijeron que ya hacía varios años de su fallecimiento. Mi papá tampoco no se dio por vencido entonces y buscó en el directorio telefónico, haciendo llamada tras llamada tratando de localizar algún pariente del difunto. Por fin logró contactarse con un hijo del señor, y mi papá le mandó un cheque por varios miles de dólares, no sólo por los dos trajes, sino que incluyó los intereses también. ¿Por qué hizo eso? Porque mi papá era una persona de excelencia e integridad. Honró a Dios al hacer lo que había prometido.

Cuando usted hace un compromiso a la excelencia e integridad, Dios le premiará. Cuando tiene ese compromiso de hacer lo correcto, está sembrando semillas para las bendiciones de Dios. Nunca le irá mal si decide hacer lo correcto, haciendo más de lo que se espera de usted.

Unos cuantos años antes de que mi papá se fuera a estar con el Señor, decidimos remodelar el área de la plataforma en Lakewood Church. Para esto, yo estaba trabajando detrás de escena en la producción del programa de televisión. Yo soy perfeccionista, así que quería que el nuevo set se viera lo mejor posible. Trabajamos durante varios meses con arquitectos y diseñadores, y después de haber diseñado todo, yo hice que se edificara un modelo de aquello pues quería verlo a través de la cámara antes de edificar algo permanente. Construimos todo el modelo y trajimos a mi papá para cerciorarnos de que cada cosa estuviera a su medida, arreglando cada detalle minuciosamente. Cuando ya se había construido todo, duramos varias semanas trabajando con las luces. Victoria me preguntó: "Joel, ¿por qué están pasando tantas horas ajustando una pequeña luz que quizá da un rayo de color en la cortina?"

"Porque quiero que esté bien", le contestaba. Tenía el compromiso de hacerlo lo mejor que pudiera, estaba comprometido a la excelencia. Nunca me hubiera imaginado que algún día yo estaría parado en esa misma plataforma, detrás de ese mismo podio. No me lo imaginaba entonces, pero yo estaba edificando mi propia casa. Cuando miro atrás, estoy muy contento que me esforcé tanto, estoy contento que di todo lo que tenía.

Tenga esa misma clase de compromiso a la excelencia. Comience a hacer lo que en su corazón sabe que es lo mejor, no se conforme con la mediocridad, no haga sólo lo que tiene que hacer para irla pasando. Sea una persona que camina la segunda milla, y sea una persona que hace un poco más de lo que se requirió de él. Recuerde que usted y yo estamos representando al Dios Todopoderoso. Dejemos atrás la flojera, la mediocridad y la manera descuidada de vivir, y vayamos a niveles más altos. Si usted vive con un compromiso a la excelencia y a la integridad, la felicidad será un producto natural, ¡porque Dios le recompensará mucho más allá de sus más grandes sueños!

Viva con entusiasmo

Una mujer de Houston que andaba de compras tarareaba feliz-mente una melodía mientras reunía lo que deseaba comprar, y al terminar se acercó a la cajera para pagar. La cajera, al fijarse en la personalidad efervescente de la mujer, se le quedó mirando por un momento, como preguntándose qué tenía de mal. Finalmente, ofreció un desganado "Buenos días, ¿cómo está usted?"

Con eso, la mujer entusiasta rebosó. "¡Qué amable, gracias por preguntar! Estoy muy bien, soy tan bendecida. ¡Estoy emocionada por el día de hoy!"

La cajera la miró interrogativa por un segundo, y luego dijo: "Permítame hacerle una pregunta: ¿Usted asiste a Lakewood?"

"Sí, así es", dijo la mujer. "¿Cómo supo?"

La cajera meneó la cabeza sonriendo. "Lo sabía porque cada persona que entra así como usted es de Lakewood."

¡El pueblo de Dios debería ser la gente más feliz del mundo!

La primera vez que escuché esa historia, me reí, pero luego pensé: *¡Qué excelente cumplido!* Así debería ser. ¡El pueblo de Dios debería ser la gente más feliz del mundo! Tan contentos como para que otras personas se fijen en ellos. ¿Por qué? Porque no sólo tenemos un excelente futuro, ¡sino que también podemos gozar de la vida ahora! De eso se trata vivir su mejor vida ahora.

Viva con entusiasmo

Vivir su mejor vida ahora es vivir con entusiasmo y estar emocionado por la vida que Dios le ha dado. Es creer que habrá más cosas buenas en los días venideros, pero también es vivir en el momento, ¡y disfrutarlo al máximo!

No hay que ser ingenuos. Las presiones de la vida moderna constantemente están amenazando nuestro entusiasmo, causando que se evapore rápidamente si no se está renovando constantemente.

Probablemente conozca personas que han perdido su entusiasmo por la vida. Antes estaban emocionados sobre el futuro, sus sueños, pero han perdido su fuego.

Quizá aun en su propia vida hay evidencia de un entusiasmo que mengua. Quizá un tiempo atrás estaba emocionado por su matrimonio, y estaba profundamente enamorado, tan lleno de pasión, pero ahora su matrimonio se ha estancado y no tiene vida. O quizá estaba emocionado por su trabajo, y le encantaba ir a trabajar, pero de un tiempo para acá, ha llegado a ser algo aburrido, rutinario y sin vida. Quizá en una época estaba emocionado por servir a Dios, y ansiaba llegar a la iglesia; le fascinaba leer la Biblia, orar y pasar tiempo con otros creyentes, pero últimamente ha pensado: *No sé qué me pasa, no tengo ánimo, y no tengo pasión. Nada es real.*

La verdad es que mucho de lo que es la vida es rutina, y podemos llegar a estancarnos si no tenemos mucho cuidado. Necesitamos avivarnos, renovar los dones de Dios cada día. Así como el pueblo de Israel tenía que salir a recoger la provisión milagrosa de maná cada mañana, nosotros tampoco podemos subsistir con la provisión de ayer. Necesitamos entusiasmo fresco cada día. La palabra *entusiasmo* viene de dos palabras griegas: *en* y *theos*, que significan "inspirado por Dios". Nuestras vidas necesitan ser inspiradas, llenas cada día con la bondad de Dios.

Haga la decisión que usted no vivirá otro día sin el gozo del Señor en su vida; sin amor, paz y pasión; sin entusiasmo por su vida. Y entienda que usted no tiene que experimentar algo extraordinario en su vida para emocionarse. Quizá no viva en el medio ambiente ideal ni tenga el trabajo o el matrimonio perfecto, pero todavía puede decidir que vivirá cada día con entusiasmo. La Escritura dice: "...fervientes en espíritu, sirviendo al Señor...".[1] ¿Esas palabras lo describen a usted? ¿Está fervientemente sirviendo al Señor? Al despertar por la mañana, ¿enfrenta cada día con fervor? ¿Está emocionado a causa de sus sueños? ¿Trabaja cada día con entusiasmo y fervor? ¡Puede hacerlo!

"Pues, es que no me gusta mi trabajo", se queja Marlene. "No me gusta conducir en tanto tráfico. No me gustan las personas que trabajan conmigo."

Si eso le suena conocido, necesita cambiar su actitud. Debería estar agradecido por tener un trabajo. Necesita valorar y estar emocionado por las oportunidades que Dios le ha dado. En dondequiera que se encuentre en la vida, disfrútelo al máximo y sea lo mejor que pueda ser. Si su tarea ahora es criar a sus hijos, hágalo con pasión, hágalo con entusiasmo. No se rinde y diga: "Mis amigos están haciendo algo significativo, algo importante, algo emocionante. Lo único que hago yo es cuidar a estos niños".

El trabajo de una madre es de los más importantes del mundo entero, pero tiene que mantener su entusiasmo. Tal vez no haya alguien que le esté dando palmaditas en la espalda o animándola. Quizá su día no esté lleno de acontecimientos extraordinarios, porque hay pañales para cambiar, niños con hambre, ropa que tiene que ser lavada y planchada, la casa necesita estar limpia; en conclusión, trabajo hogareño de todos los días, y parece que en cuanto termina, tiene que volver a empezar de nuevo. Pero en medio de lo ordinario, usted puede decidir tener una actitud extraordinaria hacia su trabajo. La Escritura nos dice que debemos hacer todo con todo nuestro corazón, siempre fervientes.

Si usted trabaja fuera del hogar, no le dé a su jefe un trabajo a medias, no se la pase hablando por teléfono, malgastando el dinero y tiempo de su patrón. Si está cavando una zanja, no se pase la mitad del día descansando; ¡haga su trabajo con excelencia y entusiasmo!

"Pues, si no me pagan lo suficiente, no tengo la obligación de trabajar tan duro."

No recibirá bendición con esa clase de actitud porque Dios quiere que siempre dé todo lo que pueda. Sea entusiasta y ponga el ejemplo.

Deberíamos estar tan emocionados, y tan llenos de gozo que otras personas querrán lo que nosotros tenemos. Hágase esta pregunta: "¿Es contagiosa y atractiva mi manera de vivir? ¿Mis actitudes, las palabras que hablo, mis expresiones, la manera en que lidio con retos y retrasos causará que alguien tenga el deseo de tener lo que yo tengo?" En otras palabras, ¿está atrayendo personas a Dios por medio de su gozo, su amabilidad, su entusiasmo y su actitud de fe, o aleja a las personas con su forma de ser siempre negativa, desanimada, áspera y cínica? A nadie le gusta estar cerca de una persona así, y si desea guiar a las personas a Dios, o simplemente a un mejor estilo de vida, tenga algo de entusiasmo y emoción por la vida.

¿Quién sabe qué pasaría si cada uno de nosotros viviéramos con más emoción en nuestra mirada, con un corazón apasionado y nuestros rostros llenos de entusiasmo? En lugar de quejarse por el trabajo que tiene que hacer, mejor alégrese, ponga una sonrisa sobre su boca, y pórtese como si le gustara mucho su tarea. ¡Quizá llegue alguien para ayudarle! Pero, sí no, usted se sentirá mejor, tendrá más energía y terminará más pronto. Se sorprenderá cómo Dios derramará de su favor sobre usted cuando comienza a vivir con entusiasmo. Los jefes prefieren a los empleados que están emocionados por su trabajo, y usted recibirá con más facilidad un aumento de sueldo o una promoción si tiene una buena actitud y está emocionado por trabajar allí que si sólo hace lo absolutamente necesario. De hecho, hay estudios científicos que nos muestran que las personas entusiastas reciben promociones con más frecuencia que otros empleados que quizá tengan mejores capacidades. Reciben ascensos simplemente porque tienen una buena actitud.

Los demás se darán cuenta

Cientos de personas trabajan en Lakewood, pero si la persona no está entusiasmada por trabajar en nuestra organización, por muy talentoso o diestro que sea, no la contratamos. No contratamos a una persona que no cree en lo que estamos haciendo, y si un empleado no piensa que Lakewood es un buen lugar para trabajar, no se le anima a quedarse como parte del personal. Sólo deseamos tener colaboradores entusiastas.

Por varios años, me fijé que Jackie siempre se sentaba al frente de Lakewood Church, semana tras semana, y siempre estaba emocionada por la reunión, atenta a lo que estaba sucediendo, participando con tremendo entusiasmo y resplandeciente con el gozo en su cara y actitud. No sabía quién era ella, pero parecía que siempre estaba disfrutando al máximo todo. Cuando cantábamos, cantaba con todo su corazón, y cuando yo traía el mensaje, al mirar a la audiencia siempre la veía con una sonrisa en su boca, como si me estuviera animando a decirle más y dejándome saber haciendo un buen trabajo.

Cuando se abrió una posición en el ministerio para mujeres, lo primero que dije fue: "Alguien vaya a encontrar a la señora que se sienta en primera fila. ¡Me gustaría que una persona como ella nos representara!"

Contratamos a Jackie, y ella todavía inspira y anima a las personas. Esa puerta se le abrió simplemente por su entusiasmo. Ella estaba emocionada. Cuando usted vive con pasión, emocionado por sus sueños, otras personas se dan cuenta. Quizá no sea su propio jefe quien le dé una promoción, pero alguna otra persona notará su actitud positiva y le ofrecerá una posición que no estaba esperando. Todo tipo de ventaja y oportunidad podrán venir a usted si tan sólo hace todo con entusiasmo, de todo corazón.

Amigo, si usted quiere ver el favor de Dios, haga todo de todo corazón. Hágalo con pasión y algo de fuego, no sólo se sentirá mejor, sino que ese fuego se extenderá, y muy pronto otras personas querrán lo que usted tiene. ¿Quiere tener una vida de impacto? Usted puede cambiar el ambiente en su hogar o en su lugar de trabajo con un poco de entusiasmo. No viva otro día en la derrota y depresión; anímese, avive el fuego.

El apóstol Pablo animó a un colaborador joven en el Nuevo Testamento, Timoteo, con estas palabras: "Por lo cual te aconsejo que avives el fuego del don de Dios que está en ti…".[2] Pablo estaba recordándole a su estudiante que viviera con entusiasmo, que diera lo mejor de sí y que no se conformara con la mediocridad.

Posiblemente esté trabajando o viviendo cerca de personas que tienden a ser negativas, pero no permita que ellas le arrastren y apaguen su fuego. No permita que la falta de entusiasmo de esas personas reprima su pasión. Trate de vencer el negativismo con su propio positivismo, ánimo y aliento; avive su fuego más de lo normal para asegurarse de que no se apague.

Cuando todo mundo esté desanimado y apagado, cuando esté solo y sin nadie que le anime, simplemente anímese usted mismo. Esta debería ser su actitud: *No importa lo que los demás hagan o dejen de hacer, ¡yo viviré mi vida con entusiasmo! Me mantendré avivado, me mantendré apasionado y emocionado por ver que mis sueños se hagan realidad.*

Personas que me ven por televisión me escriben preguntando: "Joel, ¿por qué se sonríe tanto? ¿Por qué está tan contento? ¿Por qué tiene tanto entusiasmo?"

Mi respuesta es: "¡Qué bueno que me preguntaste!" Y eso abre la puerta para decirles sobre mi relación con Dios, y cómo pueden gozar ellos de una relación con Él también.

Un hombre me paró en las calles de Nueva York y me dijo: "Oye, ¿no eres el predicador sonriente?"

Me reí y dije: "Creo que sí, ese soy yo". "El predicador sonriente", lo tomo como un cumplido. Sí, ¡soy culpable de estar feliz! Soy culpable de estar emocionado por el futuro y de vivir cada día con entusiasmo.

Dios tiene grandes cosas para usted

Puede ser que antes de leer este libro usted haya estado deprimido o estancado en una rutina. Quizá estaba por dejar de creer que sus sueños pudieran ser una realidad. No se emocionaba con las personas en su vida o por su carrera, ¡pero ahora tiene otra actitud! Ahora sabe que Dios tiene grandes cosas para usted, y es tiempo de avivar su fuego; sentir de nuevo un entusiasmo y adoptar una actitud fresca, positiva y alegre.

"Sí, pero he vivido un año muy difícil, Joel. He vivido tanta desilusión, y he perdido muchas cosas muy buenas".

Puede ser cierto, ¿pero no ha considerado esto? Si no fuera por la bondad de Dios, pudiera haber perdido todo, tal vez ni estaría aquí hoy. ¿Por qué no estar agradecido por lo que tiene? Deje de ver lo que está mal y comience a agradecerle a Dios por todo lo que está bien. Levántese cada día esperando cosas buenas. Comience a esperar el favor de Dios, y a esperar sus bendiciones. Emociónese por el día de hoy.

Este podría ser el día en que todo cambia. Podría ser el día que recibe su milagro, el día que conoce a la persona de sus sueños. Este podría ser el día que su hijo regresa a casa. Así puede usted mantener su entusiasmo aun en los tiempos difíciles: Espere cosas buenas y manténgase lleno de esperanza.

"¿Qué pasa si hago todo eso y nada sucede? Me iré a la cama todo desanimado por haber recibido otra desilusión", puedo oír que me dicen.

No, se puede ir a la cama diciendo: "Dios, aunque no sucedió hoy, sigo confiando. Sigo creyendo que llegarán cosas buenas a mi vida, y sigo emocionado al saber que estoy un día más cerca de mi milagro; me encuentro un día más cerca del cambio".

La Biblia dice: "Si quisiereis y oyereis, comeréis el bien de la tierra…".[3] *Oír* nos habla de obediencia. Entonces, tenemos que estar más dispuestos a obedecer; dispuestos a hacer lo correcto, dispuestos a vivir con una buena actitud y con entusiasmo.

Es interesante ver cuando se recogen las ofrendas en la iglesia porque muchas personas dan, pero no lo hacen con mucha voluntad. Su actitud es: *Ten, Dios, aquí está el dinero que te debo. Otros cien dólares y ya hubiera tenido para comprar un auto nuevo.*

Puede ser que son obedientes al dar, pero Dios desea más que la simple obediencia; Él está buscando un corazón dispuesto, un corazón que quiere. La Biblia dice que "Dios ama al dador alegre".[4] (Una traducción dice "el dador entusiasta".) Y esta verdad no se aplica sólo al dinero, sino que también deberíamos de dar alegremente de nuestro tiempo, nuestro servicio a otros, y con gozo hacer bien a los que nos rodean.

No disfruto cuando las personas me dan algo por obligación o compromiso, sólo porque siente que tienen que hacerlo. ¿Qué tal si en mi cumpleaños, mis hijos llegaran con estas palabras: "Está bien, Papá, aquí está tu regalo; gastamos todo nuestro dinero en esto, así que si realmente lo quieres, aquí está"?

Amo muchísimo a mis hijos, pero les diría: "No, está bien. Quédate con ese regalo".

¿Cómo me sentiría si Victoria llegara a mí por la mañana diciendo: "Bueno, Joel, terminemos con esto. Déjame darte tu abrazo diario y ya cumplí por hoy"?

No, todos queremos alguien que nos ame, alguien con un corazón dispuesto, alguien que esté entusiasmado por estar a nuestro lado. Dios es igual. Él no quiere que simplemente le obedezcamos por temor, ni aún por respeto; Él desea que le amemos como nuestro Padre. ¡Él quiere que hagamos lo correcto porque queremos hacerlo!

Él ve su corazón. Cuando ore, hable con Dios con una actitud dispuesta. Cuando es hora de ir a las reuniones de la iglesia o de participar en otra oportunidad de servir en la comunidad, emociónese por ello. No lo haga por obligación, sólo porque tiene que hacerlo. No, hágalo porque su deseo es complacer a Dios. Hágalo con entusiasmo. Aprenda a ser más que obediente; aprenda a estar dispuesto. Desarrolle el hábito de hacer lo correcto con la motivación correcta, con la actitud indicada y con un corazón agradecido.

**Aprenda a ser más que obediente;
aprenda a estar dispuesto.**

Una de las razones principales por las que perdemos nuestro entusiasmo en la vida es porque no somos agradecidos; tomamos por un hecho lo que Dios ha hecho por nosotros. Permitimos que lo que antes era un milagro llegue a ser algo común. Nos acostumbramos tanto a su bondad que se vuelve algo rutinario; ya no nos causa emoción. Escuché estas palabras: "No permitas que tus milagros se vuelvan monumentos". Un monumento es una pieza de madera o piedra que nos recuerda de algo que tenía vida, movimiento y era emocionante.

Quizá antes sentía emoción por la casa que Dios le ayudó a comprar, pero ahora se ha acostumbrado a tenerla y se le olvida agradecerle a Dios por ella. Ya no está emocionado, ya es una noticia vieja.

Es posible que antes se emocionara por la persona que Dios trajo de manera sobrenatural a su vida como pareja, pero ahora se le acabó toda la emoción. No permita que ese sentimiento de lo milagroso se desvanezca. No se sienta tan cómodo con la otra persona que ya no sea nada especial ni apreciable.

El primer año que Victoria y yo éramos novios, andábamos en las nubes. Nos reíamos, nos divertíamos, no nos hacía falta algo extravagante o caro para encontrar entretenimiento. Éramos felices con cosas ordinarias, estábamos enamorados. Estábamos emocionados, así que todo se nos hacía emocionante.

Para una de nuestras primeras citas, pasé un poco temprano por ella, y contábamos con unos minutos libres. Íbamos por la autopista cuando Victoria dijo: "Joel, vamos a ver el vestíbulo de ese edificio que acaban de construir. Supe que está impresionantemente hermoso".

Ahora, mi reacción normal hubiera sido: *¿Por qué quiero ir a un edificio para ver el vestíbulo? Hay cosas más emocionantes que podríamos hacer.*

Pero no, me encontraba con Victoria, y mientras ella estuviera allí, no importaba lo demás. ¡Me hubiera ido a ver una planta eléctrica con tal de estar juntos!

Si usted está casado, probablemente sentía lo mismo por su pareja. En un principio estaba bien enamorado de la persona y sabía que Dios los había unido.

Pero, en demasiadas ocasiones, al pasar el tiempo, damos por seguro lo que Dios hizo por nosotros. Nos levantamos por las mañanas y decimos: "Bueno, es sólo mi esposa (o esposo), no es tan importante. Perdón, mi amor, no tengo tiempo para darte un abrazo porque tengo mucha prisa. No tengo tiempo para hacer algo divertido hoy porque sale mi programa preferido en la televisión o el juego de fútbol". Lo que antes veíamos como un milagro ahora se ha vuelto algo común.

Pero las buenas nuevas son que el fuego puede ser avivado en su matrimonio, en su carrera, en sus relaciones personales, ¡en su vida! Si pone por obra los cambios que ha aprendido en este libro, la emoción regresará. Avive ese fuego, no lo dé por sentado.

Y no dé por sentado el don más grande que Dios le ha dado: ¡Él mismo! No permita que su relación con Él se estanque, o que su agradecimiento por su bondad mengue. Retenga ese fuego y avive más que nunca esa llama. Viva con entusiasmo. Lo que sea que haga, hágalo para Él, con todo su corazón.

Amigo, Dios no quiere que viva todo desanimado y deprimido. Sin importar lo que haya experimentado, ni de quién fue la culpa, sin importar qué imposible parezca ser su situación, las buenas nuevas son que Dios quiere tomar eso y restaurar todo lo que le ha sido robado. Él quiere restaurar su matrimonio, su familia, su carrera. Él quiere restaurar esos sueños rotos, restaurar ese gozo y darle una paz y alegría que nunca antes ha conocido. Pero más que nada, Él quiere que su relación con Él sea restaurada. Dios quiere que tenga una vida satisfecha.

El deseo de Dios no es que usted se sienta un poco mejor unos cuantos días después de haber leído este libro. No, su restauración es duradera, y Él quiere que su vida sea llena de gozo y alegría abundante. Su deseo no es que simplemente sobreviva aquel matrimonio, sino cambiarlo y restaurarlo para que tengan una relación fuerte, sana y gratificante. El deseo de Dios no es que su negocio muy apenas sobreviva un estado económico difícil, sino que salga bien y prospere. Cuando Dios restaura algo, siempre lo hace mejor, aumentado y multiplicado. ¡Su visión para usted es una victoria completa para su vida!

No pierda esa nueva y aumentada visión de victoria que le ha sido dada por Dios. Comience a esperar que las cosas cambien a su favor, y atrévase a declarar confiadamente que está resistiendo firmemente las fuerzas de la oscuridad. ¡No se conformará con una vida de mediocridad!

Nuestra fe activa el poder de Dios.

Eleve su nivel de expectativa porque nuestra fe es lo que activa el poder de Dios. Dejemos de ponerle límites con nuestra manera apocada de pensar y comencemos a creer que Él nos dará algo mejor y mayor. Recuerde que si usted obedece a Dios y está dispuesto a confiar en Él, usted tendrá lo mejor de la vida—¡y aún más! Tome la decisión que desde este día en adelante, usted se emocionará por la vida que Dios tiene para usted. Si usted logra:

- Expandir su visión;
- Desarrollar una imagen propia sana;
- Dejar atrás el pasado;
- Mantenerse firme contra la adversidad;
- Vivir para dar;
- Decidir ser feliz,

Dios le llevará a lugares que nunca había soñado, ¡y usted estará viviendo *su mejor vida ahora*!

¡Queremos saber de usted!

Cada semana, al cierre de nuestro programa internacional de televisión, le doy la oportunidad a la audiencia de hacer a Jesús el Señor de sus vidas. Me gustaría darle a usted esa misma oportunidad.

¿Tiene paz con Dios? Existe un vacío en el corazón de cada persona que sólo Dios puede llenar. No estoy hablando de unirse a una iglesia o de encontrar una religión, sino estoy hablando de encontrar vida, paz y alegría. ¿Haría esta oración conmigo el día de hoy? Simplemente diga: "Señor Jesús, me arrepiento de mis pecados. Te pido que entres en mi corazón. Te hago mi Señor y mi Salvador".

Amigo, si usted hizo esa sencilla oración, yo creo que ahora usted ha "nacido de nuevo". Le animo a que asista a una iglesia que enseñe la Biblia, y mantenga a Dios en primer lugar en su vida. Si desea recibir más información gratuita sobre cómo crecer y fortalecerse en su vida espiritual, por favor siéntase en la libertad de ponerse en contacto con nosotros.

Victoria y yo le amamos, y estaremos orando por usted. Estamos esperando lo mejor de Dios para su vida y que sus sueños se hagan una realidad. ¡Nos gustaría saber de usted!

Para ponerse en contacto con nosotros, escriba a:

Joel y Victoria Osteen
7317 East Houston Road
Houston TX 77028

O puede comunicarse con nosotros por la Internet en:
www.lakewood.cc.

Notas

Capítulo 1: Expanda su visión

1. Vea Efesios 2:7
2. Vea Mateo 9:17
3. Vea Isaías 43:19
4. Vea Marcos 9:23

Capítulo 2: Eleve su nivel de expectativa

1. Vea Colosenses 3:2
2. Hebreos 11:1
3. Mateo 9:29
4. Vea Proverbios 13:20

Capítulo 4: Rompa las barreras del pasado

1. Vea 2 Corintios 10:4
2. Deuteronomio 1:6
3. Vea Isaías 61:7
4. Vea Isaías 54:2

Capítulo 5: Crezca en favor

1. Vea Salmos 8:5
2. Vea Romanos 8:28

Capítulo 6: Viva con una mentalidad de favorecido

1. Vea Deuteronomio 28:2
2. Vea 1 Samuel 13:14; Hechos 13:22
3. Salmos 23:6
4. Vea Génesis 6:8
5. Vea Rut 2:10
6. Vea Génesis 39:5, 21, 23
7. Vea Job 10:12
8. Vea Romanos 5:5; 8:24
9. Vea Santiago 4:2
10. Vea 1 Pedro 1:13

Capítulo 7: ¿Quién usted cree que es?

1. Vea Génesis 1:26-27; Salmo 8:4-5
2. Jueces 6:12
3. Vea 2 Corintios 12:9-10

Capítulo 8: Entienda su valor

1. Vea Efesios 2:10
2. Vea 2 Corintios 3:18
3. Vea Proverbios 4:18
4. Vea Salmos 40:2-3

Capítulo 9: Conviértase en lo que cree

1. Historia adaptada de Denis Waitley, *Empires of the Mind* (Imperios de la mente). New York: Editorial William Morrow, 1995, pp. 126.
2. Mateo 9:28
3. Vea Mateo 9:29-30
4. Vea Romanos 8:28
5. Vea Génesis 12:2
6. Vea Isaías 61:7
7. Vea Filipenses 1:6
8. Salmo 34:19
9. Vea Efesios 6:13
10. Hebreos 11:1
11. Vea Génesis 15; 18
12. Vea Juan 10:10
13. Lucas 18:27
14. Vea Isaías 55:8

Capítulo 10: Desarrolle una mentalidad próspera

1. Efesios 1:3
2. Romanos 8:37
3. Vea Génesis 39:3, 23
4. Vea 2 Samuel 9:1-13
5. 2 Samuel 9:8

Capítulo 11: Sea feliz con quién es usted

1. Gálatas 6:4
2. Ver Proverbios 11:14

Capítulo 12: Escoja los pensamientos correctos

1. La palabra hebrea para "adversario" es *Satanás*, que significa "una persona que se opone a o pelea contra otra". En la Biblia se usa con frecuencia como el nombre propio del ser poderoso quien es el enemigo de Dios y los humanos. Aunque Satanás tiene gran poder, no es más poderoso que Dios.

2. No estoy minimizando los efectos y causas de la depresión médica causada por un problema genuino ya sea físico o psicológico, pero demasiadas personas se consideran deprimidas simplemente porque enfrentan problemas y obstáculos en la vida. En su sentido más acertado, eso no se llama depresión.

3. Isaías 40:31
4. Vea Juan 16:33
5. Vea Efesios 4:22-24
6. Vea Proverbios 23:7
7. Vea Colosenses 3:2
8. Filipenses 4:8
9. Vea Romanos 12:1-2
10. Vea 2 Corintios 10:5

Capítulo 13: Vuelva a programar su computadora mental

1. Vea Deuteronomio 30:19
2. Vea Isaías 26:3
3. Vea Mateo 9:23
4. Vea 2 Crónicas 20:17
5. Proverbios 16:7
6. Vea Hebreos 12:3

Capítulo 14: El poder de sus palabras

1. Vea Santiago 3:4
2. Proverbios 18:21
3. Vea Marcos 11:23
4. Joel 3:10
5. Vea 1 Samuel 17:43-47
6. Vea 1 Juan 4:4

7. Vea Isaías 54:17

Capítulo 15: Hable palabras que cambian vidas

1. Romanos 10:10
2. Proverbios 2:6-9

Capítulo 16: Hable una bendición

1. Vea Juan 5
2. *Vea Génesis 27*
3. *Vea Génesis 27:28-29*

Capítulo 17: Suelte las heridas emocionales

1. Juan 5:6
2. Vea 2 Samuel 12

Capítulo 18: No permita que se arraigue la amargura

1. Vea Hebreos 12:15
2. Vea Proverbios 4:2
3. Vea Mateo 6:14-15

Capítulo 19: Permita que Dios traiga la justicia a su vida

1. Vea Isaías 61:7-9
2. Vea Hebreos 10:30
3. Romanos 12:19
4. Vea Gálatas 6:9

Capítulo 20: Venza las desilusiones

1. Vea Deuteronomio 29:29
2. Vea Lamentaciones 3:23
3. 2 Pedro 3:9
4. Vea Génesis 50:20
5. Vea 1 Samuel 9-16
6. Vea 1 Samuel 16:1
7. Vea Isaías 55:8-9
8. *Mercy Ministries* es una organización cristiana que recomendamos y apoyamos. *Mercy Ministries* provee un hogar a ningún costo para mujeres jóvenes en crisis y para mamás solteras entre 13 y 28 años de edad, dispuestas a comprometerse por un mínimo de seis meses para tratar con problemas que controlan su vida como lo es el embarazo antes de matrimonio, el abuso

del alcohol y las drogas, enfermedades que tienen que ver con la alimentación, etc. Para más información, contáctese con Mercy Ministries of America, P.O. Box 111060, Nashville, TN 37222-1060; o en la Internet a www.mercyministries.org.

9. Filipenses 3:13-14

Capítulo 21: Levántese en su interior

1. Vea Efesios 6:13
2. Vea Hebreos 10:35
3. 1 Samuel 30:6
4. Hechos 16:25
5. Vea Hechos 16:26
6. Salmo 51:10

Capítulo 22: Confíe en el tiempo de Dios

1. Vea Habacuc 2:3
2. Vea Salmo 31:14-15

Capítulo 23: El propósito de las pruebas

1. Vea 1 Pedro 4:12
2. Efesios 2:10
3. Filipenses 2:12
4. 1 Pedro 1:6-7
5. Vea Romanos 8:28

Capítulo 25: El gozo que produce el dar

1. Vea Hebreos 3:13
2. Vea Isaías 58:6-8
3. Génesis 12:2
4. Proverbios 19:17
5. Mateo 25:40

Capítulo 26: Muestre la bondad y misericordia de Dios

1. 1 Tesalonicenses 5:15
2. Vea Mateo 5:44
3. Vea Deuteronomio 32:35
4. Vea Proverbios 10:12
5. Vea Romanos 2:4
6. Vea 1 Corintios 13
7. Lea Génesis 13:1-18
8. Lea Rut 1-4

Capítulo 27: Mantenga abierto su corazón a la compasión

1. Vea 1 Juan 3:17
2. Vea 2 Juan 1:6

Capítulo 28: La semilla debe ir por delante

1. Gálatas 6:7
2. Vea Génesis 26:12
3. Vea Salmo 37:1-3
4. Proverbios 11:24-25
5. Lucas 6:38
6. 2 Corintios 9:6
7. Vea Levítico 27:30
8. Vea Malaquías 3:10-12
9. Proverbios 3:6

Capítulo 29: El gozo es una decisión

1. Vea Santiago 4:14
2. Salmo 118:24
3. Filipenses 4:13; 2 Corintios 2:14; Filipenses 4:4
4. Nehemías 8:10
5. Proverbios 17:22
6. Vea Filipenses 4:11
7. Filipenses 4:11
8. Salmo 37:23
9. Vea Proverbios 20:24

Capítulo 30: Sea una persona de excelencia e integridad

1. Vea Colosenses 3:23
2. Vea Mateo 25:15-30
3. Vea Proverbios 2:7

Capítulo 31: Viva con entusiasmo

1. Vea Romanos 12:11
2. Vea 2 Timoteo 1:6
3. Isaías 1:19
4. 2 Corintios 9:7